U0895647

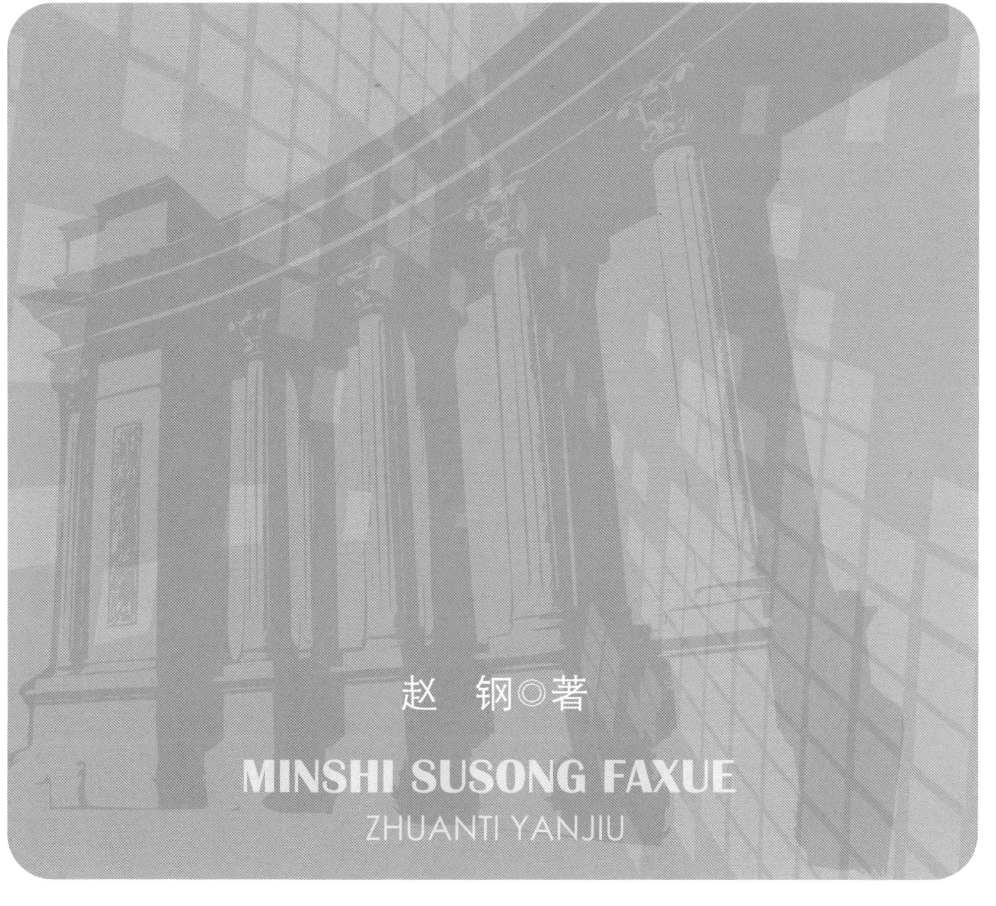

民事诉讼法学

专题研究（二）

中国政法大学出版社
2015・北京

图书在版编目（CIP）数据

民事诉讼法学专题研究. 2/赵钢著. —北京:中国政法大学出版社，2015.9
ISBN 978-7-5620-6266-0

Ⅰ.①民…　Ⅱ.①赵…　Ⅲ.①民事诉讼法－法学－研究－中国
Ⅳ.①D925.101

中国版本图书馆CIP数据核字(2015)第230144号

出 版 者　中国政法大学出版社

地　　址　北京市海淀区西土城路25号

邮寄地址　北京100088信箱8034分箱　邮编100088

网　　址　http://www.cuplpress.com（网络实名：中国政法大学出版社）

电　　话　010-58908285(总编室)　58908334(邮购部)

承　　印　固安华明印业有限公司

开　　本　880mm×1230mm　1/32

印　　张　9.875

字　　数　266千字

版　　次　2015年9月第1版

印　　次　2015年9月第1次印刷

定　　价　30.00元

自序：告别法学

自《民事诉讼法学专题研究（一）》于2006年10月出版至今，转眼间，已经过去了9年。《民事诉讼法学专题研究（二）》就是本人（以及合作者们）在这9年中的心血结晶，因为它记录了此一时段中对于民事诉讼法学问题的学术思考。

当然，今后不会再有《民事诉讼法学专题研究（三）》了！原因在于，套用本人曾在《民事诉讼法学专题研究（一）》“自序”中写下的颇具“农夫体”意味的一段话：“50之前不出书，50之前未必出不了书，50之后未必一定要出书。”我现在想说的是，学术原本是或者应该是神圣的，但现实中有些学术（当然包括法学）往往是不太神圣的，甚至是太不神圣的！因此，与那些从这种并不神圣的“学术”中畸形获益多多，因而无比“留恋”，进而变态地寻找种种借口、曲解规则，以求延退的“恋战者”们相比，“孤身苦撑”34载的外来农夫则是对于告别法学怀着深深的期盼和解脱感！从后年初开始，我就可以一身轻松地回归田园，继续我那酷爱的园艺事业啦！注意，“事业”！呵呵！

谢谢诸位！尤其要谢谢那些为本书的出版付出了辛勤劳动的人们！！！

赵　钢

2015年6月25日

目　　录

第一部分　民事司法改革问题研究

第二部分　民事诉讼原理与制度研究

第三部分　检察制度研究

第一部分

民事司法改革问题研究

民事司法改革的几个前沿问题

——以《人民法院第二个五年改革纲要(2004～2008)》为分析对象 *

在我国，肇始于20世纪80年代末的民事司法改革，大致是沿着强化当事人的举证责任→改革庭审方式→改革审判方式→完善审判制度→改革诉讼制度→改革司法制度的轨迹递次推进的。[1]在此过程中，伴随着我国社会主义市场经济体制的日渐完善和民主法制建设的逐步加强，公平正义、司法为民等现代司法理念已初步深入人心，诉讼制度与程序机制亦已有了较大改观，对当事人诉权的保障程度及其实现水平更是有了大幅提高。就此而言，应该可以说是成绩显著。但是，从最初改革的直接动因来看，出台强化当事人的举证责任等改革措施似乎并不是为了更好地保障当事人诉权的实现，而是为了缓解法院自身案多人少的突出矛盾；从改革的主要方式来看，自下而上、封闭推进的“放任式”改革缺乏“站得高、看得远”的统筹规划与系统设计，明显带有浓厚的经验主义色彩；从改革的实践与效果来看，这种“头痛医头、脚痛医脚”式的改革已被证明存在诸多问题。[2]有鉴于此，以1999年最高人民法院发布并实施《人民法院五年改革纲要（1999～2003)》为标志，改革进入了一个更加成熟、理性的阶段，成效也更为显著。2005年10

---

* 本文系与第二作者王杏飞合作，原文发表于《法学评论》2006年第6期。

〔1〕 景汉朝、卢子娟：“经济审判方式改革若干问题研究”，载《法学研究》1997年第5期。

〔2〕 譬如“一步到庭”、“一证一认”、“审判长选任制”等已被实践证明是不成功的。当然，改革中的失误往往也是难免的。

月26日，最高人民法院在认真总结“一五改革”的经验得失并广泛吸收最新理论研究成果的基础上，发布了《人民法院第二个五年改革纲要（2004～2008)》（以下简称《二五纲要》)。我们认为，尽管《二五纲要》的出台可谓是“姗姗来迟”〔1〕但因其涉及了八大方面共计50项改革措施，所及甚广，“场面”宏大，且其中确有不少创新之处与闪光之点，故科学、合理地解读《二五纲要》的各项制度安排显然是正确指导司法改革实践不可或缺的理论前提。鉴此，本文拟从学理的高度并结合现实可能性，就《二五纲要》中几项主要的创新举措作初步的分析，以期对深化民事司法改革之理论研究与实务操作有所裨益。

一、旨在进一步保障当事人诉权的再审之诉制度

（一）审判监督程序之现状

从立法层面来看，我国现行《民事诉讼法》〔2〕第十六章用12个条文规定了“审判监督程序”，对审判监督程序的发动主体、发动事由、案件范围、启动方式、相关期限和适用规则等作了相应的制度安排。根据现行立法，人民法院在生效裁判确有错误的前提下，可以依法随时启动审判监督程序，通过再审，加以纠正。与此同时，人民检察院如果认为原裁判认定事实的主要证据不足，或适用法律确有错误，或人民法院违反法定程序而可能影响案件正确裁判，或审判人员在审理该案件时有贪污受贿、徇私舞弊、枉法裁判行为的，亦可不受时限约束而依照审判监督程序向人民法院提出抗诉，从而引起人民法院对案件的再审。此外，当事人在裁判发生法律效力后的两年之内，如果认为有错误的，则可以向人民法院申请

〔1〕“一五改革”的起讫时间为1999～2003年，随后的“二五改革”标始于2004年，然而用以指导“二五改革”的纲要却在将近两年以后才得以出台。此即后文注释中所谓之“卯吃寅粮”。

〔2〕本文中所谓“现行《民事诉讼法》”或“《民事诉讼法》”，是指2007年和2012年修改之前的1991年文本。

再审,[1]但不停止判决、裁定的执行。对此，不少学者认为，无论是在价值理念、制度安排还是程序设计上，上述立法都存在诸多问题，主要表现为：其一，在价值理念上，现行的审判监督程序忽略了诉讼认识活动的特殊规律而过于机械地追求“实事求是”和“有错必纠”；其二，在程序配置上，公权力的过度介入导致了审判权、检察权与当事人诉权的紧张关系；其三，在相关渠道的安排上，申诉与申请再审的相互关系明显混乱，导致了当事人诉权的虚设和空洞化，实施效果不佳，权益难以保障。[2]

从迄今为止的民事司法改革实践来看，现有的审判监督程序显然没能发挥出立法者所预期的功效，反而在实践中造成诸多弊端，即再审程序常被滥用，案件再审反复无度，终审裁判难以终审，生效裁判的既判力儿戏化，当事人之间的纠纷难解、权益难保，法院自身的权威也因此而明显下降。随之带来的突出问题和严重后果是，近年来，由于当事人申诉、上访频繁，已经在相当程度上影响到了社会的稳定。在建设社会主义和谐社会的历史进程中，这种状况本身就是与之明显不“和谐”的！我们认为，分析起来，尽管造成这一被动局面的原因非常复杂，但不可否认的是，现行审判监督程序的设计缺陷导致了当事人“通向法院”的“大路”不畅乃是其中的重要原因之一。申言之，比较1982年的《民事诉讼法（试行)》而言，虽然现行《民事诉讼法》在“审判监督程序”中增加了当事人申请再审这一新的机制，但是从其性质定位来看，与当事人的“申诉”一样，其再审申请同样不能直接导致再审程序的开启，而仍然只是人民法院发现生效裁判“确有错误”因而发动再审予以纠正的一种“材料来源”。换句话说，当事人的再审申请，并

---

〔1〕 当事人对已经发生法律效力的调解书，提出证据证明调解违反自愿原则或者调解协议的内容违反法律的，同样可以申请再审。但是，当事人对已经发生法律效力的解除婚姻关系的判决，不得申请再审。

〔2〕 李浩：“民事再审程序改造论”，载《法学研究》2000年第5期；张卫平：“民事再审事由研究”，载《法学研究》2000年第5期。

非是基于对自己诉权的行使，而仅仅只是“激活”法院行使审判权（具体来说是再审启动权）的一种外在因素，这意味着当事人固然可以提出符合所有程序要件的再审申请，但却并不一定能够产生启动再审程序的法律后果。[1]这样的制度安排显然不利于充分保障当事人的合法权益，因此需要加以改革和完善。

（二）再审之诉制度的价值所在

法治的终极意义在于保障人权。“宪法和法律赋予国民以生命权、自由权和财产权，同时也相应地赋予国民在这些权利受到侵害或者发生争议时拥有平等而充分地寻求公力救济（如诉讼）的权利（如诉权）。国家为国民提供司法保护，即以审判权保护国民的合法权益。能够利用民事诉讼制度，对国民来说是一种利益，而被法律承认得以享有这种利益的权利就是诉权。诉权是一种救济权，是一切国民所平等享有的一种宪法性权利。而且，诉权也是给予每一个国民以制度上表达自己意志的途径。”[2]目前，诉权保障的宪法化正逐步成为现代法治国家的普遍趋势，这足以表明，作为救济性权利的诉权既是人权的重要组成部分，又是人权的重要保障手段。正是由于当事人拥有宪法所保障的诉权，他们之间的私权纠纷才能够进入司法程序，并依法得到解决。但是，司法者并不是神明，他们不可能在每一次审判中都作出完美无缺的裁判。因此，为了防止和纠正错误裁判所带来的危害，世界各个国家和地区都建立了严谨、规范的程序制度（譬如二审终审或三审终审制度），以便在裁判发生法律效力之前“防患于未然”。与此同时，有的还建立了旨在通过纠正生效裁判中的错误以对当事人的权利进行特别救济的机制——再审之诉制度。

---

〔1〕就此而言，由于当事人申请再审必须要受两年时效的制约，而提出申诉则不受任何时间上的限制，所以当事人往往认为申请再审还不如申诉“管用”。循着这种逻辑，就这两种机制的比较来看，很难说申请再审肯定要比申诉更“先进”。

〔2〕莫纪宏：“论人权的司法救济”，载《法商研究》2000年第5期。

如上所述，我国现行《民事诉讼法》并没有将当事人的再审申请定位于一种行使诉权的“独立之诉”，而是仅仅将其作为人民法院发现生效裁判“确有错误”因而发动再审予以纠正的一种“材料来源”，所以其在本质上与原有的“申诉”机制并无二致。事实上，就当事人的诉权而言，同时包括程序内涵与实体内涵，其中，完整意义上的程序内涵不仅应当包括提出起诉、反诉、参加之诉和上诉等的权利，而且应该包括提出再审之诉的权利，否则就是不完全的。由此看来，《二五纲要》明确提出建立再审之诉制度，毫无疑问是对当事人诉权应有内涵的重要丰富与科学发展。这对于完善我国的民事诉讼机制和民事诉讼法学理论体系都具有重要的价值。

具体来说，赋予当事人（具有诉权行使意义的）提起再审之诉的权利，使其能够在自己认为人民法院的生效裁判存在错误的前提下，只要其依法提起再审之诉并符合相关的程序要件，就能够直接启动再审程序，人民法院就应该对案件进行再审。这样一来，当事人便成为极具主观能动作用的程序主体，起着不可忽视的程序主导作用，“申请再审”和“申诉”背景下万般无奈的“谋事在人（当事人）、成事在天（法院）”之窘境也就会因此而基本上“烟消云散”。

我们认为，确立当事人再审之诉制度的理论基础，说到底乃是在于“私权自治”。这是因为，通常来讲，当事人是自己权益及其状态的最佳判断者，因此，权益是否受损，是否提起诉讼，提起什么诉讼以及采取何种诉讼策略，都应是当事人凭借自由意志自主决策的事项，国家公权力不应作过多介入而横加干预。基于此理，当法院的裁判发生法律效力之后，亦应由当事人根据自己的判断来决定是否服判息讼。而且，即使生效裁判在客观上存在这样那样的瑕疵甚至错误，但只要不关涉到社会公共利益，国家亦无主动干预之必要。[1]因此，赋予当事人提起再审之诉的权利，既充分体现了当事人的程序主体地位，也是理顺法院审判权与当事人诉权的必然要求。

从实务操作来看，建立当事人的再审之诉制度显然可以极大地缓解一段时间以来申诉、上访所造成的巨大压力。这是因为，在当事人拥有提起再审之诉的权利后，即可有序地通过法院再审的渠道来依法维护自己的权益，而不必再去“生命不息，战斗不止”地申诉、上访。反之，如果再审之路梗阻不畅，当事人告状无门，则申诉、上访问题就不可能从根本上得到解决，[2]和谐社会的建设更是一句空话。

（三）再审之诉制度的构建设想

1. 明确再审之诉的适用范围。我们的看法是，只要当事人自己认为存在下列情形之一的，即可提起再审之诉：①有新的证据足以推翻原裁判的；②原裁判认定事实的主要证据不足、所作裁判依据的证据是伪造或变造的；③原裁判在适用法律上有重大错误的；④原裁判严重违反法定程序的；⑤调解协议违反自愿原则或法律的强制性规定的；⑥就同一诉讼标的存在相互矛盾的生效裁判的。

2. 规定再审之诉的管辖法院。我们主张，为了保证案件的再

---

〔1〕具体来讲，即在赋予当事人提起再审之诉的权利后，原则上人民法院便不应再拥有依职权主动开启再审程序的权力。至于人民检察院，由于其为国家法律监督机关，负有宪法赋予的法律监督职能，因此尚须保留其在相应范围内按照审判监督程序提出抗诉并引起再审的权力。具体参见赵钢、朱建敏：“略论民事抗诉程序价值取向的重构及其程序设计”，载《法学评论》2003 年第 6 期。

〔2〕当然，我们并不认为再审之诉制度是“药到病除”地解决申诉、上访问题的“灵丹妙药”，更不认为随着再审之诉制度的建立便可将申诉、信访等机制弃之不用，我们甚至还担心再审之诉制度的确立和实行将会使得审判机关因“门庭若市”而“不堪重负”！但是，再审之诉制度毕竟为当事人提供了一条在法制化轨道上有序运作的权益救济之路。所以，即便其并非完美，亦非“神效”，但却不可否认地具有“申请再审”和“申诉”所不可比拟的天然优势。而且，既然大陆法系各主要国家和地区的再审实践已经充分证明了这一点，那么我们便没有理由对其存有偏见而弃之不用。

审质量，再审之诉原则上应由原审人民法院的上一级法院管辖。[1]与之相应，对最高人民法院作出的裁判一律不得提起再审之诉。理由在于，新中国成立以来，最高人民法院未曾审理过一审民事案件，因此其所审理的民事案件都是二审案件，而经过两级人民法院的审判，案件质量已有相当保障；与此同时，为了维护最高审判机关所作裁判的终局性、权威性与神圣性，也不应该允许对最高人民法院的裁判进行再审。

3. 规定提起再审之诉的期限。我们考虑，由于我国现行《民事诉讼法》中关于当事人“申请再审”的两年期限具有相对合理性，故当事人的再审之诉亦应在裁判发生法律效力后的次日起两年内提出。[2]

4. 规范再审之诉案件的审理程序。就此而言，我们认为，其中最主要的一点是，再审案件均应适用二审程序进行审理，而不是像现在这样以原审程序为转移。除此以外，为了防止再审无度，案件的再审均须以一次为限，不得突破。

二、独具中国特色的案例指导制度

（一）司法实践呼唤案例指导制度

众所周知，我国是成文法国家，法院在裁判案件时只能以国家的制定法和有权机关对法律所作的解释（包括立法解释和司法解

---

〔1〕这样做的结果固然有可能加重最高人民法院的再审负担（因为对于全国各高级人民法院的二审裁判来说，只要当事人提出了符合法定要件的再审之诉，都要由最高人民法院进行再审。至于当事人未提出上诉的高院一审裁判，则不在此列。因为对于有权利用而不去利用二审程序的当事人来说，似乎不应再赋予其直接利用再审程序的权利）。但是，最高人民法院的这一负担是可以通过相关途径（譬如适当增加审判力量等）来加以解决的。另外，上述所谓“原则上应由原审人民法院的上一级法院管辖”，是指上一级人民法院在必要时可以根据案件的具体情况把自己管辖的再审案件交下一级人民法院审判。其实，对于最高人民法院来说，这也是适度减轻自己再审负担的途径之一。

〔2〕如此叙述并非表明我们主张应继续保留当事人“申请再审”之现有机制。

释）为依据，而不得直接援引案例。但是，相对于客观事物的复杂性和社会活动的多变性而言，人类的认知能力在一定时期内总是极其有限的，而认知能力的局限又必然会导致立法的不完善。人类的历史已经并且还将继续证明，包罗万象、完美无缺的制定法从未存在并且也根本不可能出现。因此，法律自身的漏洞、真空以及其相互冲突总是不可避免地会存在。但即便在这种情况下，法官也不得以法无明文规定或其他任何理由拒绝作出裁判，这已是现代法治国家在司法上的普遍要求。单纯从理论层面而言，当存在法律漏洞或法律冲突时，要求立法机关及时作出立法解释或者补充立法当然具有十足的必要性与充分的合理性。但从我国的立法实践来看，由立法机关针对具体案件特别是民事案件作出立法解释或者补充立法还没有任何先例。而且，到目前为止，我国的法律修正案也还很少，更何况启动立法程序（包括法律修订程序）通常来说周期长、成本高，这也与司法裁判所要求的及时性与效率性不相符合。因此，寄希望于立法机关针对民事司法实践中的法律漏洞和法律冲突进行填补和排解，显然不具有现实可能性。与此同时，从我国的宪政体制来看，人民法院是国家的审判机关，正确地解释法律和适用法律是人民法院的法定职责。由此出发，当存在法律漏洞或法律冲突时，由最高审判机关根据法律的基本精神、实施目的与预设价值对现有法律作出适当的解释，甚至在“法律的空隙间”进行必要的规则创制，便成为我们这个成文法国家在现阶段不得不踏上的“必由之路”。从实践层面来看，每当出现重大、疑难或新型案件而使得承办法官“吃不准”时，往往会请示庭长，或提请院长将案件交审判委员会讨论决定。然而当本院的审判委员会仍然无法准确把握时，则会请示汇报至上级人民法院。这种逐级请示汇报的结果是，案件的处理意见最终有可能直接来自于我国的最高审判机关——最高人民法院。我们认为，此种请示汇报制度的主要弊害有三：其一，直接加剧了法院的行政化色彩，既不利于地方各级人民法院独立地行使审判权，也不利于真正落实案件承办法官的审判职责；其二，两审终审制度被消弭于无形，因为当一审案件的裁判意见最终来自于上级法院甚至最高人民法院时，当事人此后的上诉便毫无价值可言，第二审程序也就随之而成为“鸡肋”；其三，案件请示制度与诉讼公开、亲历性原则等现代司法理念背道而驰，其运行更是缺乏相应的约束机制，具有相当大的随意性。当然，从功利的角度来看，在审判人员的职业素质参差不齐且法律制度与程序机制不甚健全的情况下，由上级法院乃至最高人民法院对重大、疑难或者新型案件的处理给出指导性意见的做法无疑也具有一定的历史合理性，案件审判中的请示汇报制度也确实在一定程度上起到了统一法律适用甚至保障司法公正的作用，但是从“应然”的层面来看，在法官的职业化程度与专业素质不断提高，且广大民众对司法公正的要求不断增强的今天，这种“潜规则式”的请示汇报制度已经到了退出历史舞台的时候了。在此背景下，“案例指导制度”应该是我们构建相关新机制时一种不乏理性的选择。

（二）案例指导制度的基本价值

从所用词语上来看，最高人民法院在《二五纲要》中使用的是“案例指导制度”，而不是“判例制度”、“判例指导制度”或“案件指导制度”等诸如此类的概念。由于这是“案例指导制度”在最高人民法院的规范性文件中的第一次登台亮相，故显然不是任意为之。根据我们的理解，“案例指导制度”这一独特概念的正式使用，足以表明我们所要建立的这一制度，既不同于英美法系国家以司法判例作为主要法律渊源的“判例法”或“判例制度”，也不同于迄今为止在我国司法实践中具有一定参考价值的“案例宣示制度”〔1〕和“审判指导制度”，〔2〕而是在保持以成文法作为主要法律渊源和审判依据的前提下，适当借鉴和吸收判例法国家的一些作法，通过严格的程序，将某些案件的裁判“上升”到具有法律约束

〔1〕 其主要表现形式是《最高人民法院公报》“案例”栏中所载案例。

〔2〕 譬如上文所述之“请示汇报制度”。

力的高度，用以指导司法实践的变革性举措。值得一提的是，“案例指导制度”这一名称的使用，可以有效地避免在制度定名上的许多无谓争议。[1]我们认为，就“案例指导制度”的价值而言，主要体现在如下两个方面：

第一，实行“案例指导制度”，可以在一定程度上弥补成文法的缺陷与不足。历史早已证明，试图构建完美无缺的“法律帝国”并要求法官充当“法律的喉舌”无疑是典型的立法浪漫主义与司法理想主义，因而是极不现实的。而当法律存在漏洞或发生冲突时，需要经由什么途径来对其加以弥补或予以协调，欧陆法律发展史已为我们展现了比较清晰的图景。“启蒙运动和19世纪占统治地位的学说曾经相信，法律是完美无缺的。倘若立法者忽略了某一案件，也曾为这种案件规定了一些特殊的程序，它们应该保证通过立法者本身提出某种规章。法兰西的立法为此组织了所谓的强制性的裁决；在普鲁士则规定要呈报司法部。不过很显然，在实践中这些规章没有在任何地方经受住考验而被保留下来。经过或短或长的一段时间，人们又把解决那些由于法律的漏洞或因法律规则不清楚而产生的各种难题的任务，交回给法官。”[2]上述论断足以说明，在极端的分权主义理论指导下完全否定法官在解释法律和矫正法律缺陷中的作用的做法是不足取的，弥补成文法不足的历史重任最终或者说最直接的还是要由法官来承担。在英美法系国家，法官就如同立法者一样，“从经验、研究和反思中获取他的知识”，“每个法官都在他的能力限度内进行立法”。[3]由于长期以来我国所奉行的“宜

〔1〕有论者认为，“案例指导制度”只是一项过渡性的改革措施，我国的最终目标仍然是建立具有中国特色的“判例制度”。参见周佑勇：“作为过渡措施的案例指导制度——以‘行政［2005］004号案例’为观察对象”，载《法学评论》2006年第3期。

〔2〕［德］H. 科殷：《法哲学》，林荣远译，华夏出版社2002年版，第222页。

〔3〕［美］本杰明·卡多佐：《司法过程的性质》，苏力译，商务印书馆2000年版，第70页。

粗不宜细”的立法指导思想等多种原因，各种立法往往不可避免地存在着不合目的性、不周延性、模糊性以及滞后性等局限。[1]在此背景下，确立并实施案例指导制度，由案件承办法官针对具体的案件情况，根据法律的内在精神、基本原则和法律的预设价值，凭借自己的生活经验、常识以及道德感悟来理解现行规则甚至“创制规则”，然后经由法定程序，通过指导性案例的形式，将这一特定案件的裁判所产生的法律规则或法律适用原理推而广之，使其具有普适性。这样一来，既解决了个案司法过程中的“燃眉之急”，有效地弥补了现行法的不足，同时也可以为今后司法实践中相同或类似案件的处理提供“鲜活生猛”的范例，从而达到节约司法资源和实现司法公正的目的。

第二，实行案例指导制度，可以促进法律的统一适用。我们知道，“同案同判”的要求乃是缘于“同样的事情同样对待，相似的事情相似对待”的自然法思想，它是人们最直观、最朴素的正义观在司法领域的直接反映。相反，如果同案不同判，当事人往往就会觉得自己受到了不公正的待遇，就会怀疑、动摇对司法和法律的信任和信仰。而法律（当然是指“良法”）是必须被信仰的，否则便会形同虚设。从法律的角度观之，确保法律的统一适用乃是全面贯彻落实“公民在法律面前一律平等”的宪法原则的基本要求。当然，导致法律适用不统一的原因极其复杂，但不可否认的是，我国现阶段司法人员的职业素养参差不齐，从而导致对法律的理解和适用的不统一应是其中极为重要的原因之一。针对这种情况，通过实行案例指导制度，就可以在相当程度上统一司法裁判的尺度。这是因为，指导性案例能够为法官在审判具体案件的过程中解决如何理解法律、适用法律甚至是创制规则的问题提供最直观、最具体同时也最充分的“样板”与“典范”，也就是说，由于每个指导性案例

---

〔1〕 参见徐国栋：《民法基本原则解释———成文法局限性之克服》，中国政法大学出版社2001年版，第176～182页。

中都有极其详尽的关于案件事实、证据认定、法理分析、裁判依据和裁判结论的记载，因此，在如何认定案件事实、如何判断相关证据与待证事实之间的逻辑关系以及如何建立本案事实与相关规则之间的联系等方面，指导性案例都提供了极具操作性的指引，[1]从而为法官裁判类似案件列出了精准的“范式”。而这种“范式”功能的反复作用，当然也就等于是在相当范围内促进了法律的统一适用。

除以上两个主要方面外，案例指导制度还具有其他附随价值，对此有学者概括为：节约司法资源，提高司法效率；发挥司法能动性，积极解决纠纷；提高司法能力，遏制司法腐败。[2]

（三）构建案例指导制度的初步设想

《二五纲要》第13项改革措施明确规定，“建立和完善案例指导制度，重视指导性案例在统一法律适用标准、指导下级法院审判工作、丰富和发展法学理论等方面的作用。最高人民法院制定关于案例指导制度的规范性文件，规定指导性案例的编选标准、编选程序、发布方式、指导规则等”。根据《二五纲要》上述规定的基本精神，为使案例指导制度得以科学构建并在审判实践中真正发挥出应有的作用，我们认为需要明确以下几个问题：

1. 指导性案例应由最高人民法院统一发布。这是因为，指导性案例在全国范围内都具有确定无疑的效力或约束力，是统一法律适用的重要“基准”之一，故不应允许各个地方法院（哪怕是高级人民法院）各行其是地发布指导性案例，否则必将会在这一问题上造成类似于“地方性司法解释”的“遍地开花”与积重难返。

当然，如果各地方法院在日常审判工作中作出了符合立法精神

---

〔1〕 较之于“抽象”、“空洞”的法律规则，指导性案例提供给法官的“指导”往往更为有效。

〔2〕 详述请见刘作翔、徐景和：“案例指导制度的理论基础”，载《法学研究》2006年第3期。

和公正要求，且具有典型意义和“普适价值”的裁判，那么按照相关规则经最高人民法院审判委员会编选、发布，也可以被“上升”为指导性案例。

2. 指导性案例须由最高人民法院在规定的媒体上发布。就此而言，我们建议，指导性案例除了应在《最高人民法院公报》上发布以外，[1]还应在最高人民法院的官方网站上发布，以便向全社会公开，便于民众及时知晓。

3. 指导性案例应由最高人民法院确立规范的格式。众所周知，裁判文书的改革乃是近些年来讨论的热点问题之一，作为指导性案例更应该具有统一、规范的格式。

4. 指导性案例的援引须有统一的规范。我们认为，指导性案例的主要功能即在于其所阐述的法律适用理由具有指导意义，因此在遇到相同或类似案件时，承办法官援引指导性案例进行裁判，其裁判的依据仍然是现行法律，但其需要说明为何适用该法律（条文）的具体理由并注明所援引的指导性案例。鉴此，援引规范的统一是极其重要的，故而必不可少。

5. 指导性案例的失效应有明确的规范。也就是说，当新的法律规则得以确立，或原有的指导性案例由于某种原因而不再有效时，为理顺关系，避免混乱，最高人民法院应以适当方式及时宣布该案例失效，并须同时说明理由。

三、由“幕后”到“台前”的审判委员会

（一）关于审判委员会的存废之争

近年来，关于审判委员会制度的改革，已成为理论界和实务部门共同关注的焦点问题之一。概括起来，大致形成了维持派、取消

---

〔1〕 在此背景下，《最高人民法院公报》中现有的“案例”栏目或应改造升格为“指导性案例”，或应与“指导性案例”区别开来，各自单列，“以正视听”。我们主张采取前一种方案。

派与改革派三种主张。

维持派认为，“审判委员会对于中国基层法院的司法独立和司法公正就总体来说是利大于弊，是各种制约条件下一种相对有利、有效且公正的司法制度，是第二等最好的”。[1]其理由在于：首先，审判委员会的人数较独任庭与合议庭多，因此很难被贿赂和买通，从而有助于防止司法腐败和司法不公；其次，审判委员会在一定程度上可以统一辖区内的司法标准，促进法律的统一适用；再次，在基层法院法官职业素质普遍低下的现实条件下，由审判委员会来讨论案件对于保障审判质量具有积极的作用；最后，审判委员会制度不仅不是司法独立的制约因素，相反可能成为法官抵制不当干预、确保司法公正的制度安排。[2]

取消派认为，审判委员会的存在弊大于利：其一，审判委员会讨论决定重大、疑难案件有违直接审判原则和不间断原则，导致审、判分离，损害了司法过程的完整性，增大了司法决定的随意性；其二，审判委员会讨论决定案件有违公开审判原则，难以保障司法的公平正义；其三，审判委员会的成员大多是本院的行政领导，而不是精通各项审判业务的通才，仅仅通过听取案件承办人员的汇报和浏览案卷就讨论决定案件的裁判，容易带来司法随意性，难以保障审判质量；其四，难以实现通过集中集体智慧，采用集体负责的方式来保证审判质量的制度初衷，因为事实一再证明，集体负责往往更容易异化为无人负责。[3]

改革派则认为，现行的审判委员会制度尽管存在缺陷，需要改

---

〔1〕苏力：《送法下乡：中国基层司法制度研究》，中国政法大学出版社 2000 年版，第 144 页。

〔2〕苏力：《送法下乡：中国基层司法制度研究》，中国政法大学出版社 2000 年版，第 103～145 页。

〔3〕韩旭：“改革和完善审判委员会制度”，载《法学杂志》1999 年第 3 期；贺卫方：“关于审判委员会的几点评论”，载《北大法律评论》1999 年第 1 卷第 2 辑，法律出版社 1999 年版，第 367～369 页。

革完善，但是不能因此取消。其理由在于：其一，审判委员会在实践中发挥过积极作用，因此不能因为它在某个环节上存在问题就从整体上否认其存在的价值。其二，目前审判委员会的存在对司法公正无疑是一道防线。案件审理过程的亲历性与司法公正之间并不必然地存在因果关系。其三，如欲从立法上彻底废除审判委员会制度，必将涉及整个司法制度的改革，其阻力之大，障碍之多，所需条件之欠缺，都决定其不可能在短时间内得到实现。其四，审判委员会问题的复杂性，已远远超过了这一制度的存废本身，只有在法院作为一个整体而独立行使审判权的情况下，讨论审判委员会的改革才有意义。[1]

我们认为，从世界范围来看，我国法院的审判委员会制度确实是颇具中国特色，因为无论是英美法系还是大陆法系国家的司法体制中都没有审判委员会或类似机构的设置。但是，这并不能成为废除审判委员会制度的理由。原因在于：其一，西方国家没有的制度我们可以有，而西方国家有的东西我们未必都得照搬或加以复制。循此逻辑，西方国家所没有的审判委员会制度也就并非必须加以废除。其二，截至目前，除了一些纯粹理论上的"兵棋推演"[2]和审判实践中的少数个案以外，尚无确切的证据表明审判委员会制度的存在已经实实在在地普遍影响了司法公正。相反，其积极作用的发挥倒是不可否认的。其三，根据《人民法院组织法》第10条的规定，"审判委员会的任务是总结审判经验，讨论重大或者疑难的案件和其他有关审判工作的问题"。就目前情况和今后一个时期来看，这一任务的继续确定和认真履行还是有客观必要的，也是其他机制所难以替代的。所以，审判委员会制度只应完善而不能立马废

---

〔1〕 黄松有："渐进与过渡：民事审判方式改革的冷思考"，载《现代法学》2000年第4期。

〔2〕 即从理论上历数审判委员会制度的种种弊端。这种"兵棋推演"应该讲在逻辑上还是成立的，其之所述也是我们应该通过改革来加以消除和完善的。

除。《二五纲要》的出台已经确定无疑地表明了最高人民法院在此问题上所持的立场。因此我们认为，理论争鸣可以继续进行，但制度改革必须尽快启动。我们相信，从长期来看，当高素质的法官职业共同体业已形成，法官依法独立审判具有了完善的制度保障，民众对司法和法律建立起了高度的信任乃至信仰的时候，审判委员会制度自然也就完成了它的历史使命，而不再有继续存在的必要了。

（二）关于审判委员会制度的改革路径

1. 审判委员会的专业化。《二五纲要》第23项改革措施中明确提出，要在最高人民法院审判委员会设刑事专业委员会和民事行政专业委员会；高级人民法院、中级人民法院可以根据需要在审判委员会中设刑事专业委员会和民事行政专业委员会。这一规定为审判委员会的专业化设置提供了明确的依据。长期以来，我国法院的审判委员会是统一设置的，讨论案件时也不区分案件性质，全都“一锅煮”。而从实际情况来看，现有审判委员会成员中同时精通民事、行政、刑事审判业务的“通才”几乎不存在，因此当讨论的案件超出了自己的所谓“专业”范围时，往往也是以其昏昏、使人昭昭，根本发挥不了应有的作用。鉴此，通过审判委员会的专业化设置，可以充分利用其成员的业务专长，真正发挥出审判委员会在重大、疑难案件处理上的决策作用，为提高诉讼效率和实现司法公正切实“把好关”。但由此而可能带来的负面影响是，专业委员会的分别设置有可能导致其成员在处理案件时因过于专业的局限而形成刻板、僵硬的法律思维，从而在一定程度上偏离普通老百姓观察问题的一般视角，偏离社会正义的最一般标准而形成“法律的偏见”，作出不合“常理”或“人之常情”的裁判，使得案件的处理结果难以得到当事人和社会公众的接受与认同。[1]此外，根据《人民法

---

〔1〕我们认为，在法律的标准与其他标准发生冲突时，应当容忍法院在一定限度内作出“不受民众欢迎”的个案裁判，尤其是在社会成员的法治意识普遍不强，法治观念不占主导地位的时期。

院组织法》的规定，审判委员会的设置在各级人民法院应该是统一的。而从《二五纲要》的规定来看，除基层人民法院以外，其他各级人民法院的审判委员会均可分别设置刑事专业委员会和民事行政专业委员会，由此出现了法院审判委员会机构设置不统一的情形。这与《人民法院组织法》是否存在不尽协调的问题，值得思考。

2. 案件处理上的审理制。长期以来，由于审判委员会“判而不审”而授人以柄、备受指责。此次《二五纲要》改革审判委员会处理案件的程序和方式，将迄今为止的“会议制”改为“审理制”，应该说是对上述指责的积极回应。在“会议制”框架下，审判委员会在讨论决定案件的处理时，往往是由其成员听取案件承办人的汇报，然后进行讨论、分析和表决。必须承认，这样的做法确实与现代司法审判的亲历性原则、直接言词原则以及公开审判原则不相符合，故而无法保障当事人和人民群众接受公正审判的一般要求。就此而言，将“会议制”改为“审理制”，其意义是非常重大的：它不仅在形式上避免了审、判分离，可以杜绝以往因案件承办法官汇报案情时的“不当信息过滤”所导致的决断失误，而且为裁判者亲耳聆听当事人的陈述从而接近事实真相提供了制度性保障，为维护司法公正和提高诉讼效率进一步创造了条件。

当然，这一改革同样面临着是否具有“合法性”的拷问：从《人民法院组织法》的规定来看，审判委员会并不负担直接审理案件的职责，但《二五纲要》第24项改革内容却十分明确地规定“审判委员会委员可以自行组成或者与其他法官组成合议庭，审理重大、疑难、复杂或者具有普遍法律适用意义的案件”，这二者之间是否存在冲突之处？

与此同时，我们认为，根据诉讼原理与审判实践，案件的审理方式通常是以开庭审理为原则、以径行裁判为例外。然而，无论审判委员会采取哪种方式来处理案件，都存在有待进一步理顺的诸多问题。具体来说，如果审判委员会采取开庭审理的方式，那么其成员就是再审合议庭的组成人员（自行组成或参加组成）。在“自行组成”的情况下，是该专业委员会的全体成员都参加合议庭，还是由该专业委员会的部分成员组成合议庭？如果是前者，似显成本过高；如果是后者，专业委员会的其他成员岂不成了作壁上观的“板凳队员”？他们的作用又将如何发挥？在“参加组成”的情况下，专业委员会成员与合议庭其他组成人员的相互关系应当如何具体确定？未参加再审合议庭的专业委员会成员的作用应当如何发挥？如果审判委员会采取径行裁判即不开庭的方式审理案件，那么其与原来的“会议制”又有何本质区别？〔1〕这些问题不解决，审判委员会制度改革的合理性便难以令人信服，更无法落到实处。

结语

《二五纲要》的制定与发布无疑是我国司法改革进程中具有里程碑意义的重要事件，其所提出的50项改革确有诸多合理之处与创新之点，况且其自身在“形式”和“内容”两个方面仍然存在不少问题，〔2〕有待进一步认真研究和统筹解决。况且其所涉之广，难度之大，不可小视。鉴此，对于《二五纲要》的实施效果，我们仅持一种审慎的乐观态度。

---

〔1〕 其实，由于径行裁判只是“例外”方式，且需由审判委员会处理的案件均为“重大、疑难、复杂或者具有普遍法律适用意义的案件”，故不应在审判委员会的运作实践中加以采用。但在讨论问题时，打打预防针也是有必要的。

〔2〕 仅就其所存在的“形式”问题而言，一是自身“位阶”太低，因此恐难真正担当起规划与指导法院改革的历史大任；二是显属“卯吃寅粮”，似有应付之嫌；三是具有“摸着石头过河”的浓重色彩，与“法治化改革”仍然相距甚远。

讼费规则制定权的再次旁落 *

2006年12月8日，国务院第159次常务会议审议通过了《诉讼费用交纳办法》（以下简称《交纳办法》），并于2007年4月1日起施行。那么，这件看似再普通不过的事情意味着什么呢？作为“业外人士”的普通民众除了“收费项目减少了”和“收费标准降低了”之外可能对于此事并无更多感触，但在笔者所接触到的各级法院的法官们看来，这件事则意味着从今以后的“好日子”的结束和他们对各级法院尤其是基层人民法院“今后日子难过”的慨叹。〔1〕在他们看来，讼费规则的制定权当然应该是由最高法院来行使，而且此前一直是由最高法院在实际行使，所以应该由最高法院继续行使。现在国务院“越俎代庖”地出台了《交纳办法》，自然意味着讼费规则制定权的“无奈旁落”。其实，在笔者看来，这件事无疑应该是讼费规则制定权的再次旁落，且通过其再次旁落，直接映衬出我国法治建设进程的步履蹒跚甚至严重受挫。

不错，从1984年的《民事诉讼收费办法（试行）》（以下简称《试行办法》），到1989年的《人民法院诉讼收费办法》（以下简称

---

* 原文发表于《法学》2007年第3期。

〔1〕《交纳办法》减少了诉讼费用的交纳范围、降低了诉讼费用的交纳标准，就此而言，在构建社会主义和谐社会的大背景下，此举显然具有极大的合理性。但是由于案件“分布”的原因，《交纳办法》的施行亦会使得各级法院尤其是基层人民法院的讼费收入明显减少。在这种情况下，由于《交纳办法》的制定机关并没有同时就如何有效地弥补法院办案经费的“缺口”作出明确的规定，故暗地里早已程度不同地突破讼费“收支两条线”的各级法院尤其是基层人民法院当然会发出如此“慨叹”。

《收费办法》)，再到1999年的《〈人民法院诉讼收费办法〉补充规定》(以下简称《补充规定》),[1]在这20多年的时间里，我国的讼费征收规则确实一直是由最高法院来制定。但是，“存在的”果真就是“合理的”吗？其实未必！仅就此事而言，且不说法治发达国家的讼费征收规则均属于国家立法[2]的客观现实，而且就是从权力制衡的法治理念来看，讼费征收主体与讼费规则的制定主体显然也不能由同一个机关来充当，否则便有可能造成权力失控甚至腐败。此外，从我国1982年的《民事诉讼法（试行)》第80条第2款和1991年经修订重颁的《民事诉讼法》第107条第3款分析来看，它们均规定了“收取诉讼费用的办法另行制定”。那么应由谁来“另行制定”呢？当然只能是由制定《民事诉讼法（试行)》和《民事诉讼法》的全国人民代表大会的常务委员会来“另行制定”。但是，令人遗憾的是，最高法院却早在1984年即已“积极”制定出台了《试行办法》，其后又在1989年和1999年先后出台了《收费办法》和《补充规定》。令人更加遗憾的是，面对最高法院这一系列明显的违规操作，全国人民代表大会及其常委会却视而不见，更谈不上予以制止。这样一来，无疑是在现实层面“肯定”乃至“鼓励”了最高法院在此问题上的所作所为！或许有人会认为，全国人民代表大会及其常委会在此问题上的“沉默不语”不正是恰好证明了最高法院上述行为的正当性吗？其实，如果真的存在这种认识，要么是出于尚属善良的无知，要么是属于不值一驳的诡辩。因

---

[1] 此外还有其他的相关司法解释及2000年的《关于对经济确有困难的当事人予以司法救助的规定》和2005年的《关于对经济确有困难的当事人提供司法救助的规定》。

[2] 多数国家直接将诉讼费用问题规定在其民事诉讼立法中，但也有一些国家对民事诉讼费用问题采单独立法的体例。譬如：德国即有施行于1975年12月15日、最后修正于1998年12月19日的《诉讼费用法》，日本和韩国亦分别有《关于民事诉讼费用等的法律》和《民事诉讼费用法》。参见江伟主编：《民事诉讼法》，高等教育出版社2004年版，第242页；廖永安等：《诉讼费用研究——以当事人诉权保护为分析视角》，中国政法大学出版社2006年版，第285页。

为，如果认为“收取诉讼费用的办法另行制定”也就是“授权”最高法院来制定的话，那么不仅直接与权力制衡的法治原则相违背，而且在立法技术方面也根本无法解释为什么不干脆明确规定“收取诉讼费用的办法由最高人民法院制定”？君不见，即便在同样一部《民事诉讼法》当中，凡是需要或者应该由最高法院来制定的相关规则，《民事诉讼法》一定是会明确予以授权的，譬如，其第50条第2款即规定：“当事人可以查阅本案有关材料，并可以复制本案有关材料和法律文书。查阅、复制本案有关材料的范围和办法由最高人民法院规定。”又如，其第61条亦规定：“代理诉讼的律师和其他诉讼代理人有权调查收集证据，可以查阅本案有关材料。查阅本案有关材料的范围和办法由最高人民法院规定。”[1]由此可见，需要“另行制定”的讼费征收规则的制定权原本就不属于也不应该属于作为讼费征收主体之一的最高法院。所以，最高法院此前制定一系列讼费征收规则的行为无疑意味着讼费规则制定权的首次旁落，这就是问题的实质和唯一正确的解释。[2]

那么，为什么说国务院《交纳办法》的制定出台意味着讼费规则制定权的再次旁落呢？这就需要从我国2000年的《立法法》的有关规定说起了。“为了规范立法活动，健全国家立法制度，建立

〔1〕 事隔11年之后，最高法院“终于”在2002年11月4日出台了《关于诉讼代理人查阅民事案件材料的规定》。依笔者之见，相对于上述讼费征收规则的“积极”制定而言，本办法以及以当事人缓、减、免交诉讼费用为宗旨的司法救助规则的制定出台真正可谓是“姗姗来迟”！两相比较，其中的“无穷奥妙”不禁让人浮想联翩！

〔2〕 事实上，恐怕最高法院后来也意识到或者感受到了这一问题的存在。因为在其于1999年制定出台的《补充规定》的第7条第2款有这样的“解释”：“《人民法院诉讼收费办法》是根据《中华人民共和国民事诉讼法（试行）》制定的。本规定仅是对亟需解决的诉讼收费问题作些补充，对《办法》将根据《中华人民共和国民事诉讼法》在近期内全面修订。”然而，此后一直到2006年年底，也即国务院《交纳办法》出台之时，这一将“在近期内全面修订”的既定目标仍未能够得到实现，而且恐怕永远也实现不了了。这一事实充分说明，最高法院要么在这一问题的认识上有所“提高”，要么就是受到了某种外来的“掣肘”。

和完善有中国特色的社会主义法律体系，保障和发展社会主义民主，推进依法治国，建设社会主义法治国家"，我国于2000年3月15日通过了新中国成立以来的第一部《立法法》。随着该法自同年7月1日起的施行，我国的立法活动本身也进入了一个"有法可依"的新的历史时期。依照《立法法》第8条的规定，包括"诉讼和仲裁制度"在内的共计10大类事项"只能制定法律"，即只能由全国人民代表大会及其常委会来分别行使立法权。具体到讼费征收，由于其毫无疑问地属于"诉讼事项"，故其立法权或曰规则制定权理应由全国人大常委会来行使。[1]然而，笔者在与有关人士谈及此事时，却听到了如此这般的一番"解释"：讼费征收固然属于"诉讼事项"，因而"只能制定法律"；但是根据《立法法》第9条的规定，"本法第8条规定的事项尚未制定法律的，全国人民代表大会及其常务委员会有权作出决定，授权国务院可以根据实际需要，对其中的部分事项先制定行政法规"。因此，《交纳办法》就是属于这样的行政法规。照此看来，似乎由国务院制定出台《交纳办法》一事乃为"名正言顺"而无任何瑕疵可言。其实，且不说全国人民代表大会及其常委会是否有过此类授权尚无明证，而且就是他们对于《立法法》第9条的理解也属于"武断"、"粗暴"的断章取义。原因在于，持上述观点者对于《立法法》第9条的理解和"引用"根本就是不完整的，他们将该条中"但是有关犯罪和刑罚、对公民政治权利的剥夺和限制人身自由的强制措施和处罚、司法制度等事项除外"的但书规定给抛到九霄云外去了！如前所述，讼费征收乃为"诉讼事项"，因而属于"只能制定法律"的既定范围；与此同时，讼费征收亦属于"司法制度"，故而当在"授

---

[1] 根据《立法法》第7条第2、3款的规定，"全国人民代表大会制定和修改刑事、民事、国家机构的和其他的基本法律"，"全国人民代表大会常务委员会制定和修改除应当由全国人民代表大会制定的法律以外的其他法律……"其中当然也包括讼费征收方面的法律。

权立法”的除外事项之内！一句话，无论在任何情况下，讼费征收的立法权或曰规则制定权都应该由也只能由全国人大常委会来行使，在此问题上，“授权立法”实乃无稽之谈！

笔长纸短，感慨良多：

第一，在没有《立法法》的情况下，最高法院对于讼费规则制定权的“行使”令人遗憾。

第二，在有了《立法法》的情况下，国务院对于讼费规则制定权的“行使”尤其令人遗憾。

第三，全国人民代表大会常务委员会在此事项上经两次“大权旁落”却能够始终如一地做到“气定神闲”，“不为所动”，更是令人感到万分遗憾！[1]透过这件事情，我们可以看出许多、许多……而其中很重要的一点就是：中国的法治进程不仅确实任重而道远，而且“从规范立法抓起”仍然不失为极其重要的一环。因为老话说得很明白：名不正则言不顺，名不至而实难归，立法工作也是如此！

---

〔1〕 想必类似的情况并非仅仅限于讼费事项。

我国司法解释规则的新发展及其再完善

——《07 规定》与《97 规定》的比较分析*

就我国的司法解释工作而言，全国人大常委会于 1981 年出台的《关于加强法律解释工作的决议》（以下简称《81 决议》）等，[2]仅仅为其提供了原则性的指南，至于具体的解释规则，则一直是由司法解释的主体即最高人民法院和最高人民检察院来分别制定的。[3]其中，就最高人民法院于 1997 年出台的《关于司法解释工作的若干规定》（以下简称《97 规定》）而言，首次就司法解释的具体规则和相关程序作了尚属全面、系统的安排，故其虽“姗姗来迟”，但无疑仍具有“奠基石”的意义。

然而，《97 规定》施行 10 年来的司法解释实践也逐渐暴露出了其所存在的诸多“先天不足”，以及因其“先天不足”所未能克服的司法解释工作成效的差强人意。[4]一段时间以来，司法解释“立法化”，司法解释过多过滥，司法解释的出台程序有欠完备，以

---

* 原文发表于《现代法学》2008 年第 4 期。

〔2〕 2000 年的我国《立法法》中正面涉及的“法律解释”实际上仅为“立法解释”，与“司法解释”即“两高”的解释并无显性关系，故《立法法》并不直接规范司法解释工作。

〔3〕 除最高人民法院先后于 1997 年和 2007 年制定有《关于司法解释工作的若干规定》和《关于司法解释工作的规定》外，最高人民检察院亦于 1996 年制定有《司法解释工作暂行规定》，并实施至今。其实，从法治原则和权力制衡的角度来看，司法解释规则是否应由司法解释主体自行制定，乃是一个值得进一步探讨的问题。

〔4〕 当然，造成我国司法解释工作成效“差强人意”的成因并非仅在于《97 规定》的“先天不足”，而是有着更为广泛、更为深刻的社会原因，但司法解释规则即《97 规定》自身的“先天不足”仍是不可否认的直接原因之一。

及司法解释自身违法等既有弊端，仍然是饱受理论界和实务界一致诟病的突出问题。[1]这些问题的存在，不仅直接影响了司法审判的规范运作，影响了法律的统一实施，而且也在相当程度上给和谐社会的构建造成了消极影响。[2]鉴此，为了进一步规范司法解释工作，最高人民法院于2007年3月23日出台了《关于司法解释工作的规定》（以下简称《07规定》），并已于同年4月1日起施行。[3]笔者认为，《07规定》的制定出台，乃是在新形势下最高人民法院依法行使司法解释权，进一步完善司法解释规则，不断提高司法解释质量和水平的重要举措。与《97规定》相比，虽然后者秉持着同样的目的，但通过分析不难发现，无论在形式体例上还是在具体内容上，《07规定》较之于《97规定》均有新的发展。

一、形式体例上的变化与改进

从条文数量上来看，《97规定》仅有17条，而《07规定》则扩充到了31条，这就使得司法解释规则有了更为充裕的容纳空间，从而为这一规则的进一步完善提供了可能。但更为重要的是，在大幅增加条文数量的基础上，新规则在体例结构上也作了明显的改进，即由原来所有条文一排到底的“线型”结构，发展成为逻辑结构分明且环环互扣、逐步递进的“块型”结构。

具体来讲，《97规定》并没有在形式上对其内容予以分类安排，而是沿用以往司法解释的通常形式，[4]将制定、出台司法解释的各个环节及相关事项，直接从第1条至第17条进行了不间断的铺排，其间并无显性的环节区分与不同事项上的界限标示。相比之下，《07规定》则将其全部内容按照不同的环节和事项，以及彼此

---

〔1〕 袁明圣：“司法解释‘立法化’现象探微”，载《法商研究》2003年第2期。

〔2〕 周旺生：“中国现行法律解释制度研究”，载《现代法学》2003年第2期。

〔3〕《97规定》同时废止。

〔4〕 当然，无论是《97规定》还是《07规定》，本身均非严格意义上的司法解释。

之间的逻辑关系，顺序分为“一般规定”、“立项”、“起草与报送”、“讨论”、“发布、施行与备案”、“编纂、修改、废止”共计六大部分。这样一来，不仅使得司法解释规则在自身的形式安排上更趋合理，而且也有助于其之具体适用，方便相关操作。

二、具体内容上的充实与完善

较之于《97 规定》，《07 规定》在内容上的充实与完善更为引人注目，也更具有实质性的积极意义。具体来讲，主要体现在以下几个方面：

（一）《07 规定》的制定依据有所扩充，从而凸显了依法行使司法解释权的应有宗旨

《97 规定》和《07 规定》均在第 1 条宣示了自己的制定依据。其中，《97 规定》的制定依据有两个，即《中华人民共和国人民法院组织法》和《81 决议》；在此基础上，《07 规定》又增加了一个新的制定依据，即《中华人民共和国各级人民代表大会常务委员会监督法》。[1]这一重要制定依据的增列，表明《07 规定》的制定者

---

〔1〕 以下简称《监督法》。该法由第十届全国人民代表大会常务委员会第 23 次会议于 2006 年 8 月 27 日通过，并已自 2007 年 1 月 1 日起施行。其中在第五章对包括司法解释在内的“规范性文件的备案审查”问题作了专门的规定。涉及司法解释的规定有：“最高人民法院、最高人民检察院作出的属于审判、检察工作中具体应用法律的解释，应当自公布之日起 30 日内报全国人民代表大会常务委员会备案”（第 31 条）；“国务院、中央军事委员会和省、自治区、直辖市的人民代表大会常务委员会认为最高人民法院、最高人民检察院作出的具体应用法律的解释同法律规定相抵触的，最高人民法院、最高人民检察院之间认为对方作出的具体应用法律的解释同法律规定相抵触的，可以向全国人民代表大会常务委员会书面提出进行审查的要求，由常务委员会工作机构送有关专门委员会进行审查、提出意见。前款规定以外的其他国家机关和社会团体、企业事业组织以及公民认为最高人民法院、最高人民检察院作出的具体应用法律的解释同法律规定相抵触的，可以向全国人民代表大会常务委员会书面提出进行审查的建议，由常务委员会工作机构进行研究，必要时，送有关专门委员会进行审查、提出意见”（第 32 条）；“全国

即最高人民法院进一步认识到了依法行使司法解释权和严格规范司法解释工作的必要性与重要性，并通过宣示解释规则的制定依据，奠定且夯实了科学构建司法解释规则体系和理性进行实际操作的法律根基。

此外，《07 规定》第 3 条还确立了制定司法解释所应遵循的基本原则，即“司法解释应当根据法律和有关立法精神，结合审判工作实际需要制定”。而这一点在此前的《97 规定》中并未加以明确。笔者认为，从一定意义上说，此项基本原则的确立，似乎可以看成是最高人民法院对近些年来理论界关于司法解释“立法化”、“造法化”等强烈批评所作的积极回应。当然，这种回应尽管是积极的，但却仅仅是初步的，或者说是尚未完全到位的。这是因为，虽然上述基本原则中强调了司法解释要“根据法律”加以制定，但其同时也允许“根据……有关立法精神，结合审判工作实际需要制定”司法解释。而此处所谓之“有关立法精神”，往往不过是最高人民法院自己“揣摩”出来的，而非是立法机关的明确宣示！这样一来，也就意味着，只要“审判工作实际需要”，最高人民法院即可仅仅根据其自己理解的“有关立法精神”制定司法解释。由此可见，在此背景下出台的司法解释仍然有可能与有关立法的真实精神相去甚远，甚至南辕北辙。就此而言，《07 规定》能否从根本上防止司法解释产生违反有关立法真实精神的偏差，显然是不容乐观的。

（二）突出强调了协商一致，为“两高”共同制定司法解释的工作提供了制度雏形

根据《81 决议》第 2 条的规定，“凡属于法院审判工作中具体

人民代表大会法律委员会和有关专门委员会经审查认为最高人民法院或者最高人民检察院作出的具体应用法律的解释同法律规定相抵触，而最高人民法院或者最高人民检察院不予修改或者废止的，可以提出要求最高人民法院或者最高人民检察院予以修改、废止的议案，或者提出由全国人民代表大会常务委员会作出法律解释的议案，由委员长会议决定提请常务委员会审议”（第 33 条）。

应用法律、法令的问题，由最高人民法院进行解释。凡属于检察院检察工作中具体应用法律、法令的问题，由最高人民检察院进行解释。最高人民法院和最高人民检察院的解释如果有原则性的分歧，报请全国人民代表大会常务委员会解释或决定”。由此可见，由最高人民法院和最高人民检察院分别对审判工作和检察工作中具体应用法律、法令的问题进行解释，乃是我国司法解释工作的基本样态。然而，由于审判工作和检察工作在诸多环节上会发生这样那样的衔接与联系，故在有些情况下需要由最高人民法院和最高人民检察院共同制定司法解释，以求其间具体应用法律、法令的问题得到妥善的解决。然而，由于此前并未设置有“两高”共同制定司法解释的适宜机制，故而时常造成“两高”解释间的彼此抵牾，[1]尤其是在刑事诉讼领域和民事、行政诉讼中的检察监督环节，此类“打架”情形尤为突出，其不仅造成了司法解释的混乱和实务操作的不统一，而且更在相当程度上使诉讼当事人维权受阻，进而给和谐社会之构建造成了直接的梗塞。鉴此，《07 规定》第 7 条明确提出：“最高人民法院与最高人民检察院共同制定司法解释的工作，应当按照法律规定和双方协商一致的意见办理。”如此一来，也就为预防前述抵牾的发生提供了令人可喜的制度雏形。笔者认为，处于司法链终端的最高人民法院能够主动就此作出上述规定，实在是难能可贵！

当然，由于在我国目前的司法解释体制下，由“两高”分别进行解释是原则，共同进行解释仅仅是例外，是补充，在全部司法解释中所占比例有限，故最高人民法院在《07 规定》中的主动“示

---

[1] “两高”解释间存在的彼此抵牾，有一部分明显属于《81 决议》所谓之“原则性的分歧”，譬如法、检两家在民事、行政检察监督的具体范围和方式上的不同认识，即属此类分歧之典型。然而，长期以来，并未见有“报请”全国人大常委会就此作出解释或决定的实际举措，亦未看到全国人大常委会就此作出过专门的“解释或决定”。

好”与“柔性自束”能否彻底消除前述“打架”现象,[1]显然既有待于最高人民检察院的积极回应，更有待于通过“两高”的共同努力，科学设置“协商一致”的具体运作机制，并将之贯彻落实到所有可能产生抵牾的司法解释场合。

（三）扩大了司法解释的立项来源，拓展了司法解释正当化的社会基础

司法解释尤其是其中的审判解释，固然是为了解决法院审判工作中具体应用法律、法令的问题，但从其制定出台及适用效果来看，则会涉及诉讼当事人乃至方方面面的利益调整，故若处理不好，则会导致诸多弊端。然而，就《97 规定》而言，其所明确的司法解释立项来源仅有 3 种,[2]即：①最高人民法院各审判业务庭、室根据审判工作中具体应用法律的问题提出的解释意见，经研究室协调后，分别报分管副院长批准立项；②最高人民法院审判委员会认为需要作出司法解释的，由有关审判业务庭、室直接立项；③各高级人民法院和解放军军事法院就审判工作中具体应用法律问题提出的请示。通过分析不难发现，《97 规定》所确立的司法解释立项来源至少存在三个方面的问题：其一，所有的立项来源均限于法院系统内部，从而使得司法解释完全成为审判机关“封闭制造”且“自给自足”的产物，明显缺乏更为广泛的正当化之社会基础；其二，在第一种立项来源中，将立项批准权集中于“分管副院长”一人之手，无疑容易形成“长官意志”，造成司法解释立项工作的行政化操作；其三，直接处于审判工作一线的基层人民法院与中级人民法院在司法解释的形成过程中没有丝毫的作为余地，故而不仅难以真正实现“结合审判工作实际需要制定”司法解释的初衷，而且造成了“地方司法解释性文件”这一怪胎的久禁不绝甚至其行为

[1] 冷月：“论司法裁判中法律解释的限度”，载《江海学刊》2007 年第 6 期。

[2] 参见《97 规定》第 5 条第 1、2 款及第 9 条第 4 款。

愈演愈烈。[1]相比之下，《07 规定》第 10 条第 1 款则在保留上述 3 种立项来源的基础上，增列了 3 种立项来源，即：①全国人大代表、全国政协委员提出制定司法解释的议案、提案；②有关国家机关、社会团体或者其他组织以及公民提出制定司法解释的建议；③最高人民法院认为需要制定司法解释的其他情形。与此同时，该条第 2 款还明确规定："基层人民法院和中级人民法院认为需要制定司法解释的，应当层报高级人民法院，由高级人民法院审查决定是否向最高人民法院提出制定司法解释的建议或者对法律应用问题进行请示。"这样一来，不仅使得司法解释正当性的社会基础得到了最大程度的保证，而且如上所述之其他问题亦有望得到较为妥善的解决。

（四）进一步细化了司法解释的制定程序，增加了司法解释的具体形式，从而体现了司法解释工作严格的规范化要求

在我国，由于司法解释实际上具有普适性的规范效力，并负载着促进法律的有效、统一适用之重要功能，因此对其制定程序必须予以严格规范。[2]然而，在《97 规定》中，关于司法解释制定程序的规定仅有 4 个条文，即第 5～8 条，且条文内容过于粗疏，不仅远不足以规范司法解释的制定工作，而且还带来了如前所述之种种弊害。有鉴于此，《07 规定》对司法解释的制定程序作了大幅度的完善，构建起了相当细致、严密的工作程序，使得"立项"、

---

〔1〕 虽然早在 1987 年 3 月 31 日最高人民法院即已针对"地方性司法解释"泛滥成灾的现象作出了《关于地方各级人民法院不应制定司法解释性文件的批复》，现在 20 年过去了，情况并没有得到明显的好转。分析起来，尽管原因很多，但处于审判工作一线的基层人民法院和中级人民法院虽然直接面临着诸多"具体应用法律的问题"，可他们在司法解释的形成过程中却毫无作为余地，这恐怕也是其中不容忽视的一个重要原因。

〔2〕 刘峥："论司法体制改革与司法解释体制重构——关于我国司法解释规范化的思考"，载《法律适用》2000 年第 1 期。

“起草与报送”、“讨论”、“发布、施行与备案”等成为环环相扣且互相制约的规范化要求。择其要者，主要包括以下几个方面：

1. 进一步完善了立项程序。在此方面，《07 规定》不仅在总体上确立了“制定司法解释，应当立项”的原则规定，而且还在扩大立项来源的基础上专门确定了负责立项的工作机构，并就立项建议的提出与立项计划应当包括的内容等问题作了明确、细致的安排，从而为立项工作的有序进行提供了制度保障。

2. 起草与报送程序更趋科学、合理。就此而言，《07 规定》针对不同类型的司法解释确定了不同的起草部门，并提出了“起草司法解释，应当深入调查研究，认真总结审判实践经验，广泛征求意见”的基本要求，从而为司法解释的“有的放矢”奠定了坚实的基础。与此同时，《07 规定》前所未有地作出了对于“涉及人民群众切身利益或者重大疑难问题的司法解释，经分管院领导审批后报常务副院长或者院长决定，可以向社会公开征求意见”的规定，这就为人民群众参与司法解释的制定提供了可能，故而突出地体现了司法解释制定过程中的民主化色彩。此外，为了避免司法专横，防止司法解释与国家的现行立法相抵触，《07 规定》还明确设置了“司法解释送审稿应当送全国人民代表大会相关专门委员会或者全国人民代表大会常务委员会相关工作部门征求意见”的程序安排，从而使得对司法解释的“事前监督”有了“良性互动”的畅通渠道。

3. 首次规定了最高人民法院审判委员会对司法解释草案的限期讨论制度，并根据讨论的不同结果，安排了“讨论通过并签发”、“原则通过但需经修改后再签发”以及在经讨论认为制定司法解释的条件尚不成熟时可以决定“进一步论证、暂缓讨论或撤销立项”等不同的处理方式。这样既能够避免司法解释制定过程的久拖不决，及时满足审判实践的急迫需要，又能够使得司法解释的制定出台真正做到实事求是与慎之又慎。

4. 完善了司法解释的发布、施行与备案程序。其中，就司法解释的发布载体而言，《07 规定》在保留原来以最高人民法院公告的形式在《人民法院报》上公开发布的基础上，增加了司法解释应当在《最高人民法院公报》上刊登的要求，从而在一定程度上增强了司法解释发布环节的周全性。[1]此外，就司法解释的备案程序而言，《07 规定》不仅根据《监督法》重申了司法解释应自发布之日起30日内报全国人大常委会备案的要求，而且分别确定了"备案报送工作"和"其他相关工作"的负责部门，从而使之落到了实处。

5. 增加了司法解释的具体形式。《07 规定》在对司法解释的制定程序加以细化完善的同时，为了适应修改、废止司法解释的实际需要，使司法解释能够随着国家法律与审判工作实践的发展变化而"与时俱进"，因此在原有的"解释"、"规定"、"批复"这三种司法解释形式的基础上，增加了专门用于修改或废止司法解释事项的"决定"，从而使得司法解释在自身的形式上更趋完备。

三、《07 规定》的不足及我国司法解释规则的再完善

毋庸置疑，与《97 规定》相比，《07 规定》已经在以上诸多方面有了令人欣喜的进步，且一年多来的司法解释实践也初步证明了其堪称可贵的规范价值。但与此同时也须看到，与依法行使司法解释权的指导原则及科学定位司法解释的基本要求相比，《07 规定》依然存在着明显的不足，故而需要对其适时进行再完善。具体来讲，除以上叙述中已有涉及的问题以外，主要尚有以下几个方面：

（一）对司法解释效力的现有定位仍旧显失妥当

在此问题上，与《97 规定》相比，除在具体的文字表述方面

---

〔1〕其实，司法解释的发布载体亦应包括最高人民法院的官方网站，因为这样可以在第一时间使最大范围的访问者获悉此类信息。当然，此前最高人民法院事实上已经这样做了，但遗憾的是《07 规定》并没有将其作为一种正式的发布渠道加以明定。

有些许的差异以外，《07 规定》并未有任何实质性的调整，因为其依然坚持宣称最高人民法院发布的司法解释“具有法律效力”。其实，在我们看来，这一规定不过是最高人民法院“过于自大”的一种“失当宣示”。原因在于：首先，就这一“宣示”本身而言，其无疑混淆了司法解释与国家立法之间的已然关系，给普通民众乃至办案法官直接造成了司法解释与国家立法位阶相同、“平起平坐”的错误认识，造成了二者关系的明显错位，进而使司法解释权在相当程度上侵蚀了国家立法权；其次，这一“宣示”也无法理顺其与《07 规定》中“人民法院同时引用法律和司法解释作为裁判依据的，应当先援引法律，后援引司法解释”这一正确要求之间的内在关系，造成了自身条文间的彼此抵牾；最后，如果最高人民法院的司法解释果真“具有法律效力”，那么最高人民检察院岂非可以同样宣称其所发布的司法解释“具有法律效力”？但这样一来，则国家立法权显然会再遭侵蚀！当然，我们也注意到了，面对最高人民法院一再的“失当宣示”，全国人大常委会从未就此行使过监督权令其修正，但这只能说明全国人大常委会的不作为，而不能据此推论出最高人民法院上述“宣示”的正当性与合理性。

综上，我们认为，在我国的各类审判工作领域，司法解释乃是人民法院审理和裁判案件不可或缺的重要依据，但司法解释就是也仅仅只是司法解释！其从来不是也不可能是任何形式、任何位阶的“法律”，故其根本不应该“具有法律效力”，而仅仅应该具有次于法律的裁判规范之效力。鉴此，《07 规定》显然应当适时地对此再作修改，以求完善。

（二）对司法解释工作的监督机制似乎仅具形式意义

任何权力及其行使都需要监督，否则即会导致偏差乃至滥用，最高人民法院的司法解释权亦不例外。但从《07 规定》的全部条文分析来看，明确使用了“监督”字眼的仅有一处，即第 28 条所作之规定：“最高人民法院对地方各级人民法院和专门人民法院在审判工作中适用司法解释的情况进行监督。上级人民法院对下级人民法院在审判工作中适用司法解释的情况进行监督。”毫无疑问，这仅仅是法院系统内的“自我监督”，而且是“事后监督”，加之也没有就这种监督的具体方式和相应处置作出明确的规定，故其在多大程度上具有实质意义显然是不得而知的。与此同时，就《07规定》中将司法解释草案“向社会征求意见”和将司法解释送审稿“送全国人民代表大会相关专门委员会或者全国人民代表大会常务委员会相关工作部门征求意见”的要求而言，虽然不无“外部监督”和“事前（中）监督”的意味，但因其规制太过空泛或“柔性”，所以其之宣示意义似乎同样远大于实际意义。就此观之，对前述规定显然均需有针对性地作进一步的充实与完善。

（三）司法解释的应及范围亟待加以精确厘定，否则其在审判实践中的失控局面仍将难以得到有效的遏止

众所周知，对司法解释的应及范围加以精确的厘定，乃是科学制定与正确适用司法解释的重要前提。但在这一问题上，由于《81决议》和2006年修订后的《人民法院组织法》均只是作出了最高人民法院有权对“审判工作中具体应用法律、法令的问题”进行司法解释的原则规定，而没有进一步就何谓“具体应用”加以明释，加之无论是《97规定》还是《07规定》，都只是简单地重复了上述原则规定，故而直接造成了学界与审判实务界在此问题上的认识分歧：前者通常认为，“具体应用”即意味着司法解释须是以现行法律、法令的“原则规定”为基础的“个案解释”，否则即会产生“法院造法”之偏差，导致对国家立法权的侵蚀；后者则认为，“具体应用”除学界所作的范围界定以外，还应包括以“有关立法精神”为根据的“类案解释”或“类事解释”。〔1〕由此一来，超越现行立法而仅凭自己“揣摩”的“有关立法精神”制定出台的大量“抽象解释”与“系统解释”也就不时出现并日益泛滥，从而

〔1〕 虽然无人作此公开宣称，但最高人民法院先后出台的众多此类司法解释已为明证。

成为一直饱受学界诟病的一个突出问题。[1]

毫无疑问，只要“具体应用”的精确含义得不到正确且权威的解释，那么最高人民法院（以及最高人民检察院）在司法解释工作中的越权解释乃至违法解释等现象也就难以得到有效的消除。[2]因此，建议由全国人大常委会尽快就此问题作出可资把握的明释，以供遵循。

四、结语

我们认为，从长远来看，要想从根本上解决我国司法解释工作领域中存在的各类问题，逐步完善我国的司法解释规则，乃至将这一规则适时上升为国家立法，固然都是必要的、重要的，但更重要的则是应该大力健全和完善国家的立法，并通过努力逐步做到法律修订的经常化，这样方可彻底消除“司法解释立法化”的社会基础。与此同时，还必须逐步扭转我国立法解释长期以来的被动局面，重视并进一步加强立法解释工作，使《立法法》规定的“法律解释”也即“立法解释”成为全国人大常委会的一项经常性工作，从而适度缓解“两高”尤其是最高人民法院在司法解释方面的工作压力。

---

〔1〕 张榕：“司法能动性何以实现？——以最高人民法院司法解释为分析基础”，载《法律科学》2007 年第 5 期。

〔2〕 罗书平：“中国司法解释的现状与法律思考”，载《中国律师》2000 年第 7 期。

“能动司法”之正确理解与科学践行
——以民事司法为视角的解析 *

近年来，在维护社会稳定、构建和谐社会的大背景下，一些颇具“创意”的司法理念被纷纷提出并不同程度地运用于民事司法实践，“能动司法”便是其中之一。关于“能动司法”的理论探讨仍频见于报刊，已成为倍受关注的热门议题。与此同时，一些貌似前卫的司法改革举措如诉前调解、派驻社区法官等更是被祭为“能动司法”的大旗，在全国各地相当一部分法院如火如荼地推行起来。尽管我们有理由相信这些举措的出台与推行实乃本诸良好的愿望，且从某种意义上讲也确实取得了一定的社会效果，不过我们更应该认真地审视这些高擎“能动司法”大旗的举措是否偏离或违背了现代司法权的运作规律。对“能动司法”究竟应当作何理解方为正确？其在司法实务中究竟应当如何践行方为得当？本文拟对此作一探讨，以求抛砖引玉。

一、“能动司法”之理论考察

（一）“能动司法”之本意

从语义学上来讲，“能动”与“被动”乃系一组对立范畴。被动性一直即被普遍认为是司法权的特质之一，故作为司法权的行使主体，法院不能偏离这一特质而行使其职权。不过在国外，特别是在英美法系国家，近半个世纪以来，对司法权的功能界定与法院的职权行使方式已悄然发生了一定的变化，从而呈现出“能动司法”

---

* 原文发表于《法学评论》2011 年第 2 期。

的新态样。根据权威的解释，所谓"能动司法"，亦可称为"司法能动"、"司法能动性"或曰"司法能动主义"，其意系指"司法机构在审理案件的具体过程中，不因循先例和遵从成文法的字面含义进行司法解释的一种司法理念，以及基于此种理念的行动。当司法机构发挥其司法能动性时，它对法律进行解释的结果更倾向于回应当下的社会现实和社会演变的新趋势，而不是拘泥于旧有的成文立法或先例，以防止产生不合理的社会后果。因此，司法能动性即意味着法院通过法律解释对法律的创造和补充"。[1]这就是最一般意义上的"能动司法"。

美国学者一般认为，"能动司法"的基本宗旨在于："法官应该审判案件，而不是回避案件，并且要广泛地利用他们的权力，尤其是通过扩大平等和个人自由的手段去促进公平——即保护人的尊严。能动主义的法官有义务为各种社会不公提供司法救济，运用手中的权力，尤其是运用将抽象概括的宪法保障加以具体化的权力去这么做。"[2]

以此为基准，"能动司法"在美国的司法实践中主要有以下三种表现形式：①不断地扩张和延伸法院管辖权的范围。即法院逐步超越固有定位，将越来越多的纠纷纳入自己的管辖范围，并通过法官的自由裁量和规则发现，参与决策和资源分配，从而成为积极介入和干预社会生活的力量，直至通过违宪审查或司法审查使自己成为事实上的最高权威。[3]②"法官造法"。即法官在审判案件的过程中，可以突破现有规则的限制，创制新的规则（当然，从某种意义上讲，这显然具有越位行使本来专属于立法机关之立法权的嫌

---

〔1〕 Henry Campbell Black, *Black's Law Dictionary*, 6th ed., West Publish Co, 1999, p. 847.

〔2〕［美］克里斯托夫·沃尔夫：《司法能动主义——自由的保障还是安全的威胁》，黄金荣译，中国政法大学出版社2004年版，第3页。

〔3〕 范愉："诉前调解与法院的社会责任：从司法社会化到司法能动主义"，载《法律适用》2007年第11期。

疑）。③违宪审查。即法官通过行使违宪审查权，发现和纠正社会生活中的各种违宪现象和相关问题，以更加全面地对公民权利予以救济，保护公民在宪法上的权利，并最终实现社会正义。

（二）“能动司法”之历史渊源与产生背景

“能动司法”的实践发端于美国的司法审查制度，源于美国宪法极为严格的修改程序。从美国建国之初到19世纪末，联邦最高法院长期采取的是一种较为温和的司法审查方式。法官在解释宪法时的一个基本假设是，宪法具有起草者所给定的、可以确定的含义。因此，司法审查的目的不在于赋予一个不清楚的法条以一个清楚的意思，而是要执行宪法中已经清楚载明的意思。[1]19世纪末，在自由放任主义经济哲学的影响下，当时的联邦最高法院竭力保护经济自由和私有财产权不受立法行为的侵害，与此相应，司法审查也随之发生了根本性变化，联邦最高法院经常使用正当程序条款推翻联邦和州的法律。而在1953年沃伦法官执掌联邦最高法院之后，美国历史上便迎来了司法能动主义最为活跃的时期。与传统上较为温和的司法审查相比，此时的司法审查更具“立法性”色彩，其目的在于力图减少传统上对国民接近司法之条件的限制，司法审查逐渐演变成了“司法至上”。[2]

“能动司法”作为一种司法哲学之所以会在美国产生并得到相当程度的社会认同，乃是由美国特有的哲学基础、宪政根基、法律背景以及高素质的职业法官等因素所决定的。

第一，就哲学基础而言，实用主义哲学至上为“能动司法”提供了可行的路径。法律实用主义产生伊始便对美国的司法实践产生了重要影响，联邦最高法院长期亦由奉行该司法理念的大法官所执

---

〔1〕［美］克里斯托夫·沃尔夫：《司法能动主义——自由的保障还是安全的威胁》，黄金荣译，中国政法大学出版社2004年版，第2页。

〔2〕刘慧英、任东来：“能动还是克制：一场尚无结论的美国司法辩论”，载《美国研究》2005年第4期。

掌。"实用主义法官总是为了目前和未来尽可能做最好的事……实用主义法官与强烈意义上的实证主义法官之间的差别就在于，后一种法官的中心关注是要与以往的立法保持一致，而前一种法官只有在依据先例判决也许是产生最有利于未来之结果的最好方法的范围内才关心与以往保持一致。"[1]

第二，就宪政根基而言，三权分立的政治架构成了"能动司法"的现实基础。在立法、行政、司法三项权力相互制衡的权力体系中，美国司法机关不仅承担着审判一般案件的责任，而且还承担着制约立法权和行政权的重任；不仅仅要依据宪法和法律审判案件，还要对立法本身进行审查，对不合乎公平和正义的宪法判例进行修正，从而彰显司法的正义力量。

第三，就法律背景而言，美国特有的法律背景乃是形成"能动司法"的最直接因素。美国宪法是世界上最稳定的成文宪法，历经200多年而恒久不变，其间虽然陆续增加了27个修正案，但其基本精神从未有所更改。面对急速发展变革的社会现实，迟缓、僵硬的国会立法往往很难满足司法实践的客观需要，因此只有积极能动地进行司法才能顺应这一需求，这无疑为法官的"能动司法"提供了广阔的空间。

第四，就适用主体而言，高素质的职业法官显然是美国式的"能动司法"得以良性运行的不可或缺之要件。

综上可知，美国式的"能动司法"产生并存在于特定的土壤与环境之中，离开这一特定的土壤和环境，也就不可能出现美国式的"能动司法"。

(三) 我国"能动司法"之简评

1. 我国"能动司法"之沿革。从20世纪50年代初期至70年代末期，计划经济体制的集权特性决定了我国审判机关在国家政权

---

[1] [美] 理查德·A. 波斯纳：《道德和法律理论的疑问》，苏力译，中国政法大学出版社2001年版，第277页。

体系中处于相对弱势的地位，大部分经济纠纷主要经由行政渠道加以处理，人民法院则处于一种缩守狭小的“民事摊档”[1]之辅助地位，基本上不介入各类经济纠纷的解决。从80年代中后期开始，特别是随着改革开放背景下民事司法改革的萌动，人民法院开始为改变自身在国家政治生活中的尴尬地位而主动出击，其主要表现是，积极主动且较大规模地介入社会纠纷的解决，迅速扩张民事司法的“势力范围”，似乎初步显现出了“能动司法”之态势。与此同时，审判机关还借助“增强法律意识”、“树立权利观念”和“实现公平公正”等强势话语为上述行动提供正当性支撑，一时间似乎营造出了“司法万能”的诱人氛围，这样不仅使私力救济的原有空间受到了极大的挤压，而且还间接地削弱了长期发挥着“半壁江山”作用的人民调解、行政调处等解纷机制。[2]然而，到了90年代后期，随着民事审判方式改革的进一步推进，诉讼案件的数量开始急剧增长，新类型的民商事案件更是层出不穷，故而使得不久前还踌躇满志的法院开始面临前所未有的办案压力乃至难以承受之重。面对纷繁复杂的各类案件和头绪万千的私法关系，法院在前一阶段积累起来的勃勃雄心开始发生明显的衰减，可为明证的即是其对于不少新类型案件的“不予受理”，换言之也即其采取了退却性司法或曰消极性司法的收缩政策。

近年来，基于充分满足新时期政治需要之考量，[3]及对社会转型之顾及，[4]“能动司法”在我国民事审判实务界似乎又呈现出

---

〔1〕泛指当时仅仅由婚姻、家庭、继承及少量财产纠纷所构成的民事受案范围及对这些案件的审判。

〔2〕参见吴英姿：“司法的限度：在司法能动与司法克制之间”，载《法学研究》2009年第5期。

〔3〕譬如对“司法审判为大局服务”、“和谐司法”以及“继续深化司法改革”等项要求的积极践行。

〔4〕主要是指对于因社会贫富差距进一步拉大而产生的大量新类型纠纷以及其对社会稳定所造成的直接或潜在影响所作出的努力回应。

了日益彰显之趋势。但是在"能动司法"概念的界定和内涵的把握上存在诸多分歧、误解乃至于曲解，导致其在司法实践中的具体操作混乱不堪，其中有些举措甚至明显与"能动司法"之本旨南辕北辙、直接相悖。

2. 关于"能动司法"内涵界定之争议。对于我国而言，"能动司法"之理念乃属域外"舶来品"，近年来，在普遍倡导之前既没有经过系统严密的逻辑论证，也缺乏反复、充分的实践检验，更谈不上系统吸收域外经验同时结合本土实际加以妥适融合。一句话，我国法学理论界与审判实务界迄今为止甚至都没有能够对中国现时法治语境下"能动司法"的应有含义作出系统的界定、论证与阐释。

毋庸置疑，由于自身的实际境遇及长期深受"服务大局、确保稳定"等观念的主导性影响，我国的审判实务部门往往更多的是从政治角度来考虑司法权的运作，因此他们在界定"能动司法"的内涵时，不可避免地渗入了某些政治需求的考量，从而更多地强调司法能动的政治风格。至于法学理论界，对于"能动司法"的认识也是迥然各异。具体来讲，主要有以下四种观点：

第一，无限扩大的"能动司法"观。目前这是一种较为广泛的认知，其所主张的"能动司法"主要包括以下内涵：①应尽可能地扩张审判权及法院判决的作用范围与社会功能；②国家要通过司法权的积极运作以实现其对社会进行干预并借此实施社会政策和政治功能的工具性能动；③在案件管辖方面要充分体现司法能动，譬如积极扩大民事主管范围、取消立案限制、主张巡回审判、倡导公益诉讼等；④讲求法庭审理风格方面的能动司法，比如强调法院的职权管理与诉讼指挥、积极行使法官释明权、大力推行诉讼调解等；⑤司法机关可以审判外的方式参与社会治理，承担法外社会责任。[1]这种观点似乎在一定程度上融合了美国式的"能动司法"

---

〔1〕 范愉："诉前调解与法院的社会责任：从司法社会化到司法能动主义"，载《法律适用》2007 年第 11 期。

观和当下我国官方隐约透出的“能动司法”主张。

第二，超越规则的“能动司法”观。该观点认为审判机关可以为了达到一定的司法目的而超越现行规则进行司法，甚至可以进行“规则外”的能动司法。[1]这种观点实际上是对美国式“能动司法”的盲目照搬，根本不符合我国的司法传统与司法原则，且贻害无穷。

第三，被曲解的“能动司法”观。此种观点认为，中国的传统审判制度中早已明显涵括了司法能动主义的成分，因为在传统上司法官大都集司法、行政等功能于一身，且其在办理案件的过程中往往十分主动，譬如他们不仅积极地调查取证、尽力调解，而且还兼具道德教化等职能，几乎可以说是无所不能、无所不包。[2]其实这是一种显而易见的错误理解，因为它把中国古代的“司法行政不分”这一原始、落后样态曲解成了“能动司法”。

第四，肤浅的“能动司法”观。就其表象而言，当前我国民事审判领域中马锡五审判方式的过当提倡、“大调解”机制的生硬合成以及各种法外“便民”措施的高调实施等，均因其行为方式中显现出了些许主动因素而被不少人想当然地贴上了“能动司法”的标签。

综上可见，我国法学理论界和司法实务界对在中国现时法治语境下究竟何谓“能动司法”在解释上显然是多元的，认识上也是不统一的，大多数人均是根据自己下意识的理解或望文生义的感悟来对“能动司法”进行有目的性的阐发和诠释。与此同时，由于缺乏相应的正当理论支撑，“能动司法”在审判实践中的具体操作更是“百花齐放”、新招迭出，但却普遍背离了现有的诉讼规则，从而在总体上呈现出各自“摸着石头过河”的放任无序状态。在此背景下，迄今为止各地法院大呼隆式“能动司法”的实际效果也就可想而知，坦率地说，其不仅直接导致了审判机关的各自为政与违法司

---

〔1〕 刘书星：“对规则外能动司法的调查研究”，载张卫平、齐树洁主编：《司法改革论评（第5辑）》，厦门大学出版社2007年版。

〔2〕 王军峰：“审判实践中的司法能动主义走向”，载《人民法院报》2009年5月20日。

法、法外司法，而且从长远来看，更是会对我国社会主义法治建设的进程造成严重的阻碍。

二、对我国"能动司法"之定位与既有规则之审视

笔者认为，在我国当下的民事诉讼中，法院如欲进行"能动司法"，显然既不可能效法美国式的"能动司法"，也绝不能像某些观点所主张的那样进行法外操作。中国式的能动司法，应该是指在案件依法进入诉讼系属后，在不违反司法被动性的前提下，由法官严格按照现行《民事诉讼法》和相关司法解释的有关规定，严谨、规范地审判案件，积极、妥当地履行职责，尤其是在规则明确允许且符合法定条件之前提下，法院应不待当事人提出申请，即依职权主动实施相关诉讼行为或开启相关诉讼程序，从而使纠纷得到及时的解决，使当事人的合法权益得到妥当的保护，使讼争法律关系趋于和谐、稳定。就此而言，如果概要地将"能动司法"理解为法院应在规则允许范围内积极主动地行使职权而不待当事人提出申请，那么在我国现有的民事诉讼规则体系内，显然已有"能动司法"机制之预设。这不仅表现为在诉讼系属中受诉法院得依职权主动实施有关诉讼行为，而且体现为人民法院可依职权启动相关诉讼程序。

（一）在诉讼系属中受诉法院依职权主动实施有关诉讼行为

此一层面的"能动司法"，主要包括以下六个方面的内容：

1. 移送管辖。我国现行《民事诉讼法》第36条规定："人民法院发现受理的案件不属于本院管辖的，应当移送有管辖权的人民法院，受移送的人民法院应当受理。受移送的人民法院认为受移送的案件依照规定不属于本院管辖的，应当报请上级人民法院指定管辖，不得再自行移送。"考察该条文义可以看出，在我国，人民法院如发现对已经受理的案件无管辖权，此时不待当事人提出管辖异议即可主动依职权将案件移送给有管辖权的法院去审判。从诉讼法理上讲，管辖权之有无乃属法院职权探知之范围，而非抗辩之事项，故受诉法院可依职权主动实施移送管辖，并且这样做显然也符

合诉讼经济原则。

具体来讲，依我国现行《民事诉讼法》第108条[1]的规定，受诉法院对案件具有管辖权本来就是原告起诉必须具备的条件之一，据此，原告若向无管辖权的法院起诉，即便该法院因疏于审查而误认为自己对该案有管辖权，那么在受理后若查明固然可以裁定驳回该项起诉，但此时对于原告来讲，虽然其可通过上诉程序寻求救济，但是因为一审受诉法院对该案确无管辖权，故其上诉并无实际意义可言。此后其若想要继续诉求人民法院解决自己与被告之间的民事纠纷，则只能另向有管辖权的人民法院起诉，但这样一来，相关程序繁琐、叠加，显然有违诉讼经济原则。相对而言，如果一审受诉法院依职权主动采取移送管辖之方式加以处理，该原告即不必再经上诉程序和另行起诉程序，从而减少了讼累，符合诉讼经济原则的要求。

2. 依职权调查收集证据。我国现行《民事诉讼法》第64条第2款后段[2]规定了人民法院可依职权调查收集证据。2001年最高人民法院颁布的《关于民事诉讼证据的若干规定》（以下简称《证据规定》）第15条[3]进一步对法院认为审理案件需要的证据的种类作出了列举式规定，从而在规则层面明确了人民法院依职权调查收集证据的具体范围。

就传统而言，我国民事诉讼实行的乃是职权主义模式，人民法院在诉讼中往往承担着调查收集证据的主要责任，这与民事诉讼解决私权纠纷之本旨显然不符，因此自民事审判方式改革时起，即逐步加强了当事人提供证据的责任，诉讼模式自此亦开始向当事人主

---

[1] 《民事诉讼法》于2012年修改后，该条已调整为第119条。

[2] 《民事诉讼法》第64条第2款后段规定：“……人民法院认为审理案件需要的证据，人民法院应当调查收集。”

[3] 《证据规定》第15条规定：“《民事诉讼法》第64条规定的人民法院认为审理案件需要的证据，是指以下情形：①涉及可能有损国家利益、社会公共利益或者他人合法权益的事实；②涉及依职权追加当事人、中止诉讼、终结诉讼、回避等与实体争议无关的程序事项。”

义靠拢。当事人主义的诉讼模式强调由当事人双方自主形成讼争内容，因而证据的收集与提供，乃至作为法院裁判基础的事实之证明等，均属于当事人双方应负的责任。同时要求法院对于当事人之间讼争事实之认定，原则上应以当事人提供且查证属实的证据作为基础。但在民事诉讼中，仍会有一些案件涉及社会公益，就此而言，法院所作之裁判不仅对当事人双方具有约束力，亦会依法扩张至案外第三人而生约束力。因此在这些案件中，若仅允许当事人双方作为证据的适格收集者、提供者以及案件事实的证明者，则无论是基于案件公益性之考虑还是基于对虽未参加到诉讼程序中来但却会受裁判约束的案外人的程序保障而言，均为不妥。故于此种场合，除仍应要求当事人双方负担提供证据、证明案件事实之责任外，尚须承认受诉法院自身亦具有收集证据、查明事实之必要权限及责任。这样做不仅不会违背民事诉讼法理，而且可在相当程度上避免负有举证责任的一方当事人因无法自行收集到某些特殊的证据而导致其不合理地承担败诉风险，进而造成诉讼信赖危机；[1]与此同时，还可借此避免当事人为了追求自身利益最大化而忽视或隐瞒涉及国家利益、公共利益的证据，保证诉讼证据的完整性及法院裁判基础的稳固性。[2]

---

〔1〕 在民事诉讼中，证据的收集常常会受到诸多因素的影响，因而有些证据当事人仅靠自身的力量是很难取得的。如果当事人因为自身意志以外的原因无法收集到诉讼所需要的证据而告败诉，相关判决即很难取得当事人的信服，当事人因此而承担的败诉风险显然也不甚合理。如果这种情况成为民事司法的常态，必将严重危及当事人乃至社会公众对民事诉讼的信赖，法院和法律的权威亦将因此而受到质疑。

〔2〕 在民事诉讼过程中，当事人出于利己心理，往往只会向法院提交对自己有利的证据，对于那些于己不利的证据，自然没有收集的积极性，甚至即便其已经掌握此类证据，但是基于自身利益之考量，也绝难提交给受诉法院。而法院作为国家机关的重要组成部分，相较当事人而言，在证据的收集上也具有诸多有利条件，因此规定法院在特定情况下可以依职权调查收集证据，当然有助于实现诉讼证据的完整性和法院裁判基础的稳固性。

3. 依职权命行鉴定。我国现行《民事诉讼法》第72条第1款规定："人民法院对专门性问题认为需要鉴定的，应当交由法定鉴定部门鉴定；没有法定鉴定部门的，由人民法院指定的鉴定部门鉴定。"〔1〕从这一条文中我们不难推断，在我国的民事诉讼中，受诉法院是可以依职权进行鉴定的。

民诉理论之通说认为，鉴定作为证据方法之一种，虽然有其特殊性，但在本质上仍属证据调查之范畴，故从严格遵守辩论主义之要求〔2〕出发，似应认为法院不能依职权付诸鉴定。但若从鉴定乃是为了补充法官专门知识之不足以辅助法官进行判断这一本旨出发，则应承认法官可依职权命行鉴定。此外，在高度专业化的诉讼中，因当事人之间的争点多涉及科学的、专门的事项，其与一般讼争事项相比，进行鉴定的必要性更大，故若按否定依职权付诸鉴定的立场，即便法院认为为了求得事实之适切认定而有鉴定必要时，却因当事人不提出鉴定申请而不能进行鉴定，此时法院虽拥有依法行使释明权以促使当事人申请鉴定这一手段可供使用，但在当事人拒不接受法院释明而固执己见的场合则仍不能解决问题，并有可能因此而导致法院对案件事实作出错误的认定。分析起来，可以得知，当事人在决定是否申请鉴定时往往会考虑鉴定费用的负担以及因采行鉴定而可能导致的诉讼迟延甚至最终还可能得出于己不利的鉴定结论等多种因素。在当事人不申请鉴定的情况下，受诉法院便只能依据证明责任规范就当事人应负证明责任之待证事实作出于其不利之认定。其结果很难保证法院所作裁判真正符合客观、真实之标准。因此，规定法院可依职权命行鉴定，具有弥补法官专门知识之不足的正面价值，以及避免法官对案件事实作出错误认定、保证

〔1〕《民事诉讼法》于2012年修改后，原第72条已经修改并扩充为第76、77、78条。

〔2〕从世界范围来看，尤其是在大陆法系国家和地区，作为民事诉讼中一项不言自明的原则，辩论主义是指"对于裁判所必要之事实及证据，当事人对该诉讼资料负有提出之责任。法院原则上仅得基于提出之诉讼资料为判决"。参见陈计男：《民事诉讼法论（上）》，台湾三民书局股份有限公司1994年版，第244页。

裁判之公正的积极意义。

4. 主动采取证据保全措施。根据我国现行《民事诉讼法》第74条的规定，“在证据可能灭失或者以后难以取得的情况下，诉讼参加人可以向人民法院申请保全证据，人民法院也可以主动采取保全措施”。[1]这是因为，民事诉讼案件从原告起诉直至法院作出判决，所需时日甚久，故在法院正式进行证据调查之前，由于种种原因，证据材料常有可能出现灭失或以后难以取得的情形。因此，若不由受诉法院预先进行证据调查并依法保存证据调查之结果，则必然会缩小或减损法院作为事实认定基础的证据范围，从而影响所作裁判的真实性与妥适性。而由法院预先进行证据调查并将调查结果予以妥善保存，即可有效避免上述不利益之发生，此乃设置证据保全制度意义之所在。而规定法院可主动依职权采取证据保全措施，则能进一步起到提取、固定、保存相关证据进而确保裁判真实的作用。

5. 依职权采取财产保全措施。我国现行《民事诉讼法》第92条第1款规定：“人民法院对于可能因当事人一方的行为或者其他原因，使判决不能执行或者难以执行的案件，可以根据对方当事人的申请，作出财产保全的裁定；当事人没有提出申请的，人民法院在必要时也可以裁定采取财产保全措施。”[2]最高人民法院于1992年发布的《关于适用〈中华人民共和国民事诉讼法〉若干问题的意见》（以下简称《适用意见》）第103条规定：“对当事人不服一

---

〔1〕《民事诉讼法》于2012年修改后，该条已调整为第81条第1款：“在证据可能灭失或者以后难以取得的情况下，当事人可以在诉讼过程中向人民法院申请保全证据，人民法院也可以主动采取保全措施。”

〔2〕《民事诉讼法》于2012年修改后，该条款已改为第100条第1款：“人民法院对于可能因当事人一方的行为或者其他原因，使判决难以执行或者造成当事人其他损害的案件，根据对方当事人的申请，可以裁定对其财产进行保全、责令其作出一定行为或者禁止其作出一定行为；当事人没有提出申请的，人民法院在必要时也可以裁定采取保全措施。”

审判决提出上诉的案件，在第二审人民法院接到报送的案件之前，当事人有转移、隐匿、出卖或者毁损财产等行为，必须采取财产保全措施的，由第一审人民法院依当事人申请或依职权采取。第一审人民法院制作的财产保全的裁定，应及时报送第二审人民法院。”从上述规定可以看出，在我国的民事诉讼中，人民法院于必要时不待当事人的申请即可依职权采取财产保全措施。之所以作出这样的安排，乃是因为当事人在收集相关信息的能力及对对方当事人有关行为的察觉与防范上相比于作为国家机关的法院来讲是比较弱的。在很多场合下，往往是受诉法院已经掌握了一方当事人在非法处分相关财产，而对方当事人对此还一无所知，故其自然不会想到向人民法院提出财产保全之申请。即使其接到法院释明而向法院提出财产保全的申请，也可能因为错过了有效时间或最佳时机而影响财产保全措施的适用效果。而规定法院在必要时可依职权采取财产保全措施，则能有效地保障其日后所作判决确定的权利之实现，进而切实维护法院生效判决的权威性。

6. 依职权追加当事人。根据我国现行《民事诉讼法》第 119 条[1]的规定，受诉法院若发现必须共同进行诉讼的当事人没有参加诉讼时，即应主动通知该当事人参加诉讼。《适用意见》第 54、57 两条[2]又分别针对继承遗产诉讼中的追加当事人问题及当事人申请追加问题作出了规范。

人民法院主动依职权追加当事人乃是其积极践行能动司法理念

---

〔1〕《民事诉讼法》于 2012 年修改后，该条已调整为第 132 条。

〔2〕《适用意见》第 54 条规定：“在继承遗产的诉讼中，部分继承人起诉的，人民法院应通知其他继承人作为共同原告参加诉讼；被通知的继承人不愿意参加诉讼又未明确表示放弃实体权利的，人民法院仍应把其列为共同原告。”第 57 条规定：“必须共同进行诉讼的当事人没有参加诉讼的，人民法院应当依照民事诉讼法第 119 条的规定，通知其参加；当事人也可以向人民法院申请追加。人民法院对当事人提出的申请，应当进行审查，申请无理的，裁定驳回；申请有理的，书面通知被追加的当事人参加诉讼。”

的重要举动之一。随着我国社会主义市场经济建设的高速发展，纠纷的类型和数量急剧增多，诉至法院的民商事案件已使我国许多地方的审判机关不堪重负，因此对案件进行整合式的处理即成为必要。在此背景下，依法通知那些必须参加诉讼的当事人参加正在进行的诉讼，不仅可以扩大案件处理结果之适用范围，有利于纠纷的一次性解决，避免重复诉讼，而且能够有效地节约司法成本、缓解法院的办案压力。与此同时，由于必须共同进行诉讼的所有当事人对整个案件的发生或多或少都曾起到了一定作用，因此要想彻底地将整个案件查明，即有待所有当事人无一遗漏地参与诉讼。而法官在听取了所有应当共同进行诉讼的当事人的陈述与争论的情况下，其对案件事实所形成的判断亦会更加接近于客观事实，这无疑也更有利于纠纷的彻底解决。

（二）人民法院依职权启动相关诉讼程序

就此而言，"能动司法"具体体现为以下两个方面：

1. 人民法院依职权启动再审程序。我国现行《民事诉讼法》第 177 条规定："各级人民法院院长对本院已经发生法律效力的判决、裁定，发现确有错误，认为需要再审的，应当提交审判委员会讨论决定。最高人民法院对地方各级人民法院已经发生法律效力的判决、裁定，上级人民法院对下级人民法院已经发生法律效力的判决、裁定，发现确有错误的，有权提审或者指令下级人民法院再审。"[1]由此可见，在我国的民事诉讼中，人民法院在发现生效裁判确有错误时可主动依职权经由审判监督程序启动案件之再审。2008 年最高人民法院颁布的《关于适用〈中华人民共和国民事诉讼法〉审判监督程序若干问题的解释》第 30 条规定："当事人未申请再审、人民检察院未抗诉的案件，人民法院发现原判决、裁定、调解协议有损害国家利益、社会公共利益等确有错误情形的，应当

---

〔1〕《民事诉讼法》于 2012 年修改后，该条已调整为第 198 条，并将原条文中的"判决、裁定"修改为"判决、裁定、调解书"。

依照民事诉讼法第177条的规定提起再审。”据此可以进一步认为，在我国的民事诉讼中，人民法院在发现调解协议有损害国家利益、社会公共利益等错误情形时，也可依职权启动再审程序。对于人民法院可以主动开启再审程序之制度安排的必要性与合理性，笔者给出以下解读：

依民事诉讼法理，各种审判程序的开启均须以当事人依法行使诉权为前提，故基于司法权被动性特质之考量，法院并不能依职权主动开启任何诉讼程序以解决当事人间之纠纷。但依“司法最终解决原则”，当事人若已将彼此之间的纠纷诉诸法院，法院便有责任针对当事人的诉讼请求依法作出正确、公正的裁判。如果法院所作的生效裁判存在错误，则不仅不利于当事人之间纠纷的合理解决，反而有可能使当事人之间的矛盾进一步加剧，同时还会使法院的权威受到质疑和挑战，从而严重地挫伤社会公众对法院的信赖。因此，对于法院作出确有错误的生效判决、裁定以及经过法院错误确认的调解协议，必须依法予以纠正。而法院系统内部的上述自我监督机制亦为纠正错误裁判及调解协议的重要途径之一。上述《民事诉讼法》及司法解释的规定，不仅能够使宪法、法院组织法等规定的法院系统内的自我监督机制得到切实贯彻，而且更能起到及时、有效地解决当事人之间的纠纷之功用。

2. 人民法院依职权移送执行。我国现行《民事诉讼法》第212条第1款〔1〕规定：“发生法律效力的民事判决、裁定，当事人必须履行。一方拒绝履行的，对方当事人可以向人民法院申请执行，也可以由审判员移送执行员执行。”由此可见，在我国的民事诉讼中，人民法院可不待当事人提出申请而将生效裁判依职权移送执行。当然，也并非是所有的生效裁判都可由审判员移送执行员执行。根据1998年最高人民法院发布的《关于人民法院执行工作若干问题的规定（试行）》（以下简称《执行规定》）第19条第2款的界定，

〔1〕《民事诉讼法》于2012年修改后，该条款已调整为第236条第1款。

在我国的民事诉讼中，可由审判员移送执行员执行的生效法律文书为以下三种：①发生法律效力且具有给付赡养费、扶养费、抚育费内容的法律文书；②民事制裁决定书；③刑事附带民事判决、裁定、调解书。

从民事诉讼法理上讲，人民法院制作的生效法律文书所确认的民事权利属于当事人可自行处分的私权，故在义务人不履行给付义务时是否申请人民法院强制执行，理应由权利人自己决定。就此而言，民事执行程序之开启应以当事人提出执行申请为前提。但若仅将当事人申请执行作为开启执行程序的唯一方式，显然不能满足我国民事执行工作的实际需要，且会给人民法院民事执行工作的开展和当事人合法权益的保护带来不利影响。而确立移送执行制度，将其作为我国民事执行程序的例外启动方式，则不仅能在一定程度上克服上述缺陷，而且有利于及时实现特定类型案件中当事人的合法权益。细究《执行规定》第 19 条之内容，可以看出，能够适用移送执行机制的案件基本上限于和当事人基本生活最为密切且若不及时执行将会严重危及当事人基本生存的案件，这显然是符合设置移送执行机制之宗旨的。

综上可知，就我国的民事司法而言，当前能够并应努力依法践行“能动司法”之领域，主要也就是以上 8 个方面，可见能动的空间目前还不是太宽裕。当然，如果考虑到由《证据规定》第 35 条[1]所确立的法官释明机制，则可以说有 9 个方面的能动空间。然而遗憾的是，由于种种原因，其中主要是由法官“自保心理”所造成的“司法惰性”，迄今为止在我国的民事司法实践中，在以上 9 个方面，法官们基本上是集体失语，超级保守，少有作为！鉴

---

〔1〕 即“诉讼过程中，当事人主张的法律关系的性质或者民事行为的效力与人民法院根据案件事实作出的认定不一致的，不受本规定第 34 条规定的限制，人民法院应当告知当事人可以变更诉讼请求。当事人变更诉讼请求的，人民法院应当重新指定举证期限”。

此，笔者认为，在今后一个时期内，作为努力践行的第一步，应将以上9个方面能动机制的依法积极适用，作为“能动司法”的重心所在。同时，我们也寄希望于国家立法机关，今后能够在理顺人民法院“能动司法”与当事人主义诉讼模式之间关系的基础上，逐步且理性地适当拓宽“能动司法”之空间，以便使审判机关能够更有作为。

三、对当下我国“能动司法”操作偏差之简析

在我国现阶段的民事司法实践中，不少法院在并不了解何谓“能动司法”、何谓美国式的“能动司法”、何谓中国式的“能动司法”以及它们彼此之间区别何在的情况下，仅凭自己的偏颇理解，便在“能动司法”的大旗下贸然推行了一些看似能动性较强然而实际上却为盲目冲动的工作举措。虽然通过这些举措的实施也确实化解了一些纠纷，处理了一些案件，看起来似乎取得了一定的社会效果，但在这些举措中有相当一部分实际上是背离了当今中国法治语境下“能动司法”的本质要求即“依法积极司法”或“法内积极司法”，粗暴地践踏了司法权的运作规律，违反了我国现行《民事诉讼法》的相关规定，造成了对中国法治进程的严重冲击，两相比较，得不偿失！分析起来，在这些举措中，尤以诉前调解之盛行、“社区法官”之派驻、巡回审判之复兴最为典型。

（一）诉前调解之盛行

随着我国改革开放的深入及经济、社会形势的发展，民商事案件数量激增，“诉讼爆炸”现象已在不少地方初露苗头。与此同时，由于前段时间我国民事司法界所推行的以程序规范化、正规化为主要特征的司法专业化改革未能在现实中及时收到改革推动者所预期的效果，且刚刚确立不久的现代民事诉讼制度也逐渐暴露出自身难以克服的诸多弊端，譬如诉讼迟延、法官人数和法官素质仍不能满足实践需要、诉讼成本高昂及诉讼效率低下等。对于上述在社会转型期出现的诸多矛盾和纠纷，我国司法机关主要采取了两种思路以

求应对：一种是从制度乃至体制的角度入手，借鉴现代社会中解决纠纷的域外制度经验，以深化改革来解决改革中出现的各种问题；另外一种则是回归我国的司法传统，通过寻找"老祖宗"留下的东西，以期从中提炼出切合当前国情的合理解决方式。诉前调解正是随着诉讼调解的复兴，在诉讼调解"适度社会化"的理念下得以发展和推广开来的。在2004年《最高人民法院关于人民法院民事调解工作若干问题的规定》中提出这一理念之后，各地各级法院即先后"摸索"出了不少具有地方特色的制度或措施，特别是2007年最高人民法院通过发布《关于进一步发挥诉讼调解在构建社会主义和谐社会中积极作用的若干意见》，再次重申了调解社会化的理念，并将各地法院的诉前调解统称为立案阶段的调解予以肯定。

在诉前调解模式下，法院在民事诉讼程序开始前即对双方当事人之间的纠纷进行调解，据观察，近年来我国尝试这种做法的法院不在少数，如京、琼、苏、豫、沪等地的法院都已进行过不同程度的探索。其中，北京的具体措施是由立案庭在当事人递交诉状后，法院正式受理案件前，根据纠纷的性质、案件审理的难易程度、胜诉可能性的大小以及执行难度之预测等相关情况，由立案法官依据相关法律法规，对当事人进行诉讼风险及诉讼成本告知，指导或建议当事人通过其他途径解决纠纷或自行解决纠纷。乃至与对方当事人、有关机构和组织协调沟通，以期使部分纠纷能得到非讼且及时、有效的解决。[1]从某种意义上讲，诉前调解确实取得了一定效果，譬如缩短了处理周期，降低了各种成本，提高了解纷效率，同时也更有利于双方当事人自动履行协议等。

但不可否认的是，诉前调解本身毕竟不是由我国现行《民事诉讼法》所确立的诉讼制度和办案程序，其之运作缺乏明确的法律依据，故其合法性、正当性的缺失是无法否认的。不仅如此，各地法

---

〔1〕 张华、赵可："人民法院诉前调解制度的初步建构"，载《法律适用》2007年第11期。

院对诉前调解过于冲动的推行，亦很容易被社会各界理解为审判机关在现阶段诉讼案件数量激增压力下的一种貌似“能动”的防御策略，从而引起对诉前调解是否会进而导致法院变相拒绝裁判的合理担忧。与此同时，诉前调解也会遭遇到来自法院自身的各种实际障碍，譬如，由于法院系统内的业绩评估体系主要是以收结案数量作为基本依据的，故通过诉前调解所体现出来的“办案绩效”显然难以在这一评估体系中得到反映，因为只有经过正式立案登记的案件才能进入到诉讼系属之中，而诉前调解所针对的并非是此类案件。由此观之，无论是从职责角度还是从利益层面来讲，审判机关在逻辑上似乎都应该是没有理由和动力去如此积极地推行诉前调解的。

（二）“社区法官”之派驻

在我国，迄今为止，“社区法官”并非是一个正式的法律概念，“派驻社区法官”也不是一项正式的法律制度，更不是原有意义上人民法院与所在社区之间传统联系的简单加强，而是通过整合民间的、社会的解纷机制，进而利用多种社会资源来预防和化解社区矛盾及民间纠纷的探索与尝试。为此，相关法院采取了一系列措施，[1]力图使发生在社区的矛盾与纠纷在基层就能得到及时化解，譬如：选派有丰富审判经验的现任法官以及聘用一批有责任心和协调能力的退休法官到各个社区担任人民调解指导员，指导人民调解工作；开展普法教育宣传活动，促使社区群众以协商、调解的方式解决纷争，尽量使矛盾和纠纷在诉前得到化解；对双方当事人在同一社区的婚姻家庭、邻里纠纷、劳动争议及小额债务等案件，建议当事人首先经过人民调解组织先行调解，双方当事人接受此项建议的，管辖法院即暂缓立案，从而为人民调解工作的顺利开展创造适

---

〔1〕譬如，上海市普陀区、杨浦区人民法院即已建立了“社区法官”及巡回法庭制度。参见张敏娴：“社区法官‘坐堂问案’”，载《上海大众》2009 年第 10 期；李荣：“杨浦法院建立化解社会矛盾新机制”，载《上海人大》2009 年第 10 期。又如南京市已将“审务进社区”的做法推广至全市两级法院，西安市新城区人民法院也有类似实践。参见《人民法院报》2004 年 1 月 12 日。

宜的氛围；对进入诉讼程序的案件开展巡回办案，且以"直接送达、就地调解、就地开庭审理、就地执行"为主，以方便社区群众进行诉讼。

笔者认为，作为应对我国转型期出现的纠纷迭起乃至于"诉讼爆炸"问题的权宜措施之一，"社区法官"的派驻及其相应工作还是有正面价值的，最起码它使得社区群众可通过法院在本社区进行的巡回办案更便捷地接近和利用司法，从而满足维护社会稳定的现实要求。

但与此同时，我们更应该清醒地认识到，在大多数场合，"社区法官"的派驻不仅从根本上扭曲了"无原告即无法官"这样的司法权运作之普适性原则，而且存在着许多从根本上讲无法克服和至少在短期内无法克服的问题：

第一，"社区法官"的派驻及相关措施的推行在我国现行立法中完全没有法律依据。譬如在实践中，有些法院强调，经人民调解组织调解后若无法达成协议，或达成协议后一方当事人无正当理由拒不履行的案件，即由该社区的民调员在法院立案后一周内再次进行调解，力促双方当事人达成协议或自动履行调解协议。换言之，也即经民调员再次调解未果的，法院才会依法开庭审理。不难看出，该项措施实际上是上述有关法院参考、借鉴了域外法官在诉讼中根据案件情况运用指令方式要求当事人接受调解或者自行和解的做法。但在我国，无论是民诉立法还是司法解释，均未赋予法官在案件进入诉讼系属后还要求当事人接受民调员再次进行调解的权力，这样不仅造成了民间调解与诉讼程序的彼此混杂，难以对案件所处之"场域"作出清晰的判断，而且此时的再次调解，显然也具有了"以判压调"的浓烈异味，故其难逃"变相强迫调解"之恶名，其之正当性由此也就荡然无存了。

第二，被聘用并在此基础上被派驻到社区去的退休法官们还是法官吗？很显然，他们既然已经退休，那么就不再具有现任法官那样的正式身份了，他们虽然可以"人民调解指导员"的身份从事相应指导工作，但绝不能以“××法院法官”的名义在社区内以及其他一切地方行使只有现任法官才能依法行使的审判权，否则就是违法。道理很简单，“法院聘用”不能替代“人大任命”。然而令人遗憾的是，迄今为止，似乎没人就此提出过质疑。

第三，长期以来，法官们对于涉及人民调解协议的案件大多心存悬疑。由于迄今为止人民调解协议本身并未被赋予法律上的正式效力，[1]故在相当多的法官心里一直认为人民调解协议没有什么像样的法律效力，对于达成人民调解协议后一方当事人反悔，对方当事人诉至法院的案件，法官们往往习惯于按通常的诉讼程序对所涉争议进行实体审理，也即基本不考虑此前人民调解协议中所作的约定。[2]在此背景下，被派驻到社区里去的法官们（也即所谓的“人民调解指导员”们）将会如何对待目前在规则定位上仍以“调解民间纠纷的群众性组织”为主体的人民调解机制以及处于自己直

〔1〕尽管此前最高人民法院曾通过司法解释将经过人民调解委员会调解达成的、有民事权利义务内容，并由双方当事人签字或者盖章的调解协议，认定为“具有民事合同性质”，且要求“当事人应当按照约定履行自己的义务、不得擅自变更或者解除调解协议”［参见 2002 年《最高人民法院关于审理涉及人民调解协议的民事案件的若干规定》（法释［2002］29 号）第 1 条］。另外，2010 年 8 月 28 日第十一届全国人民代表大会常务委员会第十六次会议通过，并已于 2011 年 1 月 1 日起施行的《中华人民共和国人民调解法》（以下简称《人民调解法》）第 31 条第 1 款虽然明确宣示，经人民调解委员会调解达成的调解协议，“具有法律约束力”，当事人应当按照约定履行，但这里所说的“具有法律约束力”不过是对“具有民事合同性质”的同质表达。否则即不会有第 32 条“经人民调解委员会调解达成调解协议后，当事人之间就调解协议的履行或者调解协议的内容发生争议的，一方当事人可以向人民法院提起诉讼”的规定了。而且，从第 33 条关于当事人共同向人民法院申请司法确认从而赋予人民调解协议以强制执行效力的规定来看，此前仅仅“具有法律约束力”的人民调解协议显然不能与具有强制执行效力的生效法律文书相提并论。

〔2〕当然，依照《人民调解法》第 33 条第 1、2 款的规定，经人民调解委员会调解达成调解协议后，双方当事人认为有必要的，可以自调解协议生效之日起 30 日内共同向人民法院申请司法确认，从而依法确认调解协议的效力，包括在一方当事人拒绝履行或者未全部履行时对方当事人向人民法院申请强制执行的效力。

接指导之下的具体调解工作，也就可想而知了，况且他们中间的相当一部分现任法官在心理上还有着较为强烈的“被下放”的感觉。

（三）巡回审判之复兴

顾名思义，巡回审判，也即法院巡回审理，就地办案，具体是指审判组织（含合议庭和独任审判员）定期不定期地到其所属法院地域管辖范围内的某一或某些地点去办理案件。最高人民法院在其工作报告中将巡回审判界定为：“巡回审判，是指人民法院特别是基层人民法院，直接到当事人所在地进行审判，减轻当事人诉讼负担的一种审判方式。”〔1〕我国现行《民事诉讼法》第121条〔2〕也明确规定：“人民法院审理民事案件，根据需要进行巡回审理，就地办案。”

巡回审判制度创建于新民主主义革命时期，是我国人民司法传统的重要组成部分。其在创立之初曾被大力推行，并取得了良好的社会效果。尔后在我国走向现代化和法治化的过程中，渐渐地退出了对人民法院审判要求的视野。但近几年来，曾一度被现代司法理念所怠慢的巡回审判制度却在实践中出现了复兴的趋势。譬如，河南省高级人民法院就在全省大力推广“马锡五审判方式”，〔3〕并将商丘市树立为巡回审判的典范。〔4〕当然，从司法实践来看，大力推行巡回审判的并非仅有河南一地，粤、鲁、苏、京等地法院也都将巡回审判制度的推行作为其工作的一个亮点。至2007年，全国设立的巡回审判点即已高达11 220个。〔5〕

---

〔1〕 肖扬：《最高人民法院工作报告（第十一届全国人民代表大会第一次会议）》，2008年3月10日。

〔2〕《民事诉讼法》于2012年修改后，该条已调整为第135条。

〔3〕 早在新民主主义革命时期，陕甘宁边区政府的司法机关根据人民群众的要求创建了这种制度。因其创始人是马锡五，所以这种办案方式即被称为“马锡五审判方式”。

〔4〕 苏永通：“不按‘法理’出牌的高院院长”，载《南方周末》2009年2月19日。

〔5〕 肖扬：《最高人民法院工作报告（第十一届全国人民代表大会第一次会议）》，2008年3月10日。

巡回审判制度之所以会在长期虚置后再次受到高度重视，显然与党和国家在新时期面对新形势所提出的建设社会主义和谐社会的奋斗目标直接相关。和谐社会的重要特征就是民主法治，这一目标的实现，关键是要在最广大的且处于转型中的基层乡村实现社会主义法治，巡回审判即基层法院针对转型期乡村纠纷之解决所面临的困境而做出的一种努力回应。转型时期的乡村，纠纷解决的需求日益扩大，但非诉讼纠纷解决方式功能有限且孤掌难鸣，完全坐堂问案式的诉讼解决机制对于农民来说又因成本过高而被他们“敬而远之”，故而使得转型期乡村的纠纷解决面临困境。这势必要求对现存的诉讼机制予以改良。与通常的坐堂问案式审判相比，巡回审判在节省当事人的诉讼支出、方便农民就近诉讼、吸收利用乡土资源等方面均具有明显的优势，同时又具有维护乡村社会秩序与实现法治要求的较强功能。其可使得国家的民事审判制度贴近乡土社会，贴近广大农民，塑造民事司法的亲和力，进而消除广大群众的畏讼心理，积极接近、利用诉讼机制，更好地化解和预防民事纠纷。

尽管如此，我们也必须深刻地认识到，在新中国成立60余年，且国家的经济、文化、社会等各项条件已发生了翻天覆地的变化之今日，作为法官坐堂问案之规范化、现代化审判方式的必要补充，虽然巡回审判制度在一定范围内（譬如偏远而交通不便的地区）仍有适用的必要，但若脱离我国新民主主义革命时期巡回审判制度得以普遍适用的特定背景与历史条件，不分具体情况，不当扩大或盲目倡导巡回审判制度的适用，将其作为对民事审判的普适性要求与“能动司法”的艳丽标识之一，则显然是有违我国现行《民事诉讼法》的立法本意的，且与现代社会强调民事审判之规范化的大趋向也是背道而驰的。不仅如此，当前在我国民事审判领域初呈勃发态势的巡回审判制度在具体适用中也存在诸多值得正视的问题：

第一，就办案形式而言，巡回审判的随意性太大。尽管《民事诉讼法》第121条规定人民法院审理民事案件可以“根据需要”进行巡回审理，就地办案，但这种过于粗陋的规范使得巡回审判的决定权和规则制定权事实上被"下放"到了各基层法院，导致各地基层法院在巡回审判的具体适用上存在极大的差异性，由此严重影响了审判的严肃性和规范性。与此同时，在司法实践中，巡回审判制度的适用也存在严重的形式主义倾向，其中有不少是以类似作"司法秀"、"政治秀"的形式表现出来的，脱离案件实际；有些法院通过行政命令将适用巡回审判制度任务化，即作为一项工作考核指标，分配到各个法庭甚至各个法官，片面追求难以明辨的"社会效果"，从而导致法律实施的不严谨，使得"司法为民"的理念流于形式。

第二，各地基层法院目前的人力、物力、财力等尚难保证巡回审判持续恒久地落到实处。当前我国的巡回审判主要是由基层法院或其派出法庭负责实施的，除经济发达地区外，全国不少基层法院还程度不同地存在着办案经费短缺和办案人员不足的问题，而这显然是与巡回审判所需的大量投入相矛盾的。

第三，巡回审判的优势有限，仅应是对坐堂问案方式的一种有益补充，不应该也不可能被普适性地加以适用。总的来说，巡回审判其实并没有切实起到降低当事人诉讼成本的预期效果。因为对于大多数民事案件而言，巡回审判本身所减少的仅仅只是当事人往返法庭所需要的交通、食宿等费用，这些费用在其诉讼总支出当中所占比例一般相对较低，当事人在其他方面的诉讼开支并没有因此而发生实质性减少，故对其的吸引力难说可观。与此同时，经过前些年民事审判方式改革的洗礼，在当事人主义诉讼模式渐成主流的今天，即便是在农村，法官们也已不再可能像马锡五时代那样去"超职权"地行使证据调查与事实认定之权了，这也大大地衰减了巡回审判固有的制度优势。

（四）其他方面

除上文提到的三个方面外，我国各地法院还进行了其他一些用以彰显"能动司法"的"探索"，诸如在立案受理阶段，改善立案接待服务设施，对诉讼程序、诉讼风险、举证责任和诉讼费用等事项进行公开告知；在案件审理阶段，扩大简易程序的适用范围，强化诉讼调解，设立专项审判的优先渠道；在裁判执行阶段，加强与当事人的沟通，保证执行措施的透明化，采取各种行之有效的变通执行措施；以及开展街头法律咨询，送法下乡、进社区、进企业；等等。更加值得一提的是，河南省高级人民法院于2009年12月16日下发了《为来省法院打官司的特困当事人解决食宿问题的通知》。通知规定，因特别困难而无力承担开庭期间住宿、就餐费用的当事人，由省高院为其安排住宿和就餐。特困当事人就餐实行一次性补助的办法，补助开庭当天的就餐费用，如果当天庭审不能结束的，可增加住宿天数和就餐补助。这种由管辖法院专门掏钱为特困群众打官司解决食宿的做法，在全国也尚属首次。[1]但是我们必须清醒地认识到，这些举措和“探索”虽然大多具有积极意义，但它们绝非真正彰显如前所述的中国式“能动司法”之举措，而是法外考量大于司法调整的“形象工程”、“面子工程”，如若持续下去，蔓延开来，则只能是离中国现实法治语境下“能动司法”之本旨越来越远。

四、结语

应当理解的是，党和国家所确立的大力维护社会稳定和构建社会主义和谐社会的宏伟目标，自然会对我国迄今为止仍在深化之中的民事司法改革发生导向性影响，从而使得司法机关特别是法院系统被赋予更多的并非经典司法的职能，并因此而催生出各种相应的工作举措。可以预计的是，在我国未来的民事司法改革进程中，对待“能动司法”的态度不可避免地还会随着社会大背景的变化而出现进一步的调整。但是，无论是法学理论界还是司法实务界，都应

〔1〕 这种做法显然不具有普适效应，因为各个地方的大多数中级人民法院尤其是基层人民法院的办案经费大都并不充裕，即便他们想要效仿河南省高院，恐怕也是心有余而力不足。

正确地把握现时中国法治语境下“能动司法”的科学内涵，清醒地认识到“能动司法”并非无所不能，作为一种司法哲学，它与司法克制之间并不存在绝对明晰的界限，更不存在孰优孰劣的决然判断。“能动司法”不是灵丹妙药，不能包治百病，其所适用的范围和程度都是有限的。我们既不能忽略“能动司法”所蕴含的时代性与地域性，更不能曲解“能动司法”的本意，随心所欲地将其祭上神坛。在我国未来的民事司法改革进程中，美国式的“能动司法”固然不能作为风向标，打着“能动司法”旗号而实为违背民事司法权运作规律的各种迷惑人的举措更应坚决地予以摒弃，这是我国民事司法改革不可逾越的一条“双黄线”。

论民事司法权中的司法规则创制权*

改革开放至今，我国的法治建设取得了举世瞩目的成就，中国特色社会主义法律体系已经形成。截至2010年底，现行有效法律有236件、行政法规逾690件、地方性法规共8600多件。[1]可以说，“有法可依”的理想初步实现。然而，我国目前仍处在社会转型期，体制转换、机制创新、利益调整导致人们的价值观念与行为方式发生着明显而深刻的变化，从而对作为社会主要调控手段的法律提出了更高的要求。面对瞬息万变、日新月异的社会，我们既要继续制定新的法律，又要及时修订现行立法。就民事司法而言，《民事诉讼法》自1991年实施以来，除2007年以修正案形式对再审和执行程序做过小幅修改之外，再无变动，[2]而二十年来经济社会形势已发生重大的变革，现行民事诉讼法不能完全适应审判实践的需要。因此全国人大常委会将民事诉讼法的修改列入了今年的立法工作计划。毫无疑问，修改《民事诉讼法》固然必要，而且意义重大。但与此同时，赋予最高人民法院以司法规则创制权也应是不可或缺之举措，唯有如此，才能在最大限度上满足司法操作的需要。鉴此，本文拟从民事司法权的应有权能也即司法规则创制权的角度，对其基本涵义、存在依据及制度构建作初步探讨，以期为《民事诉讼法》的修改提供新的理论视角与制度借鉴。

---

* 本文系与第二作者王杏飞合作，原文发表于《中国法学》2011年第3期。

〔1〕吴邦国：“形成中国特色社会主义法律体系的重大意义和基本经验”，载《求是》2011年第3期。

〔2〕2012年8月31日，全国人大常委会对1991年制定的《民事诉讼法》作了第二次修正。

一、问题的提出：司法规则及其创制之界定

（一）司法规则之含义与基本特征

从最宽泛的意义上讲，司法规则是指司法机关在司法过程中所适用或运用的规则。传统的看法认为，大陆法系的司法规则主要是议会的立法，而英美法系的司法规则主要是判例法。但时至今日，“制定法在欧洲大陆占绝对优势的时代现在已经过去了；反过来，普通法为法律统一的合理化和简化而使用立法的趋势在增加。在欧洲大陆，法律由法官加以发展并且……随之而来的是……归纳法的、解决问题导向的思想方式日益传播开来；反过来，普通法正关注以下需要：即把法官所发展起来的规则形成系统的条理，以使这些规则易于了解和掌握”。[1]申言之，普通法系国家已开始并日益注重司法规则的成文化、体系化，大陆法系国家的法院则已逐步摆脱了以往仅为“法律的喉舌”或“复印机”式的机械角色，正在逐步成为法律制度包括司法规则的能动创制者。

从逻辑上讲，无论是在制定法的背景下还是在判例法的语境中，“依法裁判”均是以“有法可依”为前提和基础的，要求存在完备的司法规则供法官斟酌取用。司法就是“寻找法律”并将之适用于案件事实的过程，是穿梭于事实和法律之间的逻辑过程。应该说，在社会关系简单，利益分化尚不显著的时代，对于法官审判常规性民商事案件而言，这一描述是恰如其分的。但目前我们处在一个科学技术日新月异，经济发展一日千里的现代社会，与之相伴而生的是纠纷的多样化和复杂化，新型、疑难的甚至前所未有的纠纷层出不穷。在此背景下，无论立法多么周全、缜密，都无法自如地满足司法实践之需。所谓“法网恢恢，疏而不漏”不过是难以实现的良好愿望，甚至干脆就是不切实际的幻想。这是因为，相对于客

---

〔1〕［德］K. 茨威格特、H. 克茨：《比较法总论》，潘汉典等译，法律出版社 2003 年版，第 394 页。

观世界的复杂性和社会活动的多样性而言，人类的认知能力与实践在某一时期内总是有限的，由此必然导致司法规则的不完善。面对司法规则供给短缺的现实，法院既不得拒绝裁判，又必须依法裁判，故而似乎陷入了一种进退维谷的两难境地。在此情形下，由法院创制定纷止争的规则，无疑应是司法职能的题中之义。正如有学者所指出的，法院履行着两大基本职能：一是解决纠纷；二是充实法律规则。[1]我国法院也是如此，当面对具体个案，在穷尽现行法源后，若仍不能找到解决纠纷的法律规范时，依据一定的原理和规程，创制用以裁判当前案件的个案规则实属必要。该个案规则如经最高审判机关认可并经相应程序发布，就成为对以后的相同案件具有规范效力的司法规则。由此可见，司法规则具有如下基本特征：

第一，应个案审判之需而产生。只有当法官面对具体个案而处于“无法可依”但又必须“依法裁判”的两难境地时，才有创制司法规则之必要。由于此类司法规则直接源于具体个案审判，必须充分考虑利益对立的当事人所面临的各种情势，因而一般来讲更能契合在个案中实现个别正义的需要。当然，这样的司法规则也可能存在普适性不足的“先天性局限”。

第二，产生于特定个案（或曰纠纷）发生之后。就此反推，在该纠纷发生之时，各方当事人均不知晓日后法院将如何裁判，因此无法预知自己行为的具体后果。就此而论，司法规则似乎具有溯及既往的效力。也正是这个原因，最高人民法院创制司法规则时必须深刻领悟法律的原则与精神，回应社会现实的需求并遵循严格的程序规范。

第三，从外延来看，司法规则包括程序性规则与实体性规则。诉讼乃是实体法与程序法共同作用的场域，而作为人类构建之物的

---

〔1〕［美］迈尔文·艾隆·艾森伯格：《普通法的本质》，张曙光等译，法律出版社2004年版，第5页。

实体法与程序法均不可避免地存在漏洞与规范不足、不合目的性的缺点。因此司法规则必须既包括规范民事诉讼当事人之间权利义务的实体规则，也包括规范当事人诉讼行为与人民法院审判行为的程序规则。

第四，它们都是由法院创制。由于法律系无生命之物，绝对不会“自主表达”，因此法律的发现、选择与运用，乃是一个艰辛与曲折的探索过程。而且，法律的抽象与概括决定了其与事实之间并不存在简单明了的对应关系，因此法官必须对法律进行解释与“加工”后才能适用于具体案件。而法官们通常都不愿意冒侵害立法权这一司法领域之“大不韪”，因此他们即使的确是在创制规则，往往也会将其遮掩在司法解释这一传统的堂皇“正装”之下。“法官真实的造法被‘客观的’和‘解释’这两个概念蒙蔽了，并被错误地冠以表面上的纯粹的学术程序。因此，将法官造法的活动纳入法律解释的概念不仅误导别人，也误导自己。”〔1〕鉴此，有必要撩开司法解释的神秘面纱，揭示出其与规则创制之间的异同。

(二) 司法解释的真实意蕴

本文所称的司法解释仅指最高人民法院对“审判工作中具体应用法律、法令的问题”做出的解释。〔2〕其基本特征如下：其一，从时间维度上看，司法解释只能发生于审判过程之中。也即司法解释不是凭空产生的，而是当个案审判中出现了“具体应用法律、法令的问题”，发生了应用法律困难的情况下才产生的。其二，从主体的角度来看，司法解释由最高人民法院作出。这样可以确保司法解释权的统一与规范行使。最高人民法院在《关于地方各级人民法院不应制定司法解释性文件的批复》中明令禁止地方法院制定具有司

---

〔1〕［德］伯恩·魏德士：《法理学》，丁小春、吴越译，法律出版社2003年版，第352页。

〔2〕参见《关于加强法律解释工作的决议》第2条以及《人民法院组织法》第33条。

法解释性质的文件。其三，从解释边界上看，司法解释只能是对法律既有“疆域”之廓清，或曰对其既有“潜能”之“开发”、既有内涵之揭示，而不能逾越这个界限，完全脱离法律的规定与逻辑边界，去“无中生有”地创制规则，否则便已超出了司法解释的应然范围。其四，从解释的目的来看，是为了妥适地审理和裁判当前的特定纠纷，以及妥善地办理相关执行案件，而排除其在适用法律上的困难。同时也是为了在既有法律未作修订、完善及缺乏相应之立法解释的情况下，为今后类似案件的处理提供相关的程序保障和实体依据。由此可见，司法解释应该是也只能是为促进、实现国家法律之统一适用而生成和存在的。

（三）司法规则的创制前提

如前述，司法解释应是一种“画地为牢”的作业，解释者纵有“浑身解数”，也不得抛开法律的既有规定而行事。然而，面对瞬息万变的现实，均具“过去时态”的法律终究是以有限之规范应对无限之生活，故不可避免地会存在“捉襟见肘”、供给不足的尴尬局面。因此仅凭司法解释之单一机制来实现规范社会生活之既定目标既会显得力不从心，亦会造成诸多麻烦。一句话，司法解释并非万能。而在此时，求诸立法机关似乎并不具有现实可行性。〔1〕

当然，创制司法规则并非随心所欲的结果，只有当存在“法律漏洞”或出现“规范不足”之情形时，才可创制规则。具体而言，所谓“法律漏洞”，是指“法律规范对于应规定之事项由于立法者之疏忽而未预见，或情况变更，致就某一法律事实未设规定”。〔2〕因此，立法者有意识地对特定问题不作规整的“法外空间”及“有意

〔1〕在我国，立法解释数量极少（这也应是造成司法解释数量畸多的重要原因之一）。新中国成立以来，全国人大常委会发布的立法解释主要集中在香港、澳门基本法及刑法解释，没有发布过民商事立法解释。

〔2〕杨仁寿：《法学方法论》，中国政法大学出版社1999年版，第142页。

识的法律沉默”均不属于法律漏洞。[1] 简言之，法律漏洞就是指立法者在主观上并不愿意其出现，但司法实践中已然存在且应为现行法律秩序所规范而未作规范的生活事实。所谓“规范不足”，是指现行法律虽对某些内容有所涉及，但已有之规定远不足以确定当事人间的权利义务，无法有效地解决纠纷。譬如，仅存在过于抽象的一般法律条款，或不甚确定的法律概念，以至于无法通过司法解释的传统途径来“发掘”其内含的裁判规范，等等。在此类情形下，法院就必须对这些“过于抽象的一般法律条款”和“不甚确定的法律概念”进行具体的、创造性的“填充”，也就是创制司法规则，才能确立起可供适用的裁判规范。“司法实践的历史证明，法院具有依据这些条款进行立法的出人意料的想象力和创造力。”[2]

从我国迄今为止的司法实践来看，司法解释创制规则应该说是已然存在的，集中体现为大量的“造法性司法解释”乃至于“造法性司法文件”的出台。然而，由于最高人民法院并不享有规则创制权，故其“不得不”通过司法解释这一现有机制来实现创制司法规则之目的，并因此而饱受诟病。鉴此，有必要深入探讨司法规则创制权的理论基础，以凸显其正当性。

二、根基探寻：司法规则创制权的正当性之根据

（一）司法独立与司法自主

在我国，人民法院必须坚持在党的领导下，在人大监督下，依法独立公正行使判权，因此，我们所说的司法独立与西方“三权分立”式的司法独立存在根本性的差异。当然，在现代社会，司法独

---

〔1〕［德］卡尔·拉伦茨：《法学方法论》，陈爱娥译，商务印书馆2003年版，第249～258页。

〔2〕［德］伯恩·魏德士：《法理学》，丁小春、吴越译，法律出版社2003年版，第363页。需要指出的是，此处引文中所说的“法院……立法”其实说的就是创制司法规则。

立不仅是一项国内原则，而且有逐步成为一项国际性准则的趋势。[1]一般而言，所谓司法，乃指由独立的法官在诉讼程序中将抽象的法律适用于具体争讼案件，并做出具有权威性、终局性裁判的过程。[2]司法独立是指审判机关及其法官根据宪法和法律的规定，不受外界干预，独立行使审判权并公正地做出裁判。我国在宪法上也明确规定了“审判机关依法独立行使审判权”。就此而论，可以认为司法独立本身就内含了司法自主、独立判断的意思。司法的自主性要求司法机关在做出判断之时，必须“自己做主”，不受外界不当影响。因此，对于诉讼程序和非诉讼程序中的技术性、细节性事项，立法既无可能事无巨细地做出具体、明确的规定，也没有必要对那些属于司法自主权限范围内的事项做出规定。譬如，尽管立法可对证明标准作出诸如“高度盖然性”、“优势证据”之类的规定，但对证据的证明力究竟应当如何判断，孰优孰劣，从根本上来讲显然只能由法官来决定。对属于司法自主范围内的事项，立法不应作过多的介入。其根本原因在于借此维护司法的独立性与自主性。同时，由于诉讼程序所涉事项具有很强的专业性、技术性，因此由不直接亲历审判活动的立法者来作出细致的规定也并不合适。故而，从维护司法的独立性与自主性出发，应赋予其一定范围的规则创制权。

（二）司法权与立法权的合理关系

尽管国家的一切权力源自人民，但政治学的研究表明，结构分化与角色分化乃是现代国家政治发展的必然趋势。与这种分化相伴随的是，各种政治角色变得更加专门化或自主化。法院作为一种审

---

〔1〕 如1948年的《世界人权宣言》、1966年的《公民权利和政治权利国际公约》、1982年的《司法独立最低标准》、1983年的《司法独立世界宣言》、1985年的《关于司法机关独立的基本原则》、1989年的《〈关于司法机关独立的基本原则〉的有效执行程序》等文件，均对司法独立原则作了明定并提出了相应的要求。

〔2〕 Christian Starck, Die Bindung des Richters an Gesetz und Verfassung, in：VVDStRL34 (1976), S. 43（65f.）. 转引自李建良：“论审判独立与司法行政命令之关系——解析‘司法院’大法官释字第五三〇号解释”，载《台湾本土法学杂志》第32期。

判机构早已建立，但从政治体系的其他结构那里取得独立性和自主权却是不久以前的事。[1]权力的分工固然不可避免，但国民仍是国家权力的本原，故国家权力均须服务于国民人权和自由的保障。换言之，司法权与立法权的分工本身并不是目的，只是保障权利与自由的手段。循此而论，司法权与立法权究竟应如何分配，其各自的具体范围到底应怎样确定，既不存在“放之四海而皆准”的普适性公式，也不是至高无上的价值追求。相反，其应因时、因地而异，共同服务于国民权利和自由的实现。

一般而论，立法机关具有民主性和参与性，故应由其制定反映民意的法律。司法机关是独立与中立的裁判者，通过适用法律来解决具体纠纷。在通常情况下，二者的职能分工与角色定位都是比较清晰的。但立法不可能做到绝对明确，立法与司法之间的界限也不可能泾渭分明。历史证明，司法机关有时会成为立法机关的“助手”。“漏洞概念是通向法官立法的大门。”[2]“私下里，如今都在更多地强调法官的职能和立法者的职能之间的类似。……法官在发现法律时必须进行的研究过程在我们看来与立法者自身职责所要求的研究过程非常类似。”[3]弗里德曼认为，法院与立法者之间乃是一种“同情式的携手合作”。[4]当然，法官在对法律漏洞进行填补时，要“受到立法评价和调整目的的约束，他们是服务于立法或者法律秩序的助手，而不是主人”。[5]法院不仅在法律存在漏洞时充当了立法者的助手，而且在运用不甚确定的法律概念和过于抽象的

---

〔1〕［美］加布里埃尔·A. 阿尔蒙德、小G. 宾厄姆·鲍威尔：《比较政治学：体系、过程和政策》，曹沛霖等译，东方出版社2007年版，第24页。

〔2〕［德］伯恩·魏德士：《法理学》，丁小春、吴越译，法律出版社2003年版，第364页。

〔3〕［美］卡多佐：《司法过程的性质》，苏力译，商务印书馆2000年版，第74页。

〔4〕W. Friedman, *Legal Theory*, 5th. ed., New York: Columbia University Press, 1967, p. 454.

〔5〕［德］伯恩·魏德士：《法理学》，丁小春、吴越译，法律出版社2003年版，第386页。

一般条款与基本原则进行裁判时，同样负有创制规则的任务。譬如民法上的“重大事由”、“显失公平”，以及刑法上的“情节严重”、“特别严重”等。由于这些概念、条款和原则的高度抽象性，使得它们犹如立法者赋予“法官的空白委任状”，[1]因此也就为法官回应社会发展，因应公正裁判的要求来“填塞法律”提供了可能。

综上，司法权与立法权之间的分立（分工）并不是绝对的，司法机关的基本职责固然是适用法律，但在特定情形下，司法是立法的必要补充。强调绝对的、僵化的分权，不仅在理论上难以自圆其说，而且在现实中也未曾出现过。权力的绝对分立只是一个神话。在此，在我国，法院由立法机关产生，对其负责并受其监督。法院的基本职责固然是适用立法机关制定的法律，但立法仍然不可避免地存在空白与漏洞之处，此时司法可以成为立法的必要补充。与此同时，有必要顺便提及的是，现代国家的行政机关早已不再是单纯履行执法职能，其根据立法的授权，还拥有相当广泛的行政立法权。鉴此，从推进我国法治发展进程的角度来看，创建一种既能充分保障立法机关的立法主导地位，同时又可充分发挥司法机关的独立性与自主性，从而共同促进对国民权利之保障的多赢机制，即便在短期内不易实现，但仍然是值得我们期待的。

（三）禁止拒绝裁判原则

在法治社会，司法是正义的最后一道防线。因此对国民诉权的保障程度就成为衡量一国法治化程度的重要标尺。“禁止拒绝裁判原则是大陆法系的传统法律原则，早已成为法律的明文规定或公认的法理。”[2]这一原则在立法上的较早体现是《法国民法典》的规定：“法官借口法律无规定、规定不明确或不完备而拒绝审判者，

---

〔1〕蔡章麟：“债权契约与诚实信用原则”，载刁荣华主编：《中国法学论集》，汉林出版社1976年版，第416页，转引自马新彦：“信赖原则在现代私法体系中的地位”，载《法学研究》2009年第3期。

〔2〕［德］伯恩·魏德士：《法理学》，丁小春、吴越译，法律出版社2003年版，第358页。

得以拒绝审判罪追诉之。”这意味着，“人民发生任何民事纠纷，法院均应受理。法院（法官）即使在法律对该项案件无规定、规定不明确或不完备的情况下，也不得拒绝受理案件”。[1]的确如此，如果法院放弃审判职责，就会导致国民告状无门，“私力救济”盛行，由此则可能引发社会问题乃至全面的危机。“法官不得拒绝审判：必有争议并请求司法机关审判，司法官才能执行职务……然社会万象，法律本不能搜罗竞尽。若有争讼内容为制定法所未规定，或为往昔判例所未曾有，法官即得以此为理由而拒绝审判，这在理论上固然讲不通，事实上争议也未曾解决，正义不能伸张，当然妨害社会。故虽然法律并无前例，只要当事人合法提请审判，司法官即不得拒绝。”[2]

当然，有人认为《法国民法典》第4条的规定反映了当时法典万能的“立法浪漫主义”。“制定法已包揽无遗：任何情形均已事先预见到。法律秩序并无漏洞……法律是大前提，事实是小前提，事实只要与法律规定相契合，就会自动导出结论。”[3]但从《法国民法典》起草委员会主席波塔利斯的以下论述来看，第4条的本意并非如此，“立法机关的任务是要从大处着眼确立法律的一般准则……那些没有纳入合理立法范围内的异常少见的和特殊的案件，那些立法者没有时间处理的、太过于变化多样、太容易引起争议的细节，以及即使是努力也于事无益，或轻率预见则不无危险的一切问题，均可留给判例去解决。我们应该留一些空隙让经验去陆续填补。民众的法典（Les codes des peuples）应时而立，但确切地说，

---

〔1〕 谢怀栻：《大陆法国家民法典研究》，中国法制出版社2004年版，第15页。

〔2〕 李岱：《法学绪论》，中华书局1966年版，第58～61页。

〔3〕 Calamandel, *Lafunzione della giurisprudenza nel tempo presente*, Studi Sul Processo Civil, 1957, pp. 89, 95. 转引自孔祥俊：《司法理念与裁判方法》，法律出版社2005年版，第6页。

人们尚没有将其完成”。[1]

由此可知，法典的编纂者颇有“自知之明”，他们清楚地意识到，立法不可能为所有法律问题提供完美的答案，因此，“应该留一些空隙让经验去陆续填补”。鉴此，禁止拒绝裁判并非是在炫耀法典万能，并不意味着立法对任何法律问题都已作出了精当的安排与精准的预测，而是在以此告诉法官，即使法律没有规定或规定不明确，法官也必须作出裁判。“绝大多数的立法历史表明，立法机关并不能够预见法官所可能遇到的问题。”但“一方面，法官不得借口法律规定不清楚而驳回诉讼。另一方面，当法律规定确实不清楚时，所谓‘严格意义上的法律解释’就成了法官为其所作的判决进行辩解的根据。这两方面的结合，就使得法官成了具体案件的立法者……在此情形下，法官明显地成了案件的立法者……法官的作用与立法者已无实际区别”。[2]随后的立法也表明，在法律无规定时法院应当创制规则。譬如1907年的《瑞士民法典》规定，“如本法没有可以适用的规定，法官应依据习惯法裁判；无习惯法时，应依据其作为立法者所提出的规则裁判”。我国台湾地区“民法典”也规定：“民事法律所未规定者，依习惯；无习惯者，依法理。”“德国宪法法院在若拉亚判决中确立了法院拥有法律续造的权力。法律续造的前提是制定法没能实现其解决待决法律问题的功能，存在着一个首要或次要的调整漏洞。”[3]联邦最高法院通过判决进行补充立法的合法范围还存有争议，但是最高法院的原则性判决在成文法没有调整的领域内发挥着规范制定功能则是不容置疑的。[4]

---

〔1〕［德］K. 茨威格特、H. 克茨：《比较法总论》，潘汉典等译，法律出版社2003年版，第139页。

〔2〕［美］梅利曼：《大陆法系》，顾培东译，法律出版社2004年版，第44～45页。

〔3〕［德］伯恩·魏德士：《法理学》，丁小春、吴越译，法律出版社2003年版，第359页。

〔4〕［德］伯恩·魏德士：《法理学》，丁小春、吴越译，法律出版社2003年版，第111页。

综上所述，禁止拒绝裁判原则在客观上为法院创制规则提供了必要和可能。从实质意义上来讲，法官创制司法规则的行为乃是“依法裁判”的合理延伸与禁止拒绝裁判原则的必然要求。法院在对待法律时，应该摆脱“不是盲从就是背叛”的机械态度，作“有思考的遵从者”。

（四）比较法上的依据

尽管我国的经济基础、宪政体制、文化传统与西方国家不同，但西方国家最高审判机关拥有规则创制权的现实和制度实践仍可为我们提供某种借鉴之处。况且，司法规则创制权与国家的宪政体制之间并不存在必然的联系。因此，我们司法权中司法规则创制权的确立，也可以从比较法的角度找到其一定的依据。

1. 美国。《美国宪法》第3条规定：“合众国的司法权，属于最高法院及国会随时规定和设立的低级法院。”基于三权分立与制衡原则，虽然该条并没有列举司法权的具体权限与内容，但司法权的概念范围应及于所有能够确保司法实现正义与维护司法独立的相关固有权限。〔1〕司法的固有权限包括独立的司法行政权，法院受理案件以及处理相关诉讼、非诉讼或法院内部事务程序的规则制定权，以及律师的诉讼代理事项与诉讼费用相关事项的规则制定权。〔2〕从历史上看，1789年的《联邦法院法》曾明文授予联邦各级法院就处理相关法院事务与程序运作制定规则的权力。〔3〕但由于联邦各级法院颁布的司法规则并不统一，容易产生各种弊端，故1934年的《司法规则授权法》将司法规则制定权交由联邦最高法院统一行使。在程序上，最高法院拟订的规则须交由检察总长向国

〔1〕 See Linda S. Mullenix, id., at 1321; Young v. United States ex rel. Vuitton et Fils S. A., 481 U. S. 787, 795 ~ 796 (1987).

〔2〕 See Attorney Gen. of Maryland v. Waldron, 426A. 2d 929, 934 (Md. 1981). 司法权的固有权限还包括对藐视法庭行为的处罚权。［美］梅利曼：《大陆法系》，顾培东、禄正平译，法律出版社2004年版，第45页。

〔3〕 See Act of Sept. 24, 1789, ch. 20, 1. 1 stat. 73.

会报告，经国会审查后才发生效力。[1]在此值得注意的是，美国联邦最高法院制定的司法规则的效力要优先于法律。[2]

可见，美国联邦最高法院拥有的规则制定权是在立法上有明文规定的，但并不能因此就得出其仅仅是一项“法律授权的权力”的结论。“因为最高法院同时并未否认法院仍然享有制定规则的司法固有权限。美国法院的规则制定权，不应单纯地仅将之视为法律授权的权力，司法规则的性质，也并不等同于法律授权行政机关所订定的行政命令。”[3]据此可以认为，美国联邦最高法院的司法规则制定权，不仅仅是“法律授权的权力”，而且也是基于司法独立与自主性要求的司法固有权限。事实上，“美国最高法院就是一个有主见的、制定政策的政治机构”。[4]

2. 日本。《日本宪法》第77条规定，“最高法院有权就有关诉讼程序、律师、法院内部纪律以及司法事务处理等事项制定规则”。其《民事诉讼法》第3条也规定，“对于民事诉讼程序有关的必要事项，除本法有规定者外，由最高人民法院规则规定之”。之所以会在宪法上赋予最高法院以规则制定权，既是为了尊重司法机关在司法运作上的独立性，以排除国会及内阁之干预，确保法院之自主独立性，也是考虑到司法机关之专业性，因为从技术上来看，让最精通裁判实务之法院来最适切地制定有关的程序显然是最为经济的。[5]

---

〔1〕张文贞：“美国司法规则制定权的理论与实际”，载《台湾本土法学杂志》第32期。

〔2〕张文贞：“美国司法规则制定权的理论与实际”，载《台湾本土法学杂志》第32期。

〔3〕张文贞：“美国司法规则制定权的理论与实际”，载《台湾本土法学杂志》第32期。

〔4〕［美］罗伯特·麦克洛斯基：《美国最高法院（第3版）》，任东来等译，中国政法大学出版社2005年版，第13页。

〔5〕周志宏：“日本最高裁判所规则制定权之探讨——兼评大法官释字第五三〇号解释”，载《台湾本土法学杂志》第32期。See also Tracey E. George, Lee Epstein, “On the Nature of Supreme Court Decision Making”, *The American Political Science Review*, vol. 86, No. 2 June 1992; Terry A Moore, “Does the Alabama Supreme Court Have the Power to Make Rules of Evidence?”, *Cumberland Law Review*, vol. 25 1995.

日本的司法规则包括四类事项：一是有关诉讼手续的事项。二是有关律师的事项。具体是指“在诉讼上，辩护士作为诉讼代理人或辩护人而被承认之诉讼上权利与义务有关之事项”。[1]三是有关法院内部纪律的事项，包括法官及法院其他工作人员在职务上、服务上之纪律等事项。四是有关司法务之事项。另需特别指出的是，日本的检察官亦须遵守最高法院制定的规则（《宪法》第77条第2、3款的规定）。

3. 德国。在德国，诉讼法的制定属于法律保留事项。通说认为，在《基本法》第97条对法官独立的保障之下，各级法院在诉讼活动中必须严格且全面地适用国会立法。不过联邦最高法院与联邦宪法法院仍具有发布处务规程之权力。依《法院组织法》第140条之规定，联邦最高法院之处务规程（主要用于规范法院事物分配，与诉讼程序并无直接关联）应由全体法官大会制定，且须得到联邦参议院的认可。通说认为，联邦宪法法院为宪法机关，因此无须法律的规定便有权发布处务规程。实际上，早在《联邦宪法法院法》第1条第3款规定之前，联邦宪法法院全体法官大会便在1975年制定过处务规程。[2]

《德国基本法》规定，法官受法律（Gesetz）和法（Recht）的拘束。其宪法法院在判决中揭示，法官不能只是机械地受到法律的拘束，而是在基本法的价值秩序下，必须“创造性地寻求法”的适用，甚至要担负起法之续造的功能。《法院组织法》明确规定，审判合议庭于法之续造或判决统一之需要，当其认为有必要时，可将一项具有原则性的问题提出于联合大法庭。在法律无明文规定的情况下，实体法上的积极侵害债权或诉讼法上的表见证明及证明妨碍

---

〔1〕周志宏：“日本最高裁判所规则制定权之探讨——兼评大法官释字第五三〇号解释”，载《台湾本土法学杂志》第32期。

〔2〕陈英铃：“最高司法机关的规则制定权与司法行政监督”，载《台湾本土法学杂志》第32期。

理论均成了实质意义上的法。[1]德国立法并未规定下级法院必须遵循上级法院判例的要求，但在实际上，最高法院的判决有重要的立法功能和“准则性”功能。换言之，在司法实务中，下级法院有意识地背离最高法院判决的情况仅属例外。因此，这些判决显然具有规范制定的（法律政策的）特征。[2]

4. 法国。法国成文法的传统十分浓厚，法院对制定规则持保守态度。但法院在审判中的规范创造力仍具有厚实的存在基础。学理上以凯尔森的“纯粹法学理论”为代表。他认为，法律的创造与法律的适用并非传统理论所假定的那样是绝对对立的。法律的创造也是法律的适用，每个法律行为既是创造法律的行为又是适用法律的行为。一个法律规范的创造通常就是调整该规范之创造的那个高级规范的适用，而一个高级规范的适用通常也就是由该高级规范所决定的一个低级规范的创造。因此，司法判决就具有了适用一个一般规范，但同时又创造出一个使争端一方或双方负有义务的个别规范的双重性质。从动态的角度来看，司法判决对于法律之续造乃是从一般的和抽象的领域进入到个别的和具体的领域的过程。法院并不仅仅是系统地陈述已经存在的法律。它并不仅仅是“寻找”和“发现”在其宣判以前就已存在、准备就绪的法律。相反，无论是在确认法律要件事实的构成还是在具体的制裁方面，司法裁判都具有建设性与创造性。因为在法律世界中，没有什么“本来就是事实”的东西，或者说根本就没有什么“绝对的事实”，有的只是由主管机关在法律所规定的程序中所确认的事实，甚至可以说，正是确认案件事实的主管机关在法律上“创造”着这些事实。司法判决的确适用了一个以前即存在的一般规范，但是在适用这一规范的过程中，司法机关无疑“创造”了事实以及相应的法律后果，从而完

---

〔1〕 张文贞：“美国司法规则制定权的理论与实际”，载《台湾本土法学杂志》第32期。

〔2〕 ［德］伯恩·魏德士：《法理学》，丁小春、吴越译，法律出版社2003年版，第109～112页。

成了将一般的、抽象的规范加以个别化、具体化的过程。[1]换言之，法院裁判不仅是在适用一个上位规范，而且具有创制新规范的色彩。就规范层面而言，由于《法国民法典》确立了“禁止拒绝裁判”，因此法律只得邀请法官充当“备位立法者”的角色，以便在必要时创制规则。从实务看，立法并没有明确要求法院必须尊重判例，但在事实上，通过审级制度的设计，最高审判机关的裁判内容显然是会拘束下级法院的。在此情形之下，最高法院的原则性见解，无疑在事实上具有创制规则的功能与效果。

综上可见，法院不仅在适用法律，而且还创制新的规则。美国基于其判例法的传统，联邦最高法院不仅创制实体规则，而且在程序规则的创制上也是“当仁不让”，大权独揽。日本最高法院依据其宪法授权一直在行使程序规则创制权，且在实践中不断创造出新的权利种类，[2]从而使得判例的作用日益得到重视。德国联邦最高法院与联邦宪法法院均拥有处务规程之发布权，并在审判实践中完成了法律之续造。法国尽管在立法上并不承认判例的作用，但在事实上通过审级制度的设计，同样使得最高法院裁判的内容具有拘束下级法院的作用，而且在理论上也认可法院创制规则。可以说，最高法院创制规则的权力，不论是否具有明确的规范基础，都是一个客观的存在。而且从实践来看，司法规则在调和法律的稳定性与社会生活的变动性之间的矛盾方面确实发挥了积极的作用。鉴此，我们认为，规则创制权也应是我国司法权的应有权能之一。[3]目前的

---

〔1〕［奥］凯尔森：《法与国家的一般理论》，沈宗灵译，中国大百科全书出版社 1995 年版，第 150～154 页。

〔2〕如著名的“日照权”就是从诉讼实践中创造出来的新型权利。

〔3〕我们认为，我国民事司法权应包括案件审判权、强制执行权、司法解释权以及司法规则创制权。其中，前两种权能乃是各级法院都具有的，后两种权能则专属于最高人民法院。

问题是，既要在立法层面以恰当之方式明示这一权能，[1]但更重要的则应是通过对具体制度的科学构建与切实实施，来保障最高法院对这一权能的正确行使。

三、制度构建：司法规则创制权的运行保障

（一）创制司法规则须遵循的基本原则

1. 公正原则。尽管何谓公正历来颇具争议，但古往今来，人们从未放弃过对公正的追求。在法律所凝聚与体现的诸多价值诉求之中，毋庸置疑，公正永远都是位居首席。司法规则作为具体案件的裁判依据，其首要功能便是定纷止争，解决具体的权利义务争议，并且在此基础上，进而将法律所承载的价值追求通过裁判方式传递、渗透到社会生活之中，且据此建立起和谐、清晰的法律秩序。而要实现这一目标，公正的司法规则的创制则是必不可少的前提与基础，因为如果司法规则本身是有欠公正乃至于不公正的，那么以此为据的裁判结果即根本不可能有任何正当性可言，此乃不言自明之理。

在“依法裁判”的场合，法典化的立法因为经过了民主程序，判例法亦因为经历了无数“先例”的检验，故而通常均具有被社会成员所认可的公正性，法院依此作出裁判往往能得到认同和接受。但在作为“大前提”的裁判规则缺位时，由法院创制规则进行裁判的场合，规则本身是否具备公正性的问题也就不可回避地凸显出来。在我国，人民代表大会的立法由于其间有充分的利益博弈、广泛的民主参与和严格的制订程序，因此至少在形式上是合乎公正标准的，也更容易得到认同。相形之下，最高法院则并不是代议机关，而是行使司法权的最高审判机关，因此其所创制的司法规则确实存在民主性或民意代表性有欠充分的问题，故而更加需要考察其

---

[1] 考虑到修法和修宪的不同难度，可先在各部诉讼法典及《人民法院组织法》中对此予以具体规定，待时机成熟时则须将其适时入宪，予以郑重宣示。

是否具备公正性。就此而言，公正原则乃是创制司法规则时必须遵循的首要原则。

2. 合宪原则。宪法是国家的根本大法，是一切国家机关的活动准则。创制司法规则当然也须以宪法为依据，不能与宪法存在任何的冲突与抵牾。如前所述，司法规则创制权乃是司法权的应有权能，其不仅是实施宪法和法律必不可少的权能，同时也是补充、完善法律的必要手段。但是，司法规则创制权的行使，不得侵害国家的立法权，具体而言包括以下两个方面：

第一，权力来源必须合宪。我们认为，正如立法层面对最高法院司法解释权的直接承认与明确规定一样，司法规则创制权也有必要在宪法和法律层面加以明定，以使其合宪合法。在具体方案上，考虑到修宪成本较高，难度较大，周期较长，故不妨在修订各部诉讼法典和《法院组织法》时先就这一问题作出具体规定，待时机成熟时再行入宪，予以郑重宣示。

第二，行使范围必须合宪。司法规则的创制，不能侵害国家的立法权，不得违背“法律保留”原则。[1]在民事司法领域，司法规则不得对公民的基本权利与自由施以法律所没有设定的限制，不得限制公民的基本程序权。

（二）关于创制司法规则几项具体制度的思考

1. 创制主体。为了保障司法规则创制权的统一、规范行使，应将其行使主体确定为最高人民法院。地方各级法院不应该被赋予司法规则创制权，但也不应将其完全排除在司法规则的创制机制之外。具体来讲，可参照《关于司法解释工作的规定》（2007 年）（以下简称《07 规定》）第 10 条第1 款第3 项和第 2 款的规定，各高级法院可直接向最高法院提出创制司法规则的建议；在各基层法院和中级法院认为需要创制司法规则时，则可层报高级法院，由高级法院来审查决定是否向最高法院提出创制司法规则的建议。这样

---

〔1〕 参见《立法法》第8、9条。

一来，除了有助于保证司法规则创制权的统一、规范行使以外，还可使最高法院所创制的司法规则充分吸收一线审判人员的经验与智慧，且能真正满足一线审判工作的实际需要。

2. 创制范围。如前所述，司法规则的创制范围则应是存在“法律漏洞”与“规范不足”之情形。《07 规定》第 6 条第 3 款“根据立法精神对审判工作中需要制定的规范、意见等司法解释，采用‘规定’的形式”之既有安排，实际上理应为司法规则的创制范围，由最高人民法院通过创制司法规则而不是司法解释来加以解决。简言之，也即目前采用“规定”这种形式作出的“司法解释”，其实并非严格意义上的司法解释，而是成为司法解释而实为司法规则。[1]通过这样的调整，既可使其司法解释权回归本然，避免再遭责难，又能使司法规则创制权具有清晰、具体的适用畛域，从而做到分别依法行使，彼此各安本分，共同服务于裁判规则的统一适用和司法公正的普遍实现。

3. 创制程序。司法规则的创制可参照司法解释的制定、出台程序，即依次经过“立项”、“起草与报送”、“讨论”、“发布、施行与备案”等程序。除此之外，同样应就司法规则的“编纂、修改与废止”等问题予以严格规范。同时，考虑到创制司法规则的前提乃是因为存在“法律漏洞”与“规范不足”之处，最高人民法院颇有些“无中生有”的原创意味，故在其创制程序的某些关键环节上应该比司法解释的制定、出台程序更加严格、规范。譬如，届时似可规定“司法规则草案经审判委员会 4/3 以上（含 4/3）委员同意方为讨论通过”。

4. 规则效力。考虑到进行精细划分的困难与划分的实际意义有限，故我们认为，司法规则应与司法解释具有同等的效力位阶。但是，为了不与国家立法权相冲突，绝不能像最高人民法院在《07

---

〔1〕 日后司法规则的“名称”仍可叫“规定”，但其编号似应为“司规［××××］××号”。

规定》第5条所宣示的那样，即“最高人民法院发布的司法解释，具有法律效力”，司法规则同样不能被认为“具有法律效力”，而是它们二者均具有“次于法律的裁判规范效力”。[1]但是，考虑到司法规则创制机制形成在后，且其完善空间较大，因此在法律文书中加以援引时，须按先法律、法令，后按司法解释，再司法规则的顺序逐一列出。

四、结语

当前，“能动司法”已成为我国各级法院努力发挥审判机关在构建社会主义和谐社会中积极作用的重要导向。鉴此，我们认为，在国家立法尚未赋予最高法院司法规则创制权的情况下，各级法院的“能动司法”就只能表现为在现行法律规定的范围内去依法、积极司法，否则就会偏离正道。[2]然而，这样做固然是严格遵循了“以法律为准绳”的社会主义法治原则，并应继续严加恪守，但其实际效果毕竟是有限的。因此，要想使各级法院的司法活动真正“能动”起来，并取得较好的法律效果与社会效果，一个重要的前提，就是必须依法赋予最高法院以司法规则创制权，且使这一权力真正能够得到规范、正确的行使。如此一来，既可完备民事司法权的权能体系，清晰界分其与司法解释权各自的适用畛域，又能极大地促进“能动司法”之实施，并最终服务于和谐社会之构建。

---

〔1〕 赵钢：“我国司法解释规则的新发展及其再完善”，载《现代法学》2008年第4期。

〔2〕 赵钢：“‘能动司法’的科学理解与正确践行”，载《法学评论》2011年第3期；陈金钊：“警惕司法能动主义”，载《判解研究》2007年第1辑。

新的法律虚无主义之批判

——基于民事司法的视角 *

当前，中国特色的社会主义法律体系已告形成，“有法可依”的法治目标已初步实现。在此背景下，我国的法治建设随之进入了新的历史发展阶段，即法治建设的主要矛盾已从原来的“无法可依”开始转向对现行法律的贯彻实施。从本质上讲，法律的生命力即在于有效的贯彻实施，舍此便难以实现其所预设的对于社会的调控功能。

众所周知，由于司法承担着将“纸面上的法”转变为“行动中的法”，将“抽象的权利”转化为“具体权利”的独特功能，承载着解决各类矛盾和纠纷，以及维系与产生政治正当性的重要使命，是实现社会正义的最后一道防线，故其在法律的贯彻实施中发挥着至为关键且不可替代的作用。甚至可以说，法律实施的成败与绩效，或曰法律调整社会关系的功能究竟发挥得怎样，最终均取决于司法。

整体而言，自改革开放以来，我国的司法改革已取得了举世瞩目的成就，民事司法工作更是在相当程度上有效地处理和化解了各类社会矛盾，同时也使建立公正、高效、权威的社会主义民事司法制度成为明晰的努力方向。然而不可否认的是，司法不公、司法贪腐、司法公信力缺失、司法权威不彰等现象仍然是客观存在的，在某些地方甚至表现得相当严重，中央对此高度重视，民众对此深恶痛绝，专家学者对此忧心忡忡。

---

* 本文系与第二作者王杏飞合作，原文发表于《现代法学》2012 年第 4 期。

我们虽然有理由相信，通过各方的共同努力，通过体制的健全与机制的完善，再假以时日，上述现象无疑有望得到逐步的遏制乃至于最终的消除。但依据我们的观察和体会，比上述种种显性之“恶”危害更烈、影响更广、隐蔽更深且尚未引起各方面应有重视与警惕的是，近些年来，一种新的法律虚无主义倾向正在我国的民事司法领域悄然生成，且呈愈演愈烈之势。这种新的法律虚无主义既不完全等同于西方国家历史上的法律虚无主义思潮，又不同于我国传统法律思想中尤其是计划经济时代那种直接否认法律价值的法律虚无主义，其最为典型的特征就是在民事司法实务中轻视甚至根本无视现行立法的客观存在及其应有的权威而进行“违法司法”与“法外操作”。如果这一趋势不能得到及时的遏制，业已建成的社会主义法律体系就有沦为花瓶、徒具空文的危险，建设社会主义法治国家的进程将会因此而遭受严重的阻碍，甚至有可能从根本上否认国家立法的权威、动摇社会主义法治国家的根基。有鉴于此，本文拟追溯法律虚无主义的历史源头，并对中外法律虚无主义的思潮进行系统剖析，且在此基础上全面检视我国现阶段民事司法领域中新的法律虚无主义的种种表象，解析其成因，历数其危害，进而在此基础上斟酌、探索可能的解决之道。

一、域外法律虚无主义的理论考察

在西方国家，尽管并没有直接冠以“法律虚无主义”的理论和学说，但不可否认的是，从历史来看，确实存在过形形色色的否认法律作用的观点或主张。我们在此无意全面梳理西方法律思想史上的法律虚无主义思潮，而是仅对具有代表性的几种观点略作考察，以求管中窥豹。

（一）以柏拉图为代表的乌托邦的法律思想

“西方法律思想起源于何时并无定论，但是，西方法律理论以柏拉图的著作为起点，则是没有太多争议的事。”〔1〕因此，本文的探讨亦从古希腊著名哲学家柏拉图的法律思想开始。柏拉图在其名著《理想国》中旗帜鲜明地主张人治（哲学王统治），认为人治的国家是最理想的国家方案，其经典的表述为，“贤人秉政，为政治之最善者”。〔2〕尽管在其晚年，迫于残酷的现实，柏拉图区分了理想的国家与现实的国家，但其仍然认为哲学王治理的国家乃是最为理想的，只不过是在无法建立这一种政府时，采用成文法律的政府作为第二种最佳的选择，才是完全正确的、好的政府。〔3〕在人治和法治的关系上，柏拉图认为立法工作固然很重要，但是在一个秩序良好的国家里，如果安置一个不称职的官吏去执行那些制定地良好的法律，“那么这些法律的价值便被阉割了，荒谬的事情，政治破坏和恶行就会滋长起来”。〔4〕由此可见，在柏拉图看来，如果没有称职的官吏去执行法律，法律制定地再好也无法发挥其作用。在柏拉图所设想的次佳国家方案中，既高度重视依靠法律来进行统治，也仍然特别强调人治，既强调要有法律，也主张要有称职的官吏才能保证法律的实现。在《理想国》中，柏拉图强调的是哲学王个人的统治居高临下，而在《法律篇》中，其又认为统治者必须居于法律之下，只有法律才享有最高权威。然而，关于最高统治权问题，即使在《法律篇》中，柏拉图的思想也是极其矛盾的。柏拉图一方面强调统治者不得凌驾于法律之上，另一方面又主张设立一个特别委员会（即夜间会议）而不受法律约束。其实质仍然是强调其在法律之上，享有最高权力。综上所述，可以看出，柏拉图始终认为，哲学王的统治才是最佳的国家方案，法律的统治只是次佳的国家方

---

〔1〕 徐爱国：《思想史视野下的法治现象》，北京大学出版社2009年版，第30页。

〔2〕 ［古希腊］柏拉图：《理想国》，郭斌和、张竹明译，商务印书馆1986年版，第449页。

〔3〕 ［古希腊］柏拉图：《政治家篇》，原江译，云南人民出版社2004年版，第297页。

〔4〕 ［古希腊］柏拉图：《法律篇》，张智仁、何勤华译，上海人民出版社2001年版，第751页。

案。法律只是实现国家统治与公正的一种工具。而“公正是强者的利益”，法律“是现存政府的利益、力量和保存”，“正是政府的权力使得任何国家的法律具有权威”。[1]

(二) 以洛克为代表的古典自由主义的法律思想

正如马克思、恩格斯所指出的那样，“自由思想正是从英国输入法国的，洛克是这种自由思想的始祖”。[2]洛克的法律思想首先反映在他关于法律与自由关系的论述之中。洛克认为，自由“并非人人爱怎样就可以怎样的自由”，而是在“法律许可范围内”的自由。[3]“法律的目的不是废除或限制自由，而是保护和扩大自由。”[4]在洛克看来，法律对自由的约束不是要废除或限制自由，恰恰是为了更好地保护和扩大人的自由，使人们的自由权利获得法律的保障。“法律按其真正的含义而言与其说是限制还不如说是指导一个自由而有智慧的人去追求他的正当利益。”[5]因为，作为人们具体社会权利的自由，如果缺乏法律的明确规定与相应保障，就只能是空洞、抽象与虚置的。在君主专横而残暴的统治下，由于君主的行为几乎不受法律的约束，故而人们如果受到君主的侵害，不仅没有申诉权，而且还从根本上丧失了上述自由，因此人们的处境是极糟的。而在自然状态下，人们则有权利保护自己的生命和财产及相应自由。为此，洛克坚决反对君主专制政体，包括反对“贤君”的专制。因为君主政体在任何情况下均“不可能是公民政府的

---

〔1〕［古希腊］柏拉图：《法律篇》，张智仁、何勤华译，上海人民出版社 2001 年版，第 714 页。

〔2〕中共中央马克思恩格斯列宁斯大林著作编译局：《马克思恩格斯全集（第 7 卷）》，人民出版社 1997 年版，第 249 页。

〔3〕［英］洛克：《政府论（下篇）》，瞿菊农、叶启芳译，商务印书馆 1982 年版，第 36 页。

〔4〕［英］洛克：《政府论（下篇）》，瞿菊农、叶启芳译，商务印书馆 1982 年版，第 36 页。

〔5〕［英］洛克：《政府论（下篇）》，瞿菊农、叶启芳译，商务印书馆 1982 年版，第 56 页。

一种形式，相反是人民的祸害”。〔1〕

其次，洛克的法律思想还反映在其关于法律与民权关系的论述之中。洛克认为，法律是社会全体成员“共同批准的规则”，法律的形成是由人民意志决定的，法律的执行和效力最终也是取决于人民的意志，即法律必须要得到人民的支持和同意。他认为立法权是“最高的能力，社会的任何成员或社会的任何部分所有的一切权力，都是从它获得和隶属的”。〔2〕立法权既然如此重要，因此立法机关就必须由公众选择或选派的人员组成，因为它是“来自人民的一种委托权”，〔3〕他还认为，“公众的普遍信赖”是立法权存在的基本条件。如果失去了人民的信赖，不经人民同意，“任何人的任何命令，无论采取什么样的形式或以什么样的权力作为后盾，都不能具有法律的效力和强制性”。〔4〕在当时的历史背景下，为了保障立法权和法律的民主性质，洛克认为人民可以举行起义，以反抗违背公众意志、以法律营私的政府，且根据自己的意志成立一个新的立法机关和严明的政府。否则民众即无异于奴隶。洛克认为人民的反抗也是一种自然的权利，而不是叛乱，因为施行暴政、违法乱纪的政府才是罪加一级的真正叛乱者。他指出人民是最高的裁判官，如果政府与人民发生争执，人民便是理所当然的裁判者，因为政府不过是接受人民委托的受托人，受托人之行为是否符合委托人对他的委托，当然只有委托人才能裁判这个问题。

洛克提出的法律是社会全体成员“共同批准的规则”，在法与

---

〔1〕［英］洛克：《政府论（下篇）》，瞿菊农、叶启芳译，商务印书馆1982年版，第36页。

〔2〕［英］洛克：《政府论（下篇）》，瞿菊农、叶启芳译，商务印书馆1982年版，第92页。

〔3〕［英］洛克：《政府论（下篇）》，瞿菊农、叶启芳译，商务印书馆1982年版，第88页。

〔4〕［英］洛克：《政府论（下篇）》，瞿菊农、叶启芳译，商务印书馆1982年版，第36页。

民权的彼此关系上强调主权在民，法律必须以人民的意志、人民的权利为依据，这样的法律思想无疑是十分深刻的。同时，他又指出"人民是最高的裁判者"，人民可以反抗违背"公意"的立法。这在17世纪也是非常进步的法律观，而且极富反封建的战斗性。

综上可知，柏拉图公开主张人治、轻视法治，主张人治优于法治；洛克反对专制政体，主张主权在民，人民是最高的裁判者，人民可以反抗违背"公意"的立法。从本质上来说，二者在不同程度上均具有否认法律作用的虚无主义倾向，尽管这可能被解释为他们辩证的法律观。

二、我国法律虚无主义的历史检索

（一）老子的法律虚无主义理念

老子是我国古代法律虚无主义的代表人物。老子"崇尚和谐"，主张"无为之治"，追求"小国寡民、鸡犬相闻、老死不相往来"的理想社会。在他看来，讲究仁义，注重礼法都是"失道"的表现，因为"失道而后德，失德而后仁，失仁而后义，失义而后礼"。老子倡导"法自然"，即所谓"人法地，地法天，天法道，道法自然"。"道常无为而无不为。侯王若能守之，万物将自化。"他以天道否定人道，用自然原则否定人为原则。老子认为，只有"无为"、"清净"，才符合天道，符合自然，人民才能"自化"、"自正"，国家才能长治久安。否则人为地去弄些仁、义、礼、智之类的东西，只能是越搞越乱。"上德不德，是以有德。……上礼为之，而莫之应也，……故失道而后德，失德而后仁，失仁而后义，失义而后礼。夫礼者，忠信之薄而乱之首也。"因此他认为，对于统治者来说，"治人事天，莫如音"；"知清净，可以为天下正"。也就是说不要瞎出主意，不要穷折腾，懂得清静无为之道，才能成为称职的君主。所以他的结论是："以正治国，以畸用兵，以无事取天下。吾何以知其然也，夫天下多忌讳，而民弥贫。……法物滋章，而盗贼多有。是以圣人之言日：我无为而民自化，我好静而民自正，我无事而民自富，我欲不欲而民自朴。"[1]

（二）庄子的法律虚无主义思想

庄子继承了老子的自然之道，并从消极方面进一步发展了"道"的虚无性。庄子将老子的"无为"之道推向"虚无"，主张绝对"无为"。认为天由于"无为"方显清高，地由于"无为"才显宁静，天地两方面的"无为"相互交合才产生了人事万物，因此"无为"乃是道德之基本属性，是天地万物尤其是社会人事所须遵循的原则。庄子主张"无以人灭天"，"不以人助天"，坚决反对任何对自然之道的干扰和破坏，要求取消人的一切有意识的活动。老子主张绝对自由，反对任何约束和限制。庄子则以追求超现实的、纯精神的自由为归宿，即所谓"天放"、"游心"、"逍遥游"，企图以此在主观的精神世界里去寻找其在客观世界中无法得到的"性命之情"。"以出六极之外，而游无何有之乡"；"与造物者为人，而游乎天地之一气"；"茫然彷徨乎尘垢之外"；等等。在这里，"无何有之乡"与"尘垢之外"，并非是指天国或者仙境，而是其个人心中的精神王国。因此，强调独立的个人自由、抽象的精神自由及绝对的无限自由，构成了庄子自由观的特征，同时也是其法律虚无主义思想的主要表现。[2]

（三）新中国成立后至改革开放前的法律虚无主义

1949年9月29日，中国人民政治协商会议第一届全体会议通过了《中国人民政治协商会议共同纲领》（以下简称《共同纲领》）。《共同纲领》发挥了临时宪法的作用。1954年，新中国第一部《宪法》颁布实施，我国的法制建设自此有了良好的开端。应该说，此时的中央高层对国家法制还是十分重视的。譬如，毛泽东即曾说过，宪法"使全国人民有一条清楚的轨道，使全国人民感到有

---

〔1〕 杨奉昆："老子政治法律思想初探"，载《法学》1982年第11期。

〔2〕 费开文："崇尚自然的庄子法律思想"，载《法学评论》1986年第3期。

一条清楚的明确的和正确的道路可走”。[1]刘少奇在中共八大的政治报告中也曾明确提出：“我们目前在国家工作中的迫切任务之一，是着手系统地制定比较完备的法律，健全我们国家的法制。”[2]在此背景下，如果按照事物应有的逻辑发展，我国的法制将逐步完备，并就此步入民主法治的轨道。然而历史的轨迹并没有照此延伸。随着社会主义改造的提前完成，被定位为适用于“从新民主主义到社会主义”过渡时期的《宪法》由于没有做出相应的调整与修改，党的最高领导层即开始认为《宪法》已经滞后于社会现实了。随着1957年下半年开始的反右斗争扩大化，国家的民主、法制受到了严重的破坏，宪法、法律的权威也被严重削弱。从此以后，靠政策治国、运动治国的思想占了主流与上风，法律虚无主义弥漫整个中国大地。在此背景下，原先建立起来的一套初具脉络的国家民主政治生活的制度、机制等基本上被甩在了一边。比如，作为我国宪政建设实际运行状况“晴雨表”的全国人大，在1958年以后即进入了一个比较长时间的衰退期，其立法工作逐步萎缩直至最终完全停止，开会的日期和程序也变得越来越不正常，即便召开了，往往也是流于形式。一届全国人大前期已经日趋正规化的一些工作程序和工作制度遭到破坏，乃至二届全国人大三次和四次会议都没有能够像以往历次大会一样公开举行。另外，作为这种法律虚无主义的直接“成果”，与政法、监督有关的部门也被相继撤销了。譬如，1959年4月，二届全国人大第一次会议根据国务院的提议决定撤销司法部和监察部，理由分别是，“由于司法改革已经基本完成，各级人民法院已经健全，人民法院的干部已经充实和加强，司法部已无单独设立之必要”，“根据几年来的经验，监察工作必须在各级党委领导下，由国家机关负责，并且依靠人民群众才能做好。

〔1〕 裴智勇：“中共探索法制强国的历史：从法制到法治的飞跃”，载《人民日报》2011年7月1日，第7版。

〔2〕 中央文献编辑委员会编：《刘少奇选集（下卷）》，人民出版社2004年版，第253页。

因此建议撤销监察部，今后对于国家行政机关工作人员的监督工作，一律由各有关国家机关负责进行"。1959 年 6 月，国务院法制局也被撤销，原法制局的业务改由国务院秘书厅管理。也难怪从 1959 年 5 月提出来的政法工作路线（即"服从党委领导，依靠人民群众，参加生产劳动，为全党全国的中心工作服务"）中完全看不出"政法"的影子。[1]

此后，伴随着 1966 年"文化大革命"的全面爆发，完全否定法律、否定司法，不要法治要人治的法律虚无主义便极度盛行开来，中国社会由此在相当长的时间内陷入了"无法无天"的混乱局面。这种局面直到"文化大革命"结束才得以逐步终结。

三、当前我国民事司法领域中新的法律虚无主义之剖析

"文化大革命"结束之后，党中央召开了十一届三中全会，在认真总结历史经验，汲取"文化大革命"之惨痛教训的基础上，做出了把国家工作中心转移到社会主义现代化建设上来的重大决策，实行改革开放，加强民主法制建设。邓小平指出："为了保障人民民主，必须加强法制。必须使民主制度化、法律化，使这种制度和法律不因领导人的改变而改变，不因领导人的看法和注意力的改变而改变。"有法可依，有法必依，执法必严，违法必究，成为改革开放时期法治建设的基本理念。在理论界，则经过了"人治"与"法治"的大讨论，实现了从"法制"到"法治"的历史性跨越。[2] 1997 年，党的十五大将"依法治国"确立为治国的基本方略，提出了建设中国特色社会主义法律体系的重大任务。1999 年，将"中华人民共和国实行依法治国，建设社会主义法治国家"载入

---

〔1〕周振想、邵景春：《新中国法制建设 40 年要览（1949～1988）》，群众出版社 1990 年版，第 245～247 页。

〔2〕韩福东、杨长虹："二十年改一字，从刀'制'到水'治'"，载《南方都市报》2008 年 4 月 1 日，第 3 版。

《宪法》，中国的法治建设自此掀开了崭新的一页！2002 年，党的十六大将“社会主义民主更加完善，社会主义法制更加完备，依法治国基本方略得到全面落实”作为全面建设小康社会的重要目标。2004 年，将“国家尊重和保障人权”载入《宪法》。2007 年，党的十七大明确提出，全面落实依治国基本方略，加快建设社会主义法治国家，同时对加强社会主义法治建设做出了全面部署。2011 年，全国人大庄严宣示，中国特色社会主义法律体系已如期形成。

应该说，在法治已成治国方略、“宪法神圣、法律至上”的观念业已深入人心的背景下，法律虚无主义应断无藏身之处所，绝无存在之理由。然而，事实并非如此，法律虚无主义并没有“销声匿迹”，而是以新的形式，较为普遍且十分严重地存在于我国的民事司法领域。不过笔者须要指出的是，与以往直接、公开地否定法律的功能与作用，否定法律的重要性，提倡人治而否定法治的旧的法律虚无主义所不同的是，当前我国民事司法领域中新的法律虚无主义并非表现为直接、公开地否定国家立法与各项法治原则，包括各项社会主义司法原则，而是将业已形成的社会主义法律体系尤其是其中的民商事实体法和民事诉讼法等无形架空、束之高阁，以所谓能动司法等名义大搞“法外司法”甚至“违法司法”。这种新的法律虚无主义无论是在司法理念上，还是在司法实务操作中均有所体现。

（一）最高人民法院以司法解释和司法文件等形式“修改”法律或者“创设”规则的现象十分严重，由此在相当程度上导致国家立法被虚置和篡改，立法权受到严重侵蚀

以举证期限和证据失权规则为例，无论是 1982 年的《民事诉讼法（试行）》，还是 1991 年的现行《民事诉讼法》，先后两部法典所实行的均是证据随时提出主义。但最高人民法院于 2001 年 12 月颁布了《关于民事诉讼证据的若干规定》（以下简称《证据规定》）这一司法解释，其中第 34 条明确确立了举证期限和证据失权

规则，即“当事人应当在举证期限内向人民法院提交证据材料，当事人在举证期限内不提交的，视为放弃举证权利”。这一规定对当事人提交证据材料的权利作了时间上的法外限制，同时预设了否定性之程序性乃至实体性的诉讼效果，故一度被认为是颇具创新意味甚至革命性的诉讼规则。自此以后，证据适时提出主义便粗暴蛮横地取代了由现行法明定的证据随时提出主义。就此而言，我们不禁要问，最高人民法院的这一司法解释条文具体是在解释哪部法律或者哪条法律呢？我们就此提出非议的依据乃是我国《立法法》上的明确规定，即关于民事诉讼制度的事项属于国家立法也即全国人大（及其常委会）立法的绝对保留事项，[1]包括最高人民法院在内的任何司法机关均绝对无权染指！

当然，历史地看，我们有理由相信最高人民法院在《证据规定》中设置举证期限和证据失权规则亦有其相对合理的一面。这是因为，“我国由计划经济体制转向市场经济体制后，民事纠纷总体上呈现出逐年上升的态势，法院也的确面临着加速程序以消化越来越多的案件的压力。与原来允许当事人在整个诉讼程序中一点一滴地提交证据相比，规定举证期限也确实有助于程序的集中和加快。但问题在于，把证据失权作为制裁手段是一种风险相当大的选择。首先，由于失权的规定具有经常阻碍正义的性质，通过失权排除具有重要证明作用的证据会与民事诉讼制度的根本目的发生严重冲突。对当事人来说，会使那些原本拥有权利的人由于诉讼反而失去了自己的权利，那些在民事活动中实施了违约行为或侵权行为的当事人却从诉讼中得到了意外的收获。而对于法院来说，排除逾期提交的重要证据意味着查明事实、分清是非的努力严重受挫，法官们不得不作出一个与案件的事实状态相背离的判决”。[2]

但从司法实践来看，由于这一规定严重影响了当事人权利的行

---

〔1〕 参见《立法法》第8条。

〔2〕 李浩：“证据规定与民事证据规则的修订”，载《中国法学》2011年第3期。

使与实现，阻碍了法院对案件事实真相的发现与查明，所以其法律效果与社会效果也就不难预测了，从《证据规定》开始实施时严格适用失权的规定到想方设法变通适用这一规定，让具有重要证明作用的证据进入诉讼程序，再到目前基本上放弃适用这一规定。江苏省高院的调研表明，“举证时限与证据失权制度在司法实践中客观上已经被法官自觉或不自觉地软化了。尤其是在审理传统民事案件时，面对社会公众诉讼能力的限制，当事人上访申诉的压力，在追求客观真实、实质正义的司法政策的调整下，法官的司法理念发生了很大的变化，举证时限、证据失权制度基本被弃之不用。在60家基层法院中，仅有1家表示会以证据失权为由对当事人所提供的证据不予采信”。[1]安徽法院的调研同样表明，安徽省各级法院在《证据规定》实施初期，是严格执行的，但在后来的审判实践中，大多数法院和法官都认为，如果机械地适用《证据规定》，办案的社会效果会很差，法官很容易办错案。因此，大多数法院和法官对这一规定都作了相应较为灵活的掌握。大多数法院和法官都认为对案件事实有影响的重要证据，即使过了举证期限，只要还没有裁判，都应当予以认定，不能因为过了举证期限或者当事人拒绝质证而不予以认定。[2]

在此应当一并说明的是，社会主义法律体系业已形成以后，并非意味着最高人民法院所作司法解释和司法文件等的继续存在已无任何必要。但是如果仍像以前社会主义法律体系尚未形成时那样充斥着几乎所有的诉讼场合与诉讼环节，则似乎是在反讽我国社会主义法律体系的“无为”、“孱弱”或“内敛”。

---

〔1〕 江苏省高级人民法院民一庭：《关于民事证据规则在传统民事案件中适用情况的调研报告》，法律出版社2010年版，第141页。

〔2〕 安徽省高级人民法院民一庭：“《关于民事诉讼证据的若干规定》实施情况的调研报告”，载《人民司法》2007年第15期。

（二）地方各级法院在日常审判活动中，在对待国家立法与司法解释以及“司法文件”等法院内部规范的认识与态度上，明显轻视前者而倚重后者

从应然的要求来讲，“以事实为依据，以法律为准绳”乃是我国三大诉讼法确立的基本司法原则，人民法院的各项审判工作均须在事实清楚的基础上严格、准确地适用法律。由此，通过民主程序所确立的人民意志，才能在具体个案的审判中得到贯彻，人民主权在司法程序中方可得到实现。然而，在当前我国的民事司法实践中，地方各级法院及其法官往往普遍地轻国家立法而重司法解释、司法文件等法院内部规范。譬如，在上述《证据规定》的实施过程中，每一位法官无疑都知道我国现行《民事诉讼法》并没有对当事人提交证据材料的时间加以限定，也即在我国的民事诉讼中所实行的是证据随时提出主义。但在最高人民法院发布实施《证据规定》之初，绝大部分法院及其法官均在“一丝不苟”地严格适用《证据规定》中关于证据失权的要求，而将现行有效的基本法律——《民事诉讼法》抛在脑后、束之高阁！这里面固然与较为严重的司法行政化以及国家权力机关对司法机关的有效监督制约机制之缺失有关，但更与法院及其法官自身漠视法律、视法律为可有可无，甚至以司法解释、司法文件等法院内部规范替代、置换国家立法的“传统观念”与“审判经验”直接相关！然而，当《证据规定》施行了一段时间以后，地方各级法院先后发现严格适用《证据规定》容易办成错案，法律效果与社会效果双双欠佳，于是便想方设法地变通适用《证据规定》，以让部分超过举证期限的“重要证据”进入诉讼程序。至于何为“重要证据”，则由地方法院或办案法官自行决定。由此可见，在这一过程中，地方各级法院及其法官在现行有效的国家立法与最高人民法院的《证据规定》之间，先是毫无保留地“选择适用”了《证据规定》，而一旦发现《证据规定》不能如其所愿地发挥作用，转而又将《证据规定》弃之不用，从而显示

出极大的随意性，并严重损害了司法活动应有的统一性与严肃性。

（三）在近些年来的司法实践中，各级法院层出不穷地先后出台了种种以司法改革、“能动司法”等为旗号的惑人举措，极大地冲击了国家现行立法在民事审判活动中的贯彻执行

尽管我们有理由相信这些举措的出台与推行实乃本着良好的愿望，且从功利意义上讲似乎也取得了一定的社会效果，但毋庸讳言，其中有些举措不仅偏离甚至从根本上违背了司法权运作的基本规律，而且直接违反了国家现行立法。譬如，不少法院所推行的民事案件先调解再立案，不调解则不立案的做法，即属显例。具体如成都市中级人民法院和成都市司法局联合出台的文件规定，对于一些比较简单的民商事案件，法院将暂缓立案，和司法行政部门联合对当事人双方进行调解。[1]广东省高级人民法院则要求全省各基层人民法院在立案大厅设立诉前联调工作室，各种民、商事纠纷案件均须经过诉前联合调解，调解不成的再进入立案程序。对于未经任何形式调解的案件，基层法院可以适当不予立案。[2]其实，根据我国现行《民事诉讼法》的相关规定，只要当事人的起诉符合法定条件，人民法院就应该而且必须立案受理，根本不存在立案之前须经先行调解的限制性条件。各地法院的上述做法，完全无视国家法律的明确规定，在法律之外给当事人行使诉权施加了不应有的限制，造成了直接的障碍，更直接冲击了国家现行立法在民事诉讼活动中的贯彻执行。

（四）首批指导性案例的新近发布，使得各级法院自此有了更多的法外裁判依据，“依法司法”之基本原则遭到了进一步的破坏

建立案例指导制度，乃是作为法院司法改革的一种具体举措而

---

〔1〕 晨迪：“民事纠纷打官司先调解后立案”，载《成都日报》2008年3月4日，第5版。

〔2〕 涂峰：“广东各种民事官司先经过诉前调解才能立案”，载《南方都市报》2011年2月22日，第3版。

提出的。为此，最高人民法院曾于2010年11月26日专门印发了《关于案例指导工作的规定》（以下简称《规定》）。2011年12月20日，最高人民法院根据《规定》所确立的标准和程序，经“精心编选”，从各高级人民法院所推荐的案例中，确定了4个案例作为首批“指导性案例”予以发布，[1]同时明示：这些指导性案例所确定的裁判要点，对于人民法院审理类似案件、作出裁判具有指导效力，法官在审判类似案件时应当参考并可作为裁判文书的说理依据加以引用。与此同时，还一并下发了《关于发布第一批指导性案例的通知》，要求各级人民法院认真组织学习，把握精神实质，严格参照适用指导性案例，以先进的司法理念、公平的裁判尺度、科学的裁判方法，进一步提高办案质量和办案效率，确保案件裁判之法律效果和社会效果的有机统一。

我们并不怀疑，案例指导制度的确立和首批指导性案例的发布，对于总结审判经验、填补规则空白以及统一规则适用等，都是具有一定积极意义的。从相关法理、诉讼操作以及预设目的等来看，基本上也是合理可行的。从长远观之，似乎其还具有促进法律完善的隐性功能。但是，所有这一切，都难以构成其具有正当性的充分依据。问题的原因和要害即在于，从根本上来讲，案例指导制度的确立明显不具有国家法律层面的明确授权，而首批指导性案例的形成与出台，也不是“严格依法操作”的结果，而仅仅只是法院自家“自给自足”般的擅行。这样一来，从法治的高度来看，“收支相抵”，明显是入不敷出、大大亏本的。因为它不过是使得各级法院在“造法性”司法解释之外，有了更多的法外裁判依据，但“严格依法司法”之基本原则却由此遭到了进一步的破坏。

四、基本结论

综上所述，可以发现，在不同的国度，或同一国度的不同历史

---

〔1〕包括民事和刑事案例各2个，其中的2个民事案例一为实体问题一为程序问题。

时期，或多或少都曾存在过法律虚无主义的思潮或实际操作。特别是在我国这样一个缺乏法治传统，曾经是人治与法律虚无主义盛行的国家，更是需要保持高度的清醒与警惕。我们认为，民事司法领域中新的法律虚无主义乃是我国历史上曾经发生过的法律虚无主义的“变种”或异化，其影响更深、危害更大。正如培根所言，“一次不公正的裁判，其恶果甚至超过十次犯罪，因为犯罪虽是无视法律——好比污染了水流，而不公正的执法则毁坏了法律——好比污染了水源”。因此，在民事司法领域坚定不移、坚持不懈地强调“有法必依”、“执法必严”也就具有了更为深远的现实意义。

我们之所以要旗帜鲜明地反对新的法律虚无主义，主张法律至上和严格依法办案，还基于对以下两个基本事实的判断与认识。一是中国特色社会主义法律体系业已形成之后，涵盖社会关系各个方面的法律部门已经齐全，各法律部门中基本的、主要的法律已经制定，相应的行政法规和地方性法规已比较完备，法律体系内部总体上已做到科学和谐统一，国家经济建设、政治建设、文化建设、社会建设以及生态文明建设的各个方面已实现有法可依。当务之急便应该是通过司法渠道来坚定不移地贯彻实施国家现行立法。二是当前我国法治建设中的主要矛盾已经不再是以往的“无法可依”，而是“有法不依”、“执法不严”、“违法难究”等现象十分突出。这是当前相当一部分民众认为“司法不公”甚至“司法腐败”的重要原因之一，各种涉诉信访和绝大多数冤、假、错案的发生均与此相关。

可以预见，随着我国经济建设的持续发展和社会转型的进一步加速，利益分化、诉求多元与价值博弈将会在今后相当长的一个历史时期内成为社会常态，司法工作也会因此而面临更多的、前所未有的新的挑战。而在这样的社会形态中，法院的裁判往往不再可能像以往传统社会那样无条件地获得社会成员近乎一致的认同与支持，而是难免引起这样或那样的歧见，〔1〕然而，如果任由这种意见分歧恣意蔓延，则有可能最终引起社会的分裂。因此，作为维系社会公正最后一道防线的司法机制就必须通过自己卓有成效的审判活动来寻求并宣示出某种“社会共识”，唯此方能发挥其在规范行为、引领价值等方面的积极作用。但是，在现代法治国家，司法机制要想比较好地发挥这些功能，首先就必须使司法过程与裁判结果本身都具有正当性，从而获得人们的认同与尊崇。这样一来，也就要求其必须以“严格依法办案”作为根本的前提和基础，恪守“以事实为根据，以法律为准绳”的司法原则。申言之，强调司法过程的依法推进与裁判结果的依法形成，也是确保司法公正的必要前提。尤其是在当前，由于中国特色的社会主义法律体系业已形成，因此司法活动必须严格遵守宪法与法律，不得以任何理由、任何借口偏离法律的基本原则、基本价值与基本精神，不得违反与背离法律的明确规定。〔2〕因为司法的任务只能是“释法，而非变法”、“找法，而非造法”、“认同法律，而非颁布法律”。〔3〕更为重要的是，立法不仅凝聚了千百年来人类的经验与智慧，而且预先经过了充分的酝酿与反复的讨论，其中所蕴含的民主价值可以说是弥足珍贵的。所以，只有坚定不移地恪守“依法裁判”的底线，才有可能维系社会关系的稳定，促进社会的发展，并最终确保人民行为的自由。因此，我们心怀神圣且理直气壮地呼吁：每一个司法者都必须极其认真地对待国家现行法律，发自内心地万分敬重现行法律，一丝不苟

---

〔1〕 譬如在“二奶”争夺遗产案所引发的各种争议中，即有人认为法院驳回“二奶”获赠遗产的诉讼请求，是善解人意的体现，但是也有人认为这是法律给道德让了路，并无公平可言。（参见佚名：“‘二奶’与情人的遗产”，载《法律与生活》2002年第2期。）该案终审判决可见四川省泸州市中级人民法院《（2001）泸民一终字第621号民事判决书》。

〔2〕 陈金钊：“法治反对解释的原则”，载《法律科学》2007年第3期。

〔3〕 施克莱：《守法主义：法、道德和政治审判》，彭亚楠译，中国政法大学出版社2005年版，第3页。

地严格依法办案，毫不动摇地始终坚持“现行法不容批判”的司法原则。〔1〕

最后需要指出的是，我们在此旗帜鲜明地反对新的法律虚无主义，并非是要主张机械地、僵化地、片面地对待法律和理解、适用法律条文，也即并非是要主张“只见树木、不见森林”的法条主义。我们同样坦率地承认，立法的完善确实是永无止境的。〔2〕故在遇到“疑难案件”时，法院和法官仍会不可避免地面临法律的空白与漏洞，以及法律不合目的性与法律滞后性等适用法律方面的障碍。但必须强调指出的是，“疑难案件”永远都不可能成为司法过程中的普遍现象，其仅仅只是作为大量普通案件中的一种“例外”而出现或存在的，对此绝不能加以无限放大。在办理这些“例外”案件的过程中，当通过司法渠道创制规则并据此裁判案件的时候，仍须严格依法进行。我们倡导适度的能动司法，主张“法内积极司法”或曰“依法积极司法”，〔3〕但坚决反对任何打着“能动司法”等旗号的法外司法、违法司法，坚决反对司法领域中新的法律虚无主义。

---

〔1〕根据这一司法原则，法院和法官在审判案件时必须严格依法行事，而不得仅仅根据自己的主观好恶来对法律作出选择适用；即便相关法律规范确实存在欠妥之处，但只要其尚未经过法定程序得到修正，其就仍然是现行有效的法律规范，在舍此再无其他法律规范可供适用的情况下，法官仍须适用这一法律规范。

〔2〕2011 年 3 月 10 日，在十一届全国人大四次会议新闻中心举行的“中国特色社会主义法律体系的形成与完善”记者会上，全国人大法制工作委员会副主任信春鹰表示，完善法律体系是一个永无止境的任务，并认为要从三个方面对这个体系进行完善。

〔3〕赵钢、王杏飞：“论民事司法权中的司法规则创制权”，载《中国法学》2011 年第 3 期。

第二部分

民事诉讼原理与制度研究

民诉机制之完善与和谐社会之构建

——以合意原则和诚信原则为重心 *

一、引言

党的十六大提出全面建设小康社会的目标之一乃是“社会更加和谐”，党的十六届四中全会通过的《关于加强党的执政能力建设的决定》更是明确地提出要“把和谐社会建设摆在重要位置”，要“不断提高构建社会主义和谐社会的能力”。毋庸讳言，构建社会主义和谐社会无疑是中国共产党顺应历史发展的趋势和时代进步的潮流，是在社会转型、体制转轨这一关键的历史时期为推动社会主义各项事业的持续、深入发展所作的重大战略部署，是全面贯彻和落实科学发展观、顺利实现全面建设小康社会之奋斗目标的必然要求。由于社会主义和谐社会的构建关系到国家的长治久安和最广大人民群众的根本利益，是一项需要长期努力奋斗的系统工程，因此，我们既要目标明确，坚定不移地从宏观层面持续、深入地推进改革开放，同时又要着眼于实际，利用已经和即将具备的各项条件，扎扎实实地做好各项具体工作。在这其中，妥善地处理好新形势下人民群众内部的各类矛盾以维系社会安定，则是构建和谐社会的关键所在。由于平等民事主体之间基于财产关系和人身关系所产生的民事纠纷乃是新形势下人民内部矛盾的重要组成部分，故而使其得以顺畅、平和地解决便成为构建和谐社会所不可或缺之一环。本着私权自治之宗旨，虽然不少民事纠纷可以通过私力救济的方式

---

* 原文发表于《法商研究》2006 年第 5 期。

得到自然化解或者通过人民调解、商事仲裁等途径得到妥善解决，但毕竟还是会有相当一部分民事纠纷需要进入诉讼领域，诉诸司法解决。因此，作为规范民事纠纷之司法解决方式的民事诉讼立法，其原则建构与制度设计得当与否，不仅直接攸关民事纠纷能否得到妥善的解决，更是关系到相关社会成员之间能否和睦相处乃至整个社会是否和谐稳定之大局。

《中华人民共和国民事诉讼法》（以下简称《民事诉讼法》）自1991年修订颁行至今已有16个年头，由于其间社会的持续、全面进步与政治、经济、文化等方面形势的巨大变化，颁行于计划经济体制向市场经济体制转轨初期的《民事诉讼法》无论是立法原则还是具体的制度规范均亟待予以重新审视和检讨。时值该部法典之全面修订业已纳入本届全国人大常委会[1]的“立法规划”，探讨修订《民事诉讼法》之基本思路以应和谐社会构建之内在要求，无疑具有十分重要的现实意义。

二、构建和谐社会背景下民事纠纷之解决尤应秉持的两大原则：合意原则和诚信原则

安定，作为和谐社会的题中应有之意，若就社会成员而言，即意味着心态平和、情绪稳定、关系和睦、相处融洽，故此安定既为构建和谐社会的必要条件，也是实现和谐社会的基本标志。而要真正实现并长期保持社会安定之局面，就必须积极稳妥地解决好各种矛盾和冲突，持续有效地消除各种不稳定因素，在社会发展的动态过程中平衡、协调好各方面的关系。由于平等民事主体之间的财产关系和人身关系均属私权关系之范畴，故由此产生的纠纷理应更多地通过当事人之间的意思自治予以解决。即便是进入了具有较强公权力因素的民事诉讼领域，亦应尽可能地尊重纠纷主体之间的合意，鼓励当事人选择各方最易接受的方式来解决彼此之间的纠纷。

---

〔1〕 是指第十届全国人大常委会。

这样一方面可以提高当事人对纠纷处理结果的信服度和接纳度，从而极大地消弭法院和当事人之间的紧张关系，夯实司法权威得以确立之基础；另一方面，还可以借此降低审判及执行的成本支出，提高民事诉讼机制的运行效益。

从本质上讲，合意解决纠纷可以有效地避免因外力的过多介入而给当事人所造成的“压迫”甚至“伤害”，缓和相互之间的进一步对抗和冲突，使当事人能够真正从心理上消除彼此之间的排斥和对立情绪，较为彻底地化解各方当事人之间的芥蒂与隔阂，实现纠纷的“柔性解决”，进而从根本上达到维护社会安定、保持社会和谐的目的。因此，进一步充实与完善“合意解决纠纷原则”在民事诉讼中的适用，并以此为基点认真检视《民事诉讼法》在相关制度设计上的舛误，实乃构建和谐社会背景下修订《民事诉讼法》应有的基本思路之一。

与此同时，诚信原则同样应是我们贯彻党中央所提出的构建社会主义和谐社会基本方略的一项基本行为准则，因为其不仅是市场经济条件下一项普遍适用的基本道德准则，同时也是和谐社会本身所固有的重要特征之一。

从道德准则这一层面而言，诚实信用要求民事主体“在市场活动中讲究信用，恪守诺言，诚实无欺，在不损害他人利益和社会利益的前提下追求自己的利益”。[1]由于市场经济社会中存在着堪称庞杂的社会分工和相当繁复的利益关系，故仅靠停留在道德伦理层面上的诚实信用来协调各种矛盾和冲突以维系人际关系的和谐毕竟远远不够。鉴于此，世界各国的民事立法大多将诚信要求引入法典，将其确立为规范民事主体之间民事行为的一项基本原则，借以谋求交易活动之安全与社会秩序之稳定。《中华人民共和国民法通则》（以下简称《民法通则》）第4条“民事活动应当遵循……诚实信用的原则”之规定即是本着此项宗旨而确立的。与此相应，

---

〔1〕 梁慧星：《民法解释学》，中国政法大学出版社1995年版，第301页。

《民事诉讼法》尽管属于公法范畴，但其毕竟系以解决私权纠纷为直接目的，故将诚信原则导入民事诉讼领域以规范各方当事人的诉讼行为已逐渐成为当今世界各国民诉立法之普遍趋向。

笔者认为，在当前构建社会主义和谐社会的大背景下，将诚信原则引入我国民事诉讼立法，作为规制民事纠纷之解决的一项基本原则，其重要意义至为明显：

第一，诚信原则可以与充分尊重当事人程序主体地位的合意原则桴鼓相应，促进民事纠纷之妥当解决。如前所述，集中体现当事人程序主体地位的合意原则作为构建社会主义和谐社会的重要目标和必备内容，将会是正在（以及日后）进行的民事诉讼制度改革的方向之所在。合意原则之核心内容即在于强调应由当事人来主导民事诉讼程序的运作，并赋予其更多的程序性权利，以便使民事纠纷尽可能地在各方当事人合意的范围内予以“柔性解决”。与此同时，一个不容忽视的问题是，如果缺乏必要的制约，当事人对诉讼权利的充分享有便很有可能普遍异化为他们对诉讼权利的滥用。若果真如此，则必将导致民事诉讼活动的混乱与无序。因此，《民事诉讼法》在强调当事人的程序主体地位并鼓励当事人合意解决纠纷的同时，亦须辅之以相应的制约手段来避免上述情形的发生。从某种意义上讲，能否解决好这个问题，将直接决定《民事诉讼法》之全面修订能否取得预期的效果。在此应该进一步明确的是，在诉讼民主已成世界潮流之大背景下，单靠强化法院的权力来制约当事人的权利滥用显然是不可取的。因此，作为一种并非纯粹依靠法院职权便能制约当事人权利滥用的有效方式，诚信原则之引入，不失为一种较为妥当的选择。

第二，诚信原则本身即为构建社会主义和谐社会的重要保障之一。各方当事人之间的利益对抗乃是民事诉讼最为显著的特征。在民事诉讼中，当事人为了争取于己有利的诉讼结果，定将竭其所能，极尽攻防之能事，加之近些年来权利意识和主体观念的不断提升，当事人各方往往可能明显过度甚至极不恰当地实施攻击、防御行为。其结果不仅使得当事人之间的矛盾和冲突未能得到消除，反而更加趋于尖锐甚至激化，从而既有害于相关主体之间所应达至的和睦相处，又有害于社会整体氛围的和谐与祥和。而诚信作为一种优秀的品质和美德，若能在《民事诉讼法》中得到明确、科学的表达，并以程序规范的形式具体表现出来，形成完整的规则体系，显然能够更好地引导和规制当事人在诉讼过程中善意诚信地实施诉讼行为，消除彼此间无谓的对立与过激的攻防。这样不仅有助于民事个案的妥善解决，更有利于在全社会范围内形成良好的诉讼环境与和谐氛围。

三、合意原则[1]在《民事诉讼法》中的主要体现及其不足与完善

（一）主要体现

1. 法院调解制度之确立及其意义。“合意解决纠纷原则”在《民事诉讼法》中最为重要的体现即为法院调解制度之确立。不仅《民事诉讼法》第9条将自愿、依法进行调解确立为一项基本原则，而且在第八章（第85～91条）[2]从制度层面对法院调解作了集中的设计，在第128、155、180条[3]更是分别对法院调解在第一审普通程序、第二审程序与审判监督程序中的适用作了专门的安排。

---

〔1〕笔者所阐释的“合意解决纠纷原则”仅是针对当事人各方基于彼此之间的合意直接解决民事纠纷而言，并不包括诸如当事人之间协议选择管辖法院、当事人之程序选择权等蕴涵或昭示当事人各方通过“间接合意”解决民事纠纷这层要义。下文对于法院调解制度与当事人和解制度所作之解析便是循此而为。之所以如此安排，不仅是囿于篇幅，无法妥适地对合意原则作全方位的论述，更为重要的是，在构建社会主义和谐社会之背景下，显然有必要针对此前法学界一部分学者轻视、贬低甚至否定法院调解的“前卫”观点，重申法院调解之独特功能与固有价值，为争取法院调解制度之完善在全面修订《民事诉讼法》中应有之地位发出我们的鼓与呼。

〔2〕《民事诉讼法》于2012年修改后，第八章的条文序号调整为第93～99条。

〔3〕《民事诉讼法》于2012年修改后，此几个条文的序号已分别调整为第142、172、201条。

笔者认为，综观《民事诉讼法》关于法院调解所作之全部规范，就其内涵的科学性与历史的合理性层面而言，无论是体系安排还是具体内容，基本上还是应该得到认同的。而在当前构建社会主义和谐社会的大背景下，重申并强调法院调解之积极功能与独特作用，无疑颇具现实意义。这是因为：法院调解与（开庭审理基础上的）判决作为《民事诉讼法》现行框架下共存并行的两大纠纷解决机制，虽然它们的核心功能均为解决民事纠纷，但是由于“温和型”的法院调解乃是通过各方当事人彼此进行沟通与协调的方式来消除他们之间的对立与对抗，因而在“修补”已被冲突和纠纷所破坏的社会关系方面，具有以当事人之间的直接对抗为基本结构的“决断型”的判决方式所不可比拟的“天然”优势。

从当事人的角度来看，由于法院调解的“自愿性”特征凸显了各方当事人在纠纷解决过程中的主体地位和主导作用，有助于消除当事人之间因纠纷和诉讼而引起的紧张关系，故法院调解不仅有利于涉讼纠纷的彻底解决，同时也避免了当事人之间关系的进一步受损甚至是“决裂”。相反，“非此即彼”的判决有时则往往容易加剧当事人之间的对立和对抗，甚至导致矛盾的激化。

从法院的角度来讲，由于法院的调解不必拘泥于经过“裁剪”或者“加工”才能纳入判决框架的个案本身，从而可以使法官不必过于机械地“受制于”当事人提出的诉讼请求和事实依据，“拘谨”、“刻板”地在浅表层面就事论事，而是能够深入到纠纷的内部找寻出所生纠纷的内在根源，从而达到从根本上解决纠纷之目的。

从社会角度来看，由于当事人对于法院调解不能提起上诉且较少申请再审，故而使法院调解成为“多、快、好、省”的民事纠纷解决方式，在整体层面上大大降低了民事司法的社会成本。一言以蔽之，正是由于法院调解制度之运作集中贯彻了当事人合意解决民事纠纷这一基本思路，所以我们可以断言，法院调解机制在构建社会主义和谐社会的历史进程中应该而且可以继续发挥出更为重要的作用。

2. 当事人和解制度之确立及其意义。《民事诉讼法》不仅规定了法院调解制度，而且规定了当事人可以在诉讼中自行和解。具体而言，《民事诉讼法》第51条[1]从总体上赋予了各方当事人“可以自行和解”的普适性权利，第54、55条[2]和第59条则分别对不同的代表人诉讼中诉讼代表人以及所有委托代理人对和解权利的具体行使作了规范要求，第211条[3]更是明确了当事人各方在执行程序中可以自行和解。与法院调解机制相比，当事人和解并无人民法院审判人员的居中主持与“积极撮合”，达成合意的主动权和决定权完全在于当事人自身。在此情形下，“争议双方可能参与一种真正的、非强制性的对话，从而达至一种基于其共有价值观念和共同利益的共识”。[4]当事人之间的自行和解能够更加充分地彰显当事人的意思自治与当事人处分权的真正内涵，同时也更加契合当事人合意解决纠纷原则的内在要求。

(二) 不足与完善

1. 法院调解制度之不足及其完善。从地位及功能来看，法院调解制度无疑高度契合了改革开放前我国社会的实际情况，与当时社会中利益主体的单一性、经济活动的计划性以及权利观念的淡漠化是相适应的。但是，自改革开放以来，随着我国社会主义市场经济体制的逐步确立与不断完善，不仅利益主体日益多元，而且人们的权利观念亦得到大幅提升，民事审判方式的改革步伐也在不断加快。这样一来，法院调解在制度设计上的某些“先天不足”以及“后天缺陷”便随之日渐凸显。譬如，法院调解过程中职权色彩不

---

〔1〕《民事诉讼法》于2012年修改后，该条的序号已调整为第50条。

〔2〕《民事诉讼法》于2012年修改后，原第54、55条已调整为第53、54条。

〔3〕《民事诉讼法》于2007年修改后，该条的序号已调整为第207条，2012年修改后则调整为第230条。

〔4〕陈弘毅：“调解、诉讼与公正——对现代自由社会和儒家传统的反思”，载《现代法学》2001年第3期。

当强化，法官角色“越位”现象较为严重，当事人能动作用“退化”明显，调解规则过于粗陋，当事人屡屡反悔以及拒不履行生效调解书所确定之义务等情形时有发生。种种现象的频繁出现，使得法院调解制度本身的正当性遭到了普遍的质疑。在此背景下，一方面学者们出于学术良知，提出了许多完善意见或替代机制，“调审分离”即是其中较有代表性且得到大致认同的一种；另一方面，法院迫于各界压力且出于自身审判方式改革的探索需要，亦开始在审判实践中淡化调解，同时大大增加了判决结案方式的适用比例，不少较为“激进”的地方法院甚至一味地追求“一步到庭、当庭宣判”，并将此作为考核法官工作绩效的重要指标。由此一来，整个民事诉讼便呈现出一种“判主调辅”、“判先调后”的运作态势，[1]使得法院调解逐渐沦为判决方式的附庸，失去了本应具有的重要法律地位。

然而，在司法理念不断走向成熟的今天，尤其是在构建社会主义和谐社会的大背景下，我们应该清醒地认识到，民事诉讼的朴素本质在于化解矛盾、定分止争，绝非仅为求得一纸生效的法律文书。法院对民事案件的审理，不仅仅是要判定当事人之间的是非曲直或确认彼此间的“给付”与“获取”，更为重要的应是通过案件的审判来“修复”当事人之间原有的和睦关系，从而达到维护整个社会的安定和谐之目的。有鉴于此，我们显然不能因为现有法院调

---

〔1〕 据全国法院系统的统计数据显示，在20世纪80年代，一审民事案件的调解结案率在70%左右，经济纠纷案件的调解结案率甚至高达80%，而到了2003年则下降到不足30%。这一时期调解结案率的变化可以明显地分为四个阶段：第一阶段，20世纪整个80年代，调解结案率基本保持在70%，变化不明显；第二阶段，20世纪90年代初期，调解结案率的下降开始增速，但调解率仍然不低；第三阶段，20世纪90年代中后期到2000年，下降速度明显加快，5年间下降了15个百分点；第四阶段，2000年以后，法院调解结案率仍在下降，但下降趋势有所减缓，不过已经处于非常低的水平了。参见最高人民法院“诉讼调解规范化研究”课题组：“关于人民法院调解工作的调研报告”，载杨润时主编：《最高人民法院民事调解工作司法解释的理解与适用》，人民法院出版社2004年版，第235页。

解制度中所存在的种种不足和实际运行中的各种偏差而贬低甚至否定其存在价值，而是应该积极促成法院调解制度在新形势下的“复兴”。当然，此处所谓法院调解制度之“复兴”，绝非是对原有调解制度的机械延续和在审判实践中对于调解结案率的人为提升，而应该是一种充满辩证思维的扬弃。也就是说，我们应在深入剖析法院调解制度内在运作机理的基础上完善《民事诉讼法》中的法院调解规范，从而使法院调解制度之实际运行能够契合构建社会主义和谐社会的内在需求。具体来讲，笔者认为，主要应从以下三个方面完善法院调解制度：

首先，进一步完善并真正落实自愿原则。在我国民事审判实践中，一般来讲，法院调解的适用大致有以下三种具体情形：其一，法官虽然主持调解，但自始至终对纠纷的解决并不直接提出具体方案，调解协议基本上由各方当事人自行协商达成，其与自行和解的区别往往仅在于以制作调解书的方式终结案件；其二，法官一开始并不主动介入当事人彼此之间的协商，只有当各方当事人自行协商遇到障碍或出现僵局时，法官才出面进行协调，包括提出调解方案；其三，法官从一开始就积极主动地提出解决纠纷的具体方案，并通过努力工作，竭力引导各方当事人向该方案“靠拢”，故而调解过程中常常伴随着各种各样的“隐性强迫”甚至“显性强迫”。应当说明的是，由于受计划经济体制下职权主义诉讼模式的影响，审判实践中完全由当事人自主达成调解协议的情况比较少见，上述第三种情形则是调解实践中比较普遍的情况。究其主要原因，乃是在于《民事诉讼法》尽管明确强调应当“根据当事人自愿的原则”进行调解（第85条[1]），而且“调解达成协议，必须双方自愿，不得强迫”（第88条[2]），但是由于在规则层面对是否自愿以及何为强迫缺乏明确、具体且具有可操作性的评价标准，故而使法院

〔1〕 2012年修改后已调整为第93条。
〔2〕 2012年修改后已调整为第96条。

调解本须遵循的“自愿原则”难以得到真正的贯彻落实。在此背景下，调解实践中必然存在“隐性强迫”甚至“显性强迫”的较大空间。如此一来，不少当事人往往出于心理和精神等诸方面的巨大压力而“自愿”牺牲掉自己的部分（甚至相当部分）正当利益，以“顺从”法官所提出的调解方案。从表面上看，当事人之间的民事纠纷经过法院调解已经得到“妥善解决”，但是由于当事人（至少有一方当事人）并未从心理上真正认同此种纠纷解决的结果，也就无疑为日后的“战火重燃”深深地埋下了“导火索”，留下了种种隐患，从而最终危及社会的安定与和谐。笔者认为，为了能够使法院调解回到真正体现各方当事人合意解决纠纷的应然轨道上来，《民事诉讼法》之修订应从以下几个方面着手，使“自愿原则”得到进一步完善和真正落实：其一，调解程序的开启必须以各方当事人的真实自愿为前提。具体而言，即须以当事人明确提出调解申请为原则，在例外情形下，如果人民法院认为确有必要而欲主动进行调解时，也须事先征求各方当事人的意见，在他们均不表示反对的基础上方能进行调解。其二，调解方案须以当事人自行提出为原则，以主持调解的法官（或其他调解人员）提出为例外，所提出的调解方案只能供当事人协商时予以参考，[1]不得作为既定的方案。其三，调解协议的达成也必须出自各方当事人的真实自愿，主持调解人员不得强加干涉。

其次，合理柔化“事实清楚、分清是非”的调解要求。从《民事诉讼法》第85条[2]的规定来看，“在事实清楚的基础上，分清是非”乃是法院进行调解的原则要求与必备前提。但此前已有不少学者对此提出了颇多非议，认为强调法院调解必须查明事实、

---

〔1〕 2004年9月16日公布的《最高人民法院关于人民法院民事调解工作若干问题的规定》第8条对此已有明确要求。下一步的问题是应该使这一要求成为《民事诉讼法》中关于法院调解的规定之一。

〔2〕 2012年修改后已调整为第93条。

分清是非乃是从根本上误解了法院调解制度的本质。概括起来，他们的主要理由是：所谓法院调解，即为对纠纷的“调和解决”，应以当事人行使处分权为主导，通过相互之间在互谅互让的基础上达成协议来解决纠纷。法院调解本身就蕴涵有对某些不便或不易查明的事实和是非予以模糊处理、含糊对待之意义，只有这样，才能既解决当事人之间的民事纠纷，又不伤及彼此之间的和气。同时，查明事实、分清是非的原则要求也扭曲了法院在调解过程中所应扮演的角色。因为从本质上讲，法院审判人员在主持调解时仅应为当事人各方通过协商解决纠纷提供一种制度保障和程序空间，法官应当扮演的是一个协调者和说服者的角色，其任务是避免一方当事人利用自身可能具有的相对优势地位以“挟制”对方当事人这种情形的出现，防止当事人之间的协商沦为赤裸裸的“自决”，以增加各方当事人协商过程的平等性和协商成功的可能性，因而并非如法院作出判决那样要建立在查明事实、分清是非的基础之上。而且，法院调解制度的设置意义与适用目的之一便是提高诉讼效率，如果硬性要求法院调解亦须在查明事实、分清是非的基础上方可进行，则法院调解机制之固有优势无疑会因此而丧失殆尽。另外，法院调解作为《民事诉讼法》所确立的一项基本原则，其适用理应贯穿于整个民事诉讼活动的始终，亦即在民事诉讼的各个阶段法院均可进行调解，但从诉讼法理和相关规则来看，事实之查明与是非之分清，都是必须经过法庭调查与法庭辩论方能完成的，如果一味强调法院调解必须查明事实、分清是非，无疑会在逻辑上使法庭辩论结束前根本不存在法院调解的适用空间。这不仅直接有悖于法院调解作为一项基本原则应有之地位，而且从总体上来看，也不利于法院调解应有功能的充分发挥。在此基础上，他们得出的结论是，法院调解时不必以查明事实、分清是非为前提。[1]笔者认为，上述看法当然具有相对合理性，但更多是一种比较纯粹的“兵棋推演”，其结

---

〔1〕 由于近些年来此类看法颇为普遍，故不加注具体说明。

论无疑存在“矫枉过正”和“以偏概全”的问题，多少具有情绪化的色彩。从诉讼实践来看，确实有一些民事案件的当事人诉诸法院的目的只为求得一个（自认为）“适宜”的诉讼结果，似乎并不在乎事实是否查明和是非是否分清；同时也确实有一些案件，虽在客观上事实难以查明、是非亦难分清，但当事人却仍有调解解决的意愿，而且最后法官也在适当“变通”的基础上对案件作了调解解决。但笔者认为，所有这一切都不能使我们无视这样一种情形，即诉讼实践中还是有相当一部分当事人坚持要求法院查明事实、分清是非，否则他们将会因为“心里不踏实”或担心日后“争端再起”而拒绝接受法院调解。对于他们的这种自主意愿与合理要求，我们没有任何理由不予以尊重。与此同时，如果法官欲提出供当事人协商时加以参考的调解方案，事实上也必须建立在对案件事实的基本明了与是非责任的大致界分上，离开了这一点，调解方案的提出将无异于“信口开河”，甚至是胡说八道。至于那种认为如果要求查明事实、分清是非则在法庭辩论结束前根本不存在法院调解的适用空间的看法，往往也是一种机械的理解与脱离诉讼实践的刻板认识，因为通过认真审核双方当事人提交的诉讼材料，结合审前准备活动中双方当事人的证据交换等，主持调解的法官对于案件事实的“基本明了”与是非责任的“大致界分”通常也是能够做到心中有数的。如《最高人民法院关于人民法院民事调解工作若干问题的规定》（以下简称《调解规定》）第1条规定：“……在征得当事人各方同意后，人民法院可以在答辩期满前进行调解。”基于前述理由，此时并非必然意味着法官对于案件事实和是非责任完全茫然与全然无数。而必须通过法庭调查和法庭辩论才有可能“精确地”查明事实、分清是非的往往是一些比较复杂、疑难的案件。总之，笔者认为，既不宜将“查明事实”与“分清是非”继续作为法院调解的硬性原则要求，机械适用于所有的调解场合，也不能将其彻底“打入冷宫”，而是应将其适用予以合理柔化。具体来说，包括两个方面：

其一，在当事人要求查明事实、分清是非时，仍应尊重当事人的意愿；其二，当法官欲提出供当事人协商时加以参考的调解方案时，亦须以查明事实、分清是非为基础。

最后，科学确定并适度强化调解协议的生效时间，借以约束、遏制当事人的恣意反悔。根据《民事诉讼法》第89条[1]的要求，如果“调解达成协议，人民法院应当制作调解书。调解书应当写明诉讼请求、案件的事实和调解结果。调解书由审判人员、书记员署名，加盖人民法院印章，送达双方当事人。调解书经双方当事人签收后，即具有法律效力”。就此而言，从逻辑上讲，这实际上意味着在法院调解书送达之前，任何一方当事人对于此前业已达成的调解协议均可任意反悔，且无须说明任何理由。[2]笔者认为，从表面上看，前述安排似乎赋予了各方当事人更多的选择机会和斟酌时间，但联系以往的调解实践来看，实际上更多的却是对当事人滥用处分权的“鼓励”和“放纵”，不仅有悖于相关法理，而且更会在审判实践中滋生诸多弊端。这是因为：一方面当事人经法院调解达成协议，实际上即相当于他们就彼此之间发生争议的民事法律关系订立了新的协议（合同）。依民事法上的基本法理，协议（合同）一旦依法有效成立，即对协议（合同）双方产生既定之约束力，双方当事人理应严加恪守，而断难允许他们仍可具有恣意反悔之“权利”。由此可见，《民事诉讼法》中前述之规定显然与民事法上的基本法理大相径庭。另一方面，依前述规定，由于法院调解书在送达给双方当事人之前，其效力并未得到确定，故只要有一方当事人反悔而拒绝签收调解书，便可轻而易举地使其毁于一旦，且使此前的所有努力“付诸东流”。在调解实践中，这种制度安排显然还极易被某些非

---

〔1〕 2012年修改后已调整为第97条。

〔2〕《民事诉讼法》第91条（2012年修改后为第99条）中“……调解书送达前一方反悔的，人民法院应当及时判决”之要求显然也从反面昭示了此一“旨趣”。

诚信的当事人加以恶意利用，以接受法院调解为幌子，故意拖延诉讼。其结果不仅会造成对方当事人诉讼成本的无谓徒增，损害诉讼活动的顺畅进行，且更易导致当事人之间对立情绪的扩大，客观上不利于民事纠纷的根本解决与当事人之间所生矛盾的彻底化解。值得注意的是，相关司法解释已对此问题有所规制，即根据《调解规定》第13条之要求："……当事人各方同意在调解协议上签名或者盖章后生效，经人民法院审查确认后，应当记入笔录或者将协议附卷，并由当事人、审判人员、书记员签名或者盖章后即具有法律效力……"[1]笔者认为，虽然这一司法解释仅是针对"其他不需要制作调解书的案件"而作出的，目前并无更大的适用范围，且其本身亦存在有待完善之处，但是其所蕴涵的合理性以及用于解决前述问题的普适性与可行性则是显而易见的，故其应该具有更加广阔的适用空间。另外，司法解释毕竟只是司法解释，故有必要在修订《民事诉讼法》时将此项内容予以适当安排，以为调解实践提供明确的操作依据。

2. 当事人和解制度之不足及其完善。如前所述，根据《民事诉讼法》的规定，当事人自行和解包括审判程序中的和解与执行程序中的和解。前者是指在审判程序中，在没有审判人员直接主持、"撮合"的情况下，[2]由当事人各方通过自主协商、相互妥协，从而以合意的方式"柔性"地解决彼此间的纠纷；后者则指在执行程序中，双方当事人经过平等协商，就变更执行依据所确定的权利义

---

〔1〕这里似应规定为"实际"在调解协议上签名或盖章后才"生效"，而非仅仅"同意"在调解协议上签名或盖章后即"生效"（参见赵钢、王杏飞："我国法院调解制度的新发展——对《关于人民法院民事调解工作若干问题的规定》的初步解读"，载《法学评论》2005年第6期）。另外，关于调解协议的"生效"与"具有法律效力"之关系，亦请参见该文。

〔2〕自2004年11月1日起，根据《调解规定》第4条第2款之要求，"当事人在和解过程中申请人民法院对和解活动进行协调的，人民法院可以委派审判辅助人员或者邀请、委托有关单位和个人从事协调活动"。

务内容达成协议，[1]并在此基础上中止执行程序。[2]就此而言，当事人自行和解似应是最能体现“通过合意解决纠纷”与“通过合意实现权利”之典型方式。其中，审判程序中的和解通常被看成是民事诉讼中当事人和解的典型形式。

但是，由于《民事诉讼法》并未赋予自行和解对当事人双方的直接约束力，故而在实践中使和解制度要么徒具形式，要么沦为当事人恶意玩弄所谓诉讼技巧、以达拖延诉讼之目的的“合法”手段。就审判程序中的和解而言，当事人自行和解后，一般来讲往往是以原告向受诉法院申请撤诉而终结案件。[3]但是由于撤诉被视同为自始即未起诉，故当事人仍可置此前业已达成之和解协议于不顾，再次就同一纠纷提起诉讼。[4]如此一来，当事人之间的矛盾不仅未能消弭，且在客观上有进一步加剧的可能。就执行程序中的和解而言，依《民事诉讼法》第211条第2款之规定：“一方当事人不履行和解协议的，人民法院可以根据对方当事人的申请，恢复对

[1] 自1998年6月11日起施行的《最高人民法院关于人民法院执行工作若干问题的规定（试行）》第86条第1款规定：“在执行中，双方当事人可以自愿达成和解协议，变更生效法律文书确定的履行义务主体、标的物及其数额、履行期限和履行方式。”

[2] 根据《最高人民法院关于人民法院执行工作若干问题的规定（试行）》第87条之规定，如果当事人之间达成的和解协议合法有效并已履行完毕的，人民法院则应作执行结案处理。

[3] 在当事人和解后的结案方式问题上，根据《调解规定》第4条第1款的规定，“当事人在诉讼过程中自行达成和解协议的，人民法院可以根据当事人的申请依法确认和解协议制作调解书”。由此可见，当事人和解后的结案方式有二：一是撤诉；二是将和解“转化”为调解（结案）。这样一来，显然进一步“补强”了“审判程序中当事人的自行和解不是一种独立的结案方式”的判断。

[4] 《民事诉讼法》第111条第5项（2012年修改后已改为第124条第5项）规定：“对判决、裁定已经发生法律效力的案件，当事人又起诉的，告知原告按照申诉处理，但人民法院准许撤诉的裁定除外。”这一“除外”规定，即意味着对于原告撤诉后再次起诉的明确允许。

原生效法律文书的执行。"[1]由此可见，在执行程序中，当事人所达成的和解协议一如审判程序中的和解协议一样，对于双方当事人来说，亦无任何直接的约束力。对此，有学者指出，正是由于执行和解协议"一直处于'软约束'状态，（故）部分当事人利用执行和解所引起的执行中止，（来）达到延迟执行甚至转移财产以规避执行义务的目的，进而引起执行和解争议"，[2]使执行中的自行和解之功能难以得到正常的发挥。

推究《民事诉讼法》所规定的当事人自行和解制度之所以会在适用中出现被异化的情形，原因固然多种多样，但在笔者看来，最根本的原因乃在于当事人和解本身就不应属于民事诉讼立法调整的范围，[3]因此自难发挥出立法者所企盼的功能。考察域外立法例，就其本质而言，和解乃是"当事人约定相互让步、以中止争执或防止争执之契约"。[4]易言之，和解为当事人通过意思表示变更或者消灭原有的民事法律关系以达息讼目的之协议。由此观之，当事人的自行和解实乃实体法上契约之一种，理应由相关实体法来加以规范和调整方为适当。在这方面，《法国民法典》第2044～2059条和《德国民法典》第799条以及《日本民法典》第695、696条的规定皆为显例。在此需要说明的是，虽然大陆法系国家的民事诉讼立法都规定了诉讼上的和解制度，但就其本质而言，和解与我国民事诉讼中的法院调解大体同一。譬如，二者均可在诉讼进行中的任何阶段或程度上适用，调（和）解时皆有法官的主持和参与，调（和）解生效后都具有与确定判决同一之效力等。因此笔者认为，在《民

---

[1] 《民事诉讼法》于2012年修改后，该款已改为第230条第2款，即："申请执行人因受欺诈、胁迫与被执行人达成和解协议，或者当事人不履行和解协议的，人民法院可以根据当事人的申请，恢复对原生效法律文书的执行。"

[2] 韩波："执行和解争议的法理分析"，载《法学》2002年第9期。

[3] 如上所述，"审判程序中当事人的自行和解不是一种独立的结案方式"之立法现状，也从一个侧面体现出了当事人自行和解机制的非程序属性。

[4] 史尚宽：《债法各论》，中国政法大学出版社2000年版，第857页。

事诉讼法》已经确立了在功能及本质上均与大陆法系国家诉讼上的和解机制基本相同的法院调解制度的情形下，同时规定本属相关实体法调整范围的当事人和解机制，不仅使其难以发挥出应有的功能，而且极易使人们对当事人和解的性质判断失当，从而徒生认识上的纷扰。20 世纪 90 年代以来，我国不少学者所积极主张的"和解替代调解论"便是误读当事人和解机制之性质的典型例证。一言以蔽之，在日后修订《民事诉讼法》时，应将当事人自行和解制度分离出来，并效仿大陆法系国家的立法例，将其纳入相关实体法的调整规范之中。当然，在可以预见的将来，倘若相关民事实体法尚不具备修正之条件，那么作为权宜之计，也可以先在《民事诉讼法》的框架内完善当事人和解机制。而其根本途径，便在于确立和解协议对各方当事人的直接约束力，从而防止当事人视和解为儿戏，以此妥当地解决民事纠纷，实现相关权利人的合法权益，并最终达到维护社会和谐之目的。

四、诚信原则在《民事诉讼法》中的引入及其规则化

为了使诚信原则能够对当事人诉讼行为的规制〔1〕具有普适性且不失可操作性，笔者认为，将这一原则引入《民事诉讼法》时似应从两个方面着手：其一，应在"总则"中以总括方式将其确立为民事诉讼的一项基本原则；〔2〕其二，在"分则"（"总则"编以外的其他各编）中设定若干具体规则以体现诚信原则的内在要求。

---

〔1〕 虽然根据 2001 年 12 月 21 日《最高人民法院关于民事诉讼证据的若干规定》第 7 条的要求，"在法律没有具体规定，依本规定及其他司法解释无法确定举证责任承担时，人民法院可以根据公平原则和诚实信用原则，综合当事人举证能力等因素确定举证责任的承担"，但是笔者认为，从我国民事诉讼的基本现状出发，诚信原则主要还是针对当事人的一项要求（当然应扩及其诉讼代理人）。这一点，也是大陆法系相关国家的规定。譬如，《日本民事诉讼法》第 2 条中即明确要求"当事人进行民事诉讼，应以诚实信用为之"。

〔2〕 需说明的是，《民事诉讼法》于 2012 年修改后，在第 13 条第 1 款已经对诚信原则作了规定，即"民事诉讼应当遵循诚实信用原则"。

（一）总括性规定之确立

修订《民事诉讼法》时，在“总则”中确立诚信原则，不妨效仿《民法通则》第4条中“民事活动应当遵循……诚实信用的原则”的规定，将诚信原则表述为：“当事人进行民事诉讼活动应当遵循诚实信用原则”。如此安排，既可以为“分则”中相关具体规则的设置提供指针和依据，也能够使法官在一定程度上享有自由裁量权，使其能够依据诚信理念探求当事人的真实意思表示，并将当事人在诉讼中有悖诚信之行为作为认定讼争案件是非曲直的参考性因素，以求裁判之正确作出与纠纷之顺利解决。

（二）具体规则之设计

在民事诉讼中，当事人为使自己的诉讼请求能够得到法院裁判的支持，皆须主张于己有利之事实并提供相应的证据以为证明。因此，向法院陈述事实的主张行为与向法院提供证据的举证行为实乃当事人所实施的诸多诉讼行为之核心。相应地，禁止当事人作不实陈述以便使法院获得正确的诉讼资料以及保障当事人公平地利用证据资料借以实现彼此之间的攻防平衡，应是诚信原则在民事诉讼中最为重要的体现。就此而言，日后修订《民事诉讼法》时，确立当事人的真实、完全陈述义务与完善证明妨碍及其排除制度，以规制当事人秉持诚信而为诉讼行为，显然是极为重要的两个方面。

1. 确立当事人须作真实、完全陈述之诉讼义务。近代意义上大陆法系国家的民事诉讼大都建立在辩论主义与处分权主义两大基石之上。出于对当事人程序主体地位的尊重，这些国家的相关立法一体秉承了这一理念，即除了法律明确禁止的以外，当事人对于任何于己有利的攻防手段均可加以使用，甚至极端到可以容忍当事人为了维护自己的利益而为虚假或不完全陈述之地步。这样一来，不仅极易使对方当事人陷入极为被动之地位，进而造成彼此之间的攻防失衡，更由此加剧了双方当事人的对立情绪，给纠纷的顺畅解决造成了极大的妨害。为了杜绝此弊端，大陆法系国家在随后的修律过程中相继重拾了古代罗马法上的真实义务，并且在内容和形式上加以不断地完善和发展，进而逐步确立起了当事人须为真实、完全陈述的诉讼义务。[1]

所谓当事人的真实、完全陈述义务，是指当事人在民事诉讼中不得主张已知为不真实或自己认为不真实的事实，并且不得在明知对方当事人所提出的主张与事实相符合时仍然进行争执；同时，当事人对于自己所知道的事实应该作及时、完整的陈述。毋庸置疑，当事人的真实、完全陈述义务之确立，实乃诚信原则在民事诉讼中最为集中的体现，同时也是对极端的辩论主义和处分权主义的合理限制与修复。[2]在大陆法系国家和地区的民事诉讼中，为了防止作为立法根基之一的辩论主义被空洞化、虚无化，一般情况下，法律并不将提出不利于己的事实作为诉讼义务强加给当事人。与此同时，基于经验法则，要求当事人针对于己不利的事实作出真实、完全的陈述显然实属强人所难。因此，真实、完全陈述义务并非要求当事人积极主动地陈述所有客观事实，而是仅限于消极地禁止当事人陈述其明知是虚伪的事实，亦即当事人不得故意作违背主观真实的主张及陈述。譬如，《德国民事诉讼法》第 138 条第 1 款和第 2 款即分别规定：“当事人应就事实状况为完全而真实的陈述”，“当

---

〔1〕 1895 年的《奥地利民事诉讼法》第 178 条规定：“当事人据以声明所必要之一切情事，须完全真实且正确陈述之。”1910 年的《匈牙利民事诉讼法》第 222 条第 1 款规定：“当事人或代理人显系故意陈述虚伪之事实，对（他造）事实之陈述明显的为毫无理由之争执或其所提出的证据毫无必要者，法院得处以 600 克鲁念以下之罚锾。”转引自杨建华主编：《民事诉讼法论文选集（上）》，台湾五南图书出版公司 1984 年版，第 3 ~4 页。

〔2〕 当事人之真实、完全陈述义务与辩论主义及处分权主义之间的相互关系，可能会因不同时期民事诉讼的价值和目标的调整而有所差异，进而在立法上有所体现。譬如，1877 年制定的《德国民事诉讼法》，在律师界的强烈反对下，并未课以当事人真实、完全陈述之义务，然而其后随着古典自由主义诉讼规则的松动，为了限制当事人对诉讼程序的恣意支配，则于 1933 年将当事人的真实、完全陈述义务明文规定于法典之中。参见沈冠伶：“论民事诉讼程序中当事人之不知陈述——兼评析民事诉讼法中当事人之陈述义务与诉讼促进义务”，载《政大法学评论》2003 年第 63 期。

事人对于对方当事人所主张的事实，应为陈述”。在此应该明确的是，虽然大陆法系国家和地区的立法例对于当事人违背真实、完全陈述义务的行为，均无直接加以制裁的规范，[1]但显而易见的是，当事人违背真实、完全陈述义务的行为必然会在客观上对法官的心证产生直接影响，承办法官一般不仅不会采信当事人违背该项义务所作之陈述，而且该项陈述还会成为法官对该方当事人施以负面评价的基础，进而从一定程度上左右裁判的结果。

在《民事诉讼法》的框架下，由于并未确立当事人的真实、完全陈述义务，故当事人对于他方所作的（真实）陈述拒绝表态，或者故意为虚假陈述以及不及时完全陈述时，均不会影响法官心证的形成。对于这一点，仅从《民事诉讼法》第113条第2款“……被告不提出答辩状的，不影响人民法院审理”的规定即可窥见一斑。笔者认为，正是由于《民事诉讼法》将被告答辩定位为被告所享有的一项诉讼权利，而非必须履行的诉讼义务，使得被告即便不为答辩行为亦不会对其实体权利和诉讼利益产生任何负面影响。其直接导致在我国民事诉讼实践中，出于所谓利用诉讼技巧之心理，相当比例的被告均不按期向受诉法院提交答辩状，以期借此在庭审过程中给原告方施以“突然袭击”，并从中获取不正当利益。为杜绝被告上述直接有违诚信原则之“操作”及其所生之弊端，弥补《民事诉讼法》之不足，2001年底出台的《最高人民法院关于民事诉讼证据的若干规定》（以下简称《证据规定》）第32条要求：“被告应当在答辩期届满前提出书面答辩，阐明其对原告诉讼请求及所依据的事实和理由的意见。”自此，被告（书面）答辩即在规则层面被界定为一项“应当”履行的诉讼义务。但是，由于司法解释本身所固有的刚性不足弱点，该项要求对于被告的约束力度究竟能有多大，本身就是值得怀疑的；加之其仅仅是从行为要求层面界定了被告对答辩状的提出义务，并没有从结果层面设定被告逾期不提出

---

〔1〕 陈荣宗、林庆苗：《民事诉讼法》，台湾三民书局1996年版，第691页。

答辩状时所应承担之不利后果，故而使得该项司法解释在审判实践中的适用效果大打折扣。更为重要的是，被告（书面）答辩义务的确定仅为确定当事人真实、完全陈述义务的一个前提、一个侧面，就此而言，相对于《民事诉讼法》中的付之阙如来说，此项司法解释固然有其可取之处，但也远远不够周全。由此观之，为促使当事人遵循诚信原则而为陈述行为，将来修订《民事诉讼法》时，应当明确、全面地确立当事人的真实、完全陈述义务，以实现当事人间的攻防平衡，进而使彼此间的纠纷得到顺畅、平和的解决。

2. 完善证明妨碍及其排除制度。在传统的民事诉讼中，对于特定事项负有举证责任的当事人，无论其为原告还是被告，通常均会尽其所能地自行收集于己有利的证据材料，并依据本身的判断来确定（向法庭）提出与否，而断然不会依赖对方当事人所持有的相关证据。但是，随着时代的推移、社会的发展与纠纷情势的“进化”，在民事诉讼中，证据材料由一方当事人加以控制以至对方举证困难或根本不可能的情形便时有发生。对于此种状况，如果不设法加以消解，则显然有违当事人应秉持的诚信参与诉讼原则，妨碍纠纷的顺利解决，进而危及社会的稳定与和谐。鉴于此，大陆法系国家一改传统的举证要求，相继在民事诉讼立法中确立了当事人既对他方当事人，也对国家所负有的“证据协力义务”。[1]此种义务具体表现为两个方面：其一，实际持有某项证据（材料）的当事人负有完整保存该项证据（材料）的义务，亦即不得对其故意毁坏以致对方当事人不堪使用；其二，该当事人负有依据法院命令适时提出该项证据（材料）的义务。

就证据法理而言，所谓证明妨碍及其排除，即指由受诉法院直接对违反所负“证据协力义务”的一方当事人课以裁判结果上的不利益，以便求得当事人举证能力上的实质平衡。申言之，“不负举证责任之当事人，因故意或过失，以作为或不作为，使负有举证责

---

〔1〕 参见许士宦：“证明妨碍”，载《月旦法学杂志》2001年第9期。

任之当事人之证据提出陷于不可能时，在事实认定上，就举证人之事实主张，作对该人有利之调整”。[1]笔者认为，之所以能够据此在事实认定上作不利于妨碍举证的一方当事人之调整，乃是在于此种处理方式符合人类的经验法则。因为衡诸人之常情，任何人皆不会实施于己不利的行为，故从当事人妨碍某项证据（材料）的使用本身即可推知：该项证据（材料）必在内容上于其不利。就此而言，殊不为过。

在我国，1998 年《最高人民法院关于民事经济审判方式改革问题的若干规定》（以下简称《审改规定》）第 30 条首次以司法解释的形式规定了受诉法院可以斟酌情形对以不作为形态妨碍对方举证的当事人给予裁判结果上的不利益，从而在民事诉讼中部分地确立起了证明妨碍及其排除制度。该条规定：“有证据证明持有证据的一方当事人无正当理由拒不提供，如果对方当事人主张该证据的内容不利于证据持有人，可以推定该主张成立。”后来的《证据规定》第 75 条也作了与《审改规定》行文稍异但内容相同的要求。[2]然而，若作进一步的细致考量，则不难发现，前述两项司法解释关于证明妨碍及其排除的规范，显然存在适用范围过于狭窄及适用规则不尽明晰等诸项纰漏，从而直接导致了诉讼实践中此项制度适用效果的差强人意。鉴于此，笔者认为，应从如下四个方面来对我国民事诉讼中的证明妨碍及其排除制度加以完善：

第一，彻底删除证明妨碍中“无正当理由”之构成要件，合理降低构成证明妨碍的预设“门槛”。原因在于，《审改规定》第 30 条及《证据规定》第 75 条均要求一方当事人持有证据（材料）而拒绝提供的，必须是在“无正当理由”的情形下，方可构成证明妨碍并由受诉法院依照规则予以排除。但是，由于上述司法解释都没

---

〔1〕 骆永家：“证明妨碍”，载《月旦法学杂志》2001 年第 2 期。

〔2〕 即“有证据证明一方当事人持有证据无正当理由拒不提供，如果对方当事人主张该证据的内容不利于证据持有人，可以推定该主张成立”。

有对作为此种妨碍行为不成立之前提要件的“正当理由”予以明确规定，使得适用畛域模糊不清，易生流弊。其实，当事人于持有某项证据（材料）且该项证据（材料）为对方当事人证明其主张所不可或缺时，依诚信原则及“证据协力义务”之原理，便绝对地负有提供该项证据（材料）之义务，而断难认为其有所谓“正当理由”而应获“豁免”。即便该项证据（材料）涉及当事人之隐私或秘密的，亦莫能外。理由在于，民事纠纷产生后，当事人双方皆负有公平、圆满地解决该项纠纷的义务，而运用前述证据（材料）探究事实真相、公平合理地解决民事纠纷，维护权益受损一方当事人的合法权益，与维护他方当事人的隐私、保护其私人秘密之间，两相权衡，往往都是难分高下的。既然如此，那么以牺牲前者之利益来维护后者之利益，则显然是过于牵强且有失公允的。

第二，进一步拓宽证明妨碍及其排除制度的适用范围。从前述司法解释可以看出，目前仅在不负有举证责任的一方当事人持有某项证据（材料）但无正当理由拒不提供时，受诉法院始可斟酌是否依照规则予以排除，这实在是过于狭窄。因为从理论上讲，当事人以故意毁坏、灭失其所持有证据（材料）的方式妨碍对方举证与“拒不提供”证据（材料）之间仅仅存在着“作为”与“不作为”这一外在形态上的差异，而二者在行为性质与法律后果等诸方面，不仅并无本质不同，而且在“主观恶性”程度上还有过之而无不及！由此观之，将前述“作为”排除在证明妨碍行为之外，显然没有足够的理由予以支撑。另外，从我国民事诉讼实践来看，以作为的方式妨碍证据（材料）使用的并不比以不作为方式妨碍证据（材料）使用的更少。就此而言，将前者一并纳入证明妨碍之适用范围，显然能够在更大程度上防止或避免妨碍举证情形的发生，对举证人的保护亦会因此而更加周全。

第三，明确规定证明妨碍及其排除的适用规则。揣摩前述司法解释中“可以推定”之矛盾字眼，法官究竟应当采取自由心证还是应当采取举证责任转换之方式来适用证明妨碍及其排除制度，让人委实难以认定。因为“推定”实乃法官依据基础事实之存在直接认定推定事实之成立的规则，故在适用推定上决无容忍法官“可以”裁量之余地，而“可以”本身即为法官自由裁量之表征。前述司法解释作此安排，显然是制定者未能对二者的精确内涵作细致区分所致。笔者认为，《民事诉讼法》在此问题上应以确立自由心证的态度为宜。在具体规则的表述上，可以将“推定”改为“认定”。一字之改，不仅能够借此修正“可以推定”之错误用语，避免贻笑大方，而且也从中明确体现出所采的自由心证之宗旨。

第四，大力提升证明妨碍及其排除制度的功能。依前述司法解释，当出现妨碍举证的情形时，法官仅可认定举证人关于该项证据（材料）的内容不利于证据持有人的主张得以成立，而不能直接判断该项证据（材料）所能证明的事实是否为真实，从而使证明妨碍及其排除制度的功能明显不足。鉴于此，笔者认为，为了更好地杜绝当事人妨碍举证之行为，理应效法日本立法例，区分当事人是否参与了证据作成而适用不同层次的证明妨碍及其排除规则。具体来说，当举证人参与了证据作成时，法官仅可认定其关于该项证据（材料）本身之主张（内容不利于证据持有人的主张）得以成立；当举证人未参与证据作成时，法官不仅可以认定其关于证据（材料）本身之主张得以成立，而且还可以认定该项证据（材料）所能证明的事实为真实。与此同时，亦应赋予当事人足够的知情权和充分的辩论权，从而增加此项规则在适用上的可预测性，防止法官擅断和裁判突袭等情形的发生。

五、结语

综上所述，作为和谐社会的内在意蕴和基本要求，合意解决纠纷原则和诚信原则在民事诉讼立法中的充实与确立，无疑应成为修订《民事诉讼法》时最基本的指导思想之一。而其最终目标便是将我国民事诉讼机制打造成为充分尊重和切实保障当事人的程序主体地位、推动和促进当事人互信沟通、消除乃至彻底冰释当事人内心隔阂的民事纠纷解决机制，使传统意义上“剑拔弩张”的民事诉讼充满浓郁的人文关怀气息，为营造和维护全社会的和睦与和谐发挥出应有的作用。

法院确认超诉请范围的调解协议之法理基础 *

为了进一步完善诉讼调解机制，以便充分发挥其排解民事纠纷、促进社会稳定和谐的预期功能，最高人民法院于2004年9月16日发布了《关于人民法院民事调解工作若干问题的规定》（以下简称《调解规定》）。客观而论，无论是在《调解规定》的宏观指导思想与贯穿的价值理念上，还是在其基本的制度设计与程序安排上，都十分鲜明地彰显出了对于法院调解制度的高度推崇与大胆完善，以及在诸多具体环节上的重要创新。[1]与此同时，由于《调解规定》第9条明示“调解协议内容超出诉讼请求的，人民法院可以准许”。而这一规定似与传统的诉讼法理、我国现行《民事诉讼法》及此前的相关司法解释存在明显的抵牾，[2]故而常常在调解实践中引起理解上的分歧与操作上的迟疑，从而在相当程度上影响了

---

* 原文发表于《法学评论》2007年第5期。

〔1〕对《调解规定》的全面评述可见赵钢、王杏飞：“我国法院调解制度的新发展——对《关于人民法院民事调解工作若干问题的规定》的初步解读”，载《法学评论》2005年第6期。

〔2〕迄今为止的通说认为：无论是从法院对于调解活动的实际主持过程来看，还是从调解书的制作主体和调解书的法律效力来看，人民法院的调解行为毫无疑问都应是其行使民事审判权的一种具体方式；而基于处分权主义的要求，人民法院对于案件的审理范围和裁判事项均须受制于当事人的诉讼请求，故法院不得超出当事人诉讼请求的范围任意审理和随意裁判。从现行立法及相关司法解释上看，我国《民事诉讼法》第151条（2012年修改后已调整为第168条）及《最高人民法院关于民事经济审判方式改革问题的若干规定》第35条均要求人民法院在当事人的诉讼（上诉）请求范围内进行审判，鉴于此，人民法院在调解过程中亦不宜对超出当事人诉讼请求范围的协议内容作出确认，否则便有失当之嫌。

其之实施效果。鉴于此，显然有必要就这一新的制度设计是否具有法理上的正当性进行深入的研讨。

一、调解的合意基础

从本质上来说，调解协议乃是双方当事人通过彼此协商与相互妥协，就纠纷的解决达成合意的结果。调解与判决之间最大的不同之处即在于：调解是在当事人平等、自愿、合意的基础上对于纠纷的“柔性”解决，而判决则是直接以既判力为后盾的“强制性”处理。因此，在民事诉讼中，调解机制最大限度地体现了当事人的程序主体地位与主导作用。在私权领域，以行为人意志独立、行为自主为核心内容的“意思自治”原则是各国民事立法所普遍确立的一项基本原则。法律不仅允许行为人根据自己的真实意愿来设立、变更、终止民事法律关系，而且为此提供充分的制度保障。简而言之，意思自治即是指当事人按照自己的理性判断来为自己与他人的交往设定权利义务关系，从而实现自我设计、自我管理与自我归责。这既是市场经济发展的内在逻辑，同时也是民主政治与法治文明的必然要求。为了叙述的方便，我们可以把相关主体在民事交往中所相互设定的权利义务关系视为一种“初次协议”。基于“诚实信用”原则，“初次协议”显然应该严加恪守，但是由于社会资源的有限导致人们的需求总是难以得到完全满足，故而需求与供给之间的矛盾反映在民事活动中便体现为利益的相互对应乃至直接对立。而当事人基于对自身利益最大化的追求，往往又会“背信弃义”，置“初次协议”于不顾，于是各种矛盾与冲突也即所谓民事纠纷自然在所难免。[1]此后，在当事人诉诸法院希冀通过公权力的介入来对这些纠纷加以解决时，并不意味着他们因此也就失去了达成用以解决纠纷的“二次协议”的机会与可能。这是因为，尽管当

〔1〕 当然，引发民事纠纷的原因是多种多样的，并非仅仅限于以“初次协议”为基础的“违约行为”。

事人之间的纠纷已因原告的起诉和被告的应诉而被纳入了诉讼轨道，从而成为人民法院的审判对象，但是当事人之间私权纠纷的性质并没有因此而有所改变。所以，就像在进入诉讼程序之前的“初次协议”应为法律所许可一样，在诉讼程序中当事人之间达成的“二次协议”同样应该依法得到法院的确认并施以保护。从两大法系各主要国家的民事诉讼立法来看，包括原告撤诉、当事人自行和解、诉讼调解等在内的各种处分行为均为法律所允许，我国现行《民事诉讼法》中亦对这些机制作了规定。其实，无论当事人之间达成的调解协议是否超出了诉讼请求的范围，其在实质上都是对此前纠纷中所涉民事权益的合意处分。因此，只要这种合意处分不违反国家利益、公共利益和他人的合法权益，法院即应予以一体确认并以强制执行为后盾施以保护。具体就诉讼法理而言，对于当事人超出诉讼请求的范围所达成的调解协议，似可看成是一方当事人提出的新的诉讼请求得到了对方当事人的认诺，[1]并在此基础上达成了用以解决纠纷的“二次协议”。这种“二次协议”中即使包含了原诉讼请求以外的事项，但只要有利于当事人之间纠纷的全面解决，有利于当事人的长远利益与彼此之间的睦邻友好，且不违反法律、行政法规的禁止性规定，人民法院就应该予以确认。《调解规定》这种创新性的制度安排，充分体现并切实尊重了当事人在诉讼程序中的自主性，是诉讼民主的直接体现，同时也有利于促进当事人之间调解协议的达成与纠纷的彻底解决。相反，如果对调解协议的事项范围与诉讼请求的相互关系作过于机械的理解，并对前者作过于严苛的限制，则无异于直接干涉当事人对自己事务的处分，故而是有悖法律的基本价值取向的。

---

〔1〕 我国现行《民事诉讼法》第52条（2012年修改后已调整为第51条）规定，原告可以（放弃或者）变更诉讼请求，被告可以承认（或者反驳）诉讼请求，而所谓“变更诉讼请求”的含义，若从广泛意义上理解，似应包括“增加诉讼请求”在内。据此，在诉讼调解的过程中，一方当事人增加即提出新的诉讼请求且得到对方当事人的认诺显然不应被法律所禁止。

二、调解的开放原则

众所周知，相对于判决的封闭性而言，诉讼调解具有十分鲜明的开放性。

首先，调解的主体具有开放性。《调解规定》第 3 条要求，“根据《民事诉讼法》第 87 条[1]的规定，人民法院可以邀请与当事人有特定关系或者与案件有一定联系的企业事业单位、社会团体或者其他组织，和具有专门知识、特定社会经验、与当事人有特定关系并有利于促成调解的个人协助调解工作。经各方当事人同意，人民法院可以委托前款规定的单位或者个人对案件进行调解，达成调解协议后，人民法院应当依法予以确认”。由此可见，人民法院既可以把上述单位和个人“请进来”协助调解，也可以将自己受理的案件“托出去”进行调解，也即诉讼调解的主体并非仅仅局限于案件的承办法官。与此不同的是，根据我国现行立法的规定，判决的主体只能是依法组成的合议庭或独任审判员。

其次，诉讼调解的开放性还体现在调解协议的内容上。如前所述，调解协议的内容可以超出当事人此前提出的诉讼请求，而法院的判决则必须以当事人的诉讼请求为限，如有“溢出”，即属不当，且应归于无效，对此我国立法与司法解释均有明确规定。譬如，《民事诉讼法》第 151 条[2]即规定：“第二审人民法院应当对上诉请求的有关事实和适用法律进行审查。”《最高人民法院关于民事经济审判方式改革问题的若干规定》第 35 条亦要求第二审案件的审理应当围绕当事人上诉请求的范围来进行，当事人没有提出请求的，不予审查，但判决违反法律禁止性规定、侵害社会公共利益或

---

〔1〕《民事诉讼法》于 2012 年修改后，该条已调整为第 95 条。
〔2〕《民事诉讼法》于 2012 年修改后，该条已调整为第 168 条。

者他人利益的除外。[1]

与判决方式的封闭性相比，诉讼调解的开放性对于涉讼纠纷的妥善解决具有十分明显的优势。首先，调解主体的多元化与社会化，不仅可以有效地弥补法院自身审判力量的短缺和案件承办法官在专门知识与特定社会经验方面的不足，而且可以借此吸收相关民众参与司法，从而体现其在国家生活中的主人翁地位，更为直接和重要的是，其在相当程度上消除了单纯由法官主持调解时可能给人造成的过于“冰冷”的感觉，有利于发挥社会力量在排解纠纷、化解矛盾方面的“天然”优势，从而大大地增强了法院调解的可接受性，有助于促使当事人达成调解协议。其次，允许当事人在诉讼调解的过程中导入新的事实与增加诉讼请求，从而将案件所涉之所有争议纳入调解程序，可以最大限度地克服判决方式下将争议事实和诉讼请求过于“固定化”或“格式化”的弊端，从而更加完整地反映当事人之间所产生争议的全貌，并使其在双方当事人合意的基础上得到一揽子解决，真正做到“案结事了”。

三、调解的“瞻前顾后”之特质

就民事纠纷而言，其之产生、发展与消解，是一个相对复杂的过程。诉讼调解作为一种行之有效的纠纷解决方式，具有“瞻前顾后”的功能性优势。所谓瞻前，在这里是指：在进行诉讼调解之前，须就当事人之间所产生纠纷的成因、经过及其结果进行具体、细致的探寻，以便从中挖掘到当事人之间产生纠纷的深层矛盾，并有针对性地确定和运用解决矛盾的方法及途径，从而力争做到全面化解矛盾，真正修复关系；而就审判的方式而言，由于其受制于“依法审判”的严格要求，法官只能而且也应该“就事论事”地进行审理和作出判决，且其判决只能是以既判力为后盾的“非黑即

[1] 其实，对于一审案件和再审案件的审判范围而言，同样须以当事人所提诉讼请求的范围为限。

白”式的裁断，而非以双方当事人“心悦诚服”为基础的处置，故其往往只是在“法律的层面上”解决了纠纷，而在当事人的心理上则几乎不可能做到“胜败皆服”。于是，日后的强制执行往往在所难免；即使勉强执行了，也很难避免相关当事人之间“旧恨未消又添新仇”的情形，甚至还会进而发生“民事转刑事”的过激反应。而诉讼调解则不同，由于其系以双方当事人基于完全自愿之合意作为解决纠纷的深厚基础，既能够妥善地解决眼下的争议，又能够有效地避免日后潜在的纠纷，所以其所具有的“顾后”特质显然能够在促进纠纷的全面、彻底解决方面发挥出独特的功效。鉴于此，允许双方当事人在法院调解的过程中就诉讼请求以外的事项达成协议，无疑也是在更大范围内拓展了诉讼调解的“顾后”功能，而人民法院对于此类协议的确认，则直接使得这种功能的拓展有了规则层面的可靠保证。

四、调解与判决的“无缝对接”

众所周知，调解和判决都是人民法院依法行使审判权以解决民事纠纷的基本形式。根据“能调则调，当判则判，调判结合，案结事了”的原则，在当事人不愿调解或者调解不成的情况下，为了使纠纷能够得到及时的解决，人民法院即应依照现行《民事诉讼法》的规定，在完成开庭审理各项法定程序的基础上，及时地作出判决。[1]毫无疑问，在审判权的主导之下，在当事人自身无法就彼此权益的处分达成合意时，公权力的强势介入即不可避免。但须指出的是，即使在调解不成而需要“及时作出判决”的情况下，此前允许双方当事人就诉讼请求以外的事项进行的对话与协商，仍然具有不可小视的价值：

首先，它有利于人民法院全面、深入地了解纠纷的真相与矛盾的根源。尽管根据《最高人民法院关于民事诉讼证据的若干规定》

---

〔1〕 参见《民事诉讼法》第91条（2012年修改后已调整为第99条）。

第67条的要求，“在诉讼中，当事人为达成调解协议或者和解的目的作出妥协所涉及的对案件事实的认可，不得在其后的诉讼中作为对其不利的证据”，但是当事人在友好、祥和的调解氛围中就诉讼请求范围以外的事项所进行的坦诚对话与充分协商，仍然对人民法院了解纠纷的成因与经过以及当事人之间矛盾的产生根源有着极为重要的价值。原因在于，正是因为当事人在调解程序中“对案件事实的认可，不得在其后的诉讼中作为对其不利的证据”，其才有可能解除戒备与顾忌，从而畅所欲言地交流意见，全面彻底地公开事实真相；也正是因为双方当事人开诚布公地交流意见，承办法官才有可能从中知晓整个纠纷的来龙去脉与当事人之间矛盾的根源。

其次，有利于法官“心证”的形成。毫无疑问，在诉讼中，法官“心证”的形成主要依赖于查证属实的证据。然而，就当事人而言，在“趋利避害”的生物本能的支配下，他们总是会竭尽所能地去发现、获取并向法庭提交于己有利的证据材料，以支撑于己有利的诉讼主张，从而“诱使”法官接受自己的主张、支持自己的诉求。如此一来，这种极具对抗性的诉讼格局便往往使得案情变得进一步的“扑朔迷离”，并在客观上为某些滥讼当事人的“浑水摸鱼”提供了便利。然而，在诉讼调解的场合，由于氛围的轻松与和睦，完全有可能使当事人在无拘无束（包括不受诉讼请求范围限制）的情况下畅所欲言。而这种有效的信息交流和彼此沟通显然有可能在最大程度上展示事实真相，从而使法官对案件事实了然于胸，并最终形成契合事实、符合逻辑的“心证”内容。当然，在此需要进一步说明的是，此种“心证”之形成，仍然须以诉讼证据为基础的，而非意味着法官可以基于“引蛇出洞”、“秋后算账”之考量而允许双方当事人在此前的调解过程中就超出原来诉讼请求的事项进行协商。[1]

---

〔1〕 但不可否认的是，假若一方当事人在此前进行的调解过程中作出了于己不利的认诺，法官尽管不能直接依据这种认诺来作出对该方当事人不利的判决，但该项认诺对于法官“心证”的形成客观上还是存在着影响的。

最后，就原告一方当事人而言，其与对方当事人在自己原来的诉讼请求范围之外所进行的协商，有可能是其此后变更（增加）诉讼请求在调解过程中的“试探性”或“先导性”体现。当事人希冀通过诉讼程序所实现的利益，通常都是他们自己经过诉讼风险评估以后的理性选择。而在不同的诉讼阶段，根据不同的诉讼情势，其之诉讼主张（即诉讼请求）则会有不同的具体体现。鉴于此，在提起诉讼之时，基于某些考量，其通常有可能会在诉讼主张上“留一手”。[1]而在法院调解的过程中，由于双方当事人通过充分的意见交换，已经达到了“知己知彼”的程度，加之气氛比较融洽，于是在对原有诉讼请求进行妥协、让步的同时，则有可能就原有诉讼请求以外的事项与对方当事人进行协商，以求作些“弥补”。即便在法院调解的过程中协商未果，也可以为其在后来的审判程序中增加诉讼请求奠定相应的基础。

综上所述，在调解不成的情况下，允许双方当事人就诉讼请求范围以外的事项进行对话与协商，既可以为法官（在现行立法所确立的“调审结合”的办案模式下）全面、准确地认定案件事实奠定坚实的基础，从而促进司法公正的实现，同时又能够为当事人日后增加诉讼请求提供一定的“预演”空间。

五、结语

需要注意的是，根据《调解规定》第9条，人民法院确认超出诉讼请求范围的调解协议是有限度、有条件的，并非允许当事人“恣意妄为”。申言之，即根据《调解规定》第12条的要求，不论是在诉讼请求范围之内达成的调解协议，还是在此范围之外达成的调解协议，其之内容均不得侵害国家利益、社会公共利益和案外人利益，不得违背当事人的真实意思表示，不得违反法律、行政法规

---

〔1〕虽然也有“狮子大开口”的非理性原告，但是由于诉讼费交纳机制的制约，其在总的比例上并不占多数。

的禁止性规定，否则即告无效。此外，人民法院对于超出诉讼请求范围的调解协议，只是“可以”而非“必须”加以确认。当然，从大力推进诉讼调解以充分发挥其在构建社会主义和谐社会中的积极作用的角度来看，只要此类协议符合《调解规定》第12条的要求，都是应当予以确认的。

从功利的角度来说，人民法院对于超出当事人诉讼请求范围的调解协议的确认机制，可以促进法官对案件事实真相的发现，可以实现审判程序与调解程序的有效对接，从而促成当事人达成调解协议，及时化解矛盾，彻底解决纠纷。从理论层面来讲，人民法院的此种确认，切实尊重了当事人在调解过程中对其权益的处分，充分保障了当事人的选择权利与行为的自由，故而是诉讼民主与司法文明在调解中的直接体现。因此可以说，《调解规定》第9条所作的此项制度安排，乃是最高人民法院为充分发挥诉讼调解机制在构建社会主义和谐社会中的积极作用所作的有益尝试。

仓促的修订　局部的完善

——对《关于修改〈中华人民共和国民事诉讼法〉的决定》的初步解读 *

一、《修改决定》的出台背景与基本过程

第十届全国人民代表大会常务委员会第30次会议于2007年10月28日审议通过了《关于修改〈中华人民共和国民事诉讼法〉的决定》,[1]作为“业内人士”，认真解读《修改决定》乃为不可推卸之“天职”。但在对这一《修改决定》的具体内容作出初步解读之前，回顾其出台背景与基本过程，并在此基础上对其予以中肯评价，应该是不无意义的。

众所周知，在民事审判方式改革的促进下，出于健全民事诉讼立法以便为民事诉讼活动提供完善的程序保障并借以实现司法公正之考量，第十届全国人民代表大会常务委员会于2003年12月颁布了“立法规划”，将《民事诉讼法》的修订纳入了“本届内审议的法律草案”之列。但值得注意的是，由于本届人大的5年任期系从2003年起至2007年止，故该项时跨5年的“立法规划”颁布之时，其之有效实施期即已在无形之中“缩水”为4年（即从2004年起至2007年止）。然而，相对于数年来民事诉讼理论界和审判实

---

* 原文发表于《法学评论》2008年第1期。

〔1〕 以下简称《修改决定》。该《修改决定》于2008年4月1日起施行。修改后的我国《民事诉讼法》为4编28章268条，与修改前相比，减少了1章、2条（2012年第二次修正后则为4编27章284条）。

务界围绕《民事诉讼法》之全面修订而持续进行的系统、深入且富有成效的讨论和积极探索而言，[1]由于种种原因，[2]直到本届人大5年任期的最后一年即2007年，《民事诉讼法》的修订工作才姗姗来迟而且明显匆忙地被提上了常委会的议事日程。这样一来，本应进行全面修订的《民事诉讼法》便不得不仅仅进行局部的修订，而且仅在2007年6月的第28次会议、8月的第29次会议和10月的第30次会议上先后经区区数个工作日的审议即通过了《修改决定》，对此不可谓不"高效"！但相对于这样一部极其重要的程序立法而言，此次修订也不可谓不仓促！

仓促之下，立法机关少有吸收或曰未及吸收民事诉讼理论界和审判实务界数年来围绕《民事诉讼法》之全面修订而持续进行的系统、深入且富有成效的讨论和积极探索所形成的丰硕成果。具体来说，随着民事审判方式改革的深化，尤其是十届人大常委会于2003年底出台"立法规划"将《民事诉讼法》的全面修订提上议事日程以来，民事诉讼法学界的专家学者们即以极大的热情投入到了以全面修订《民事诉讼法》为中心的理论探索之中，先后发表、出版了一大批具有真知灼见的论文和专著，为《民事诉讼法》的全面修订作了有益的学理铺垫；有些学者（如中国人民大学法学院的江伟教授）还出于健全民诉立法、完善程序法制的拳拳之心，呕心沥血，领衔草拟了关于全面修订《民事诉讼法》的"专家建议稿"，并在反复论证中数易其稿，从而为《民事诉讼法》的全面修订提供

---

〔1〕我国民事诉讼理论界此前进行的系统、深入且富有成效的讨论已经为《民事诉讼法》的全面修订提供了堪称坚实的学说基础和理论准备。与此同时，审判实务界的相关积极探索亦为《民事诉讼法》的全面修订积累了相当丰富的实践经验和规则雏形，不少行之有效的司法解释与司法文件的出台便是明证。

〔2〕十届人大常委会预定的立法和法律修订工作固然十分繁重，但在具体安排和实际实施方面却是明显有欠均衡的，这种失衡主要体现为"前松后紧"，其对《民事诉讼法》这样一部重要法律的修订安排与滞后的实施即为显例。

了颇具参考价值的文本；中国法学会诉讼法学研究会[1]下设的民事诉讼法学专业委员会更是将"《民事诉讼法》的全面修订"连续作为每次年会的中心研讨议题，集中全国的民事诉讼法学力量，为《民事诉讼法》的全面修订建言献策，并取得了丰硕的成果。与此同时，各级人民法院也在《二五改革纲要》[2]的指引下，通过积极的改革实践，在总结正反两个方面经验、教训的基础上，由最高人民法院制定出台了一系列关于民事诉讼程序问题的司法解释[3]以及大量的司法文件，并且已被后来的诉讼实践证明为行之有效，从而既为民事审判和执行实践提供了切实可行的程序依据，同时也为《民事诉讼法》的全面修订积累了可资吸收的规则雏形。然而，从《修改决定》的具体内容来看，虽然不能说完全没有吸收、借鉴前述理论成果和经验总结，但因其仅仅"是在代表议案的基础上形成的"，[4]故从整体上看，显然是缺乏坚实的理论支撑和实践基础

---

〔1〕 后于2006年分设为"中国法学会民事诉讼法学研究会"和"中国法学会刑事诉讼法学研究会"，其下的各个专业委员会同时亦告撤销。

〔2〕 即于2005年10月26日出台的《人民法院第二个五年改革纲要（2004～2008）》。《二五改革纲要》是最高人民法院在认真总结"一五改革"（1999～2003）的经验得失并广泛吸收最新理论研究成果的基础上制定出台的。

〔3〕 譬如2004年11月1日起施行的《关于人民法院民事调解工作若干问题的规定》，2004年12月2日起施行的《关于依据原告起诉时提供的被告住址无法送达应如何处理问题的批复》，2005年1月1日起施行的《关于以法院专递方式邮寄送达民事诉讼文书的若干规定》、《关于人民法院民事执行中查封、扣押、冻结财产的规定》和《关于人民法院民事执行中拍卖、变卖财产的规定》，2005年8月24日起施行的《关于当事人申请财产保全错误造成案外人损失应否承担赔偿责任问题的解释》，2005年12月21日起施行的《关于人民法院执行设定抵押的房屋的规定》，2006年8月22日起施行的《关于涉外民事或商事案件司法文书送达问题若干规定》等。

〔4〕 来源：新华网，载http：//www.qianlong.com，2007年10月28日访问。笔者认为，这样虽然在法律修订程序上似乎并无瑕疵可言，但该项"代表议案"的具体形成背景和相关情况却是不得而知的。因此，就其结果来看，显然有"闭门修法"之嫌，或曰在"立法民主"上体现得很不到位，尤其是相对于《物权法》等的反复斟酌与向社会各界多次征求意见来看，《民事诉讼法》的此次修订就更是如此了。

的。譬如，《修改决定》第 3 条将《民事诉讼法》第 178 条修改为“当事人对已经发生法律效力的判决、裁定，认为有错误的，可以向上一级人民法院申请再审……”也即删去了原来可以向“原审人民法院”申请再审的“优位”规定，以期借此解决当事人“申诉难”（准确的提法应该是“再审申请难”，下同）这一顽疾。这样的修改，虽然有其合理的一面，因为让“原审人民法院”来受理、审查当事人的再审申请并裁定再审以纠正自己错误的生效裁判显然是有相当障碍的，但由此却带来了包括中级人民法院、高级人民法院乃至最高人民法院在内的“上一级人民法院”在再审申请的受理和审查（以及再审案件的审判）工作量上的大幅增加，甚至有可能在相当长的时间内成为他们不可承受之重，可是《修改决定》似乎并没有能够同时为这一问题的妥善解决提供完善的应对机制。就此而言，《修改决定》显然对这一问题缺乏周全的预判，而且也直接反映出其没能处理好既妥善解决当事人的“申诉难”，同时又处理好其与“上一级人民法院”实际工作负担之间的应有平衡。[1]

尽管如此，仍应认为，《修改决定》对于重点破解“申诉难”和“执行难”这两大顽疾来说，并非完全没有积极意义。当然，这种肯定仅仅是在“改了总比没改好”这种层面上来讲的，因此，对于《修改决定》的意义或曰价值，万万不可高估浮夸。

二、对《修改决定》的具体解读

《修改决定》一共有 19 个条文，分别涉及“对妨害民事诉讼的强制措施”、“审判监督程序”、“执行程序”和“企业法人破产还债程序”共计 4 个部分的修改与删除问题。其重点在于为破解长期以来困扰再审实践和执行活动并已引起社会各界普遍关注的“申诉难”和“执行难”这两大顽疾提供完备的程序保障。

---

〔1〕 下文将进一步阐述这一问题。

（一）关于强制措施问题

就这一部分的修改而言，问题似乎比较简单，用笔者的话来说，也就是增加了“对仍不履行协助义务的，可以予以拘留”的规定，然后就是在罚款的数额上分别增加了一个零。具体来讲：

第一，《修改决定》第1条对《民事诉讼法》第103条第2款作了修改。该款原来的规定是：“人民法院对有前款规定的行为之一的单位，可以对其主要负责人或者直接责任人员予以罚款；还可以向监察机关或者有关机关提出予以纪律处分的司法建议。”〔1〕但是，从以往的协助执行实践来看，仅仅予以罚款（数额并不高且实际上多数由单位“埋单”）往往尚不足以强制上述人等履行协助义务，故而造成了“执行难”。鉴于此，《修改决定》第1条在“予以罚款”和“提出司法建议”之间增加了“对仍不履行协助义务的，可以予以拘留”的规定。这样一来，也就加大了强制力度，有助于促使上述人等履行协助义务。而且，通过这一修改，使得拘留这一强制措施的法定适用对象扩充到了拒不履行协助义务的单位的“主要负责人”和“直接责任人员”，〔2〕从而更加全面地体现了“法律面前人人平等”的社会主义法治原则。

第二，《修改决定》第2条对《民事诉讼法》第104条第1款作了调整。该款原来的规定是：“对个人的罚款金额，为人民币1000元以下。对单位的罚款金额，为人民币1000元以上3万元以下。”这是根据我国1991年前后的总体经济状况和个人收入水平加

---

〔1〕与之相联系的该条第1款的规定为：“有义务协助调查、执行的单位有下列行为之一的，人民法院除责令其履行协助义务外，并可以予以罚款：①有关单位拒绝或者妨碍人民法院调查取证的；②银行、信用社和其他有储蓄业务的单位接到人民法院协助执行通知书后，拒不协助查询、冻结或者划拨存款的；③有关单位接到人民法院协助执行通知书后，拒不协助扣留被执行人的收入、办理有关财产权证照转移手续、转交有关票证、证照或者其他财产的；④其他拒绝协助执行的。”

〔2〕根据《民事诉讼法》第102条第2款的规定，原来只有在有关单位具有妨害诉讼证据的收集、调查和阻拦、干扰诉讼进行的法定行为之一时，其之“主要负责人”和“直接责任人员”才可以成为（罚款以及）拘留措施的适用对象。

以确定的，但在16年后的今天，随着国民经济的飞速发展和人们收入水平的大幅提高，上述罚款数额已不足以约束妨害民事诉讼的各色人等。他们经常会在掂量妨害民事诉讼的“成本支出”与“非法所得”之比以后继续实施其妨害行为。考虑到这种现状，所以就将对个人的罚款金额从“1000 元以下”提高到“1 万元以下”，将对单位的罚款金额从“1000 元以上 3 万元以下”提高到“1 万元以上 30 万元以下”，以期通过提高“违法成本”来加大强制力度，从而有效地约束妨害民事诉讼的个人和单位，保证诉讼活动的正常进行。

应当指出的是，从《修改决定》对强制措施所作的上述完善来看，似乎仅是为了排除执行妨害，改善执行环境，以克服“执行难”，[1]但笔者认为，就《民事诉讼法》第一编“总则”第十章“对妨害民事诉讼的强制措施”对于整个民事诉讼活动和强制执行活动的普适性而言，其之实际意义远非止于强制执行，尤其是罚款金额的提高，就更是如此了。

（二）关于审判监督程序问题

在《修改决定》的 19 个条文中，有 7 个条文（即第 3 ~ 9 条）涉及对审判监督程序的修改。其中，第 3 ~ 7 条是有关当事人申请再审的，第 8 条和第 9 条是有关检察机关抗诉的。由此可见，在《修改决定》中，对当事人申请再审机制的调整显然是一个重头戏。

1. 关于当事人再审申请机制的调整问题。在 1982 年的《民事诉讼法（试行）》中，仅有申诉机制的设置，[2]而并没有申请再审的制度安排。正是为了解决当时已经日益严重的当事人“申诉难”

---

〔1〕 目前对于此项修订的几乎所有报道均持这一有失片面的观点。

〔2〕 根据《民事诉讼法（试行）》第 158 条第 1 款的规定，“当事人、法定代理人对已经发生法律效力的判决、裁定，认为确有错误的，可以向原审人民法院或者上级人民法院申诉，但是不停止判决、裁定的执行”。此外，该法第 84 条第 3 项亦规定，“对判决、裁定已经发生法律效力的案件，当事人又起诉的，告知原告按申诉处理”。

问题，所以才在1991年修订《民事诉讼法》时新置了申请再审制度，同时也有限地保留了申诉机制。[1]然而，16年来的实践表明，当事人申请再审仍然是困难重重，这集中表现为应当再审的案件未能再审，应当及时再审的案件长期未能再审。如此一来，不仅给当事人借助再审程序依法维权造成了障碍，而且已在相当程度上形成了比较突出的社会问题，引起了各界的普遍关注，影响了构建和谐社会的进程，已经到了非解决不可的地步。鉴于此，《修改决定》从以下几个方面对当事人申请再审的机制进行了调整：

(1) 关于再审申请受理、审查法院的收缩与提级。在这个问题上，根据《修改决定》第3条的规定，“第178条修改为：‘当事人对已经发生法律效力的判决、裁定，认为有错误的，可以向上一级人民法院申请再审，但不停止判决、裁定的执行’”。而按照原来的规定，当事人“可以向原审人民法院或者上一级人民法院申请再审”，现在删去了“原审人民法院”。这是因为，“原审人民法院或者上一级人民法院”的表述方式，虽然似乎给意欲申请再审的当事人提供了可资选择的余地，但要让在排序上处于优位的“原审人民法院”来受理、审查当事人的再审申请并裁定再审以纠正自己作出的错误的生效裁判，显然是有相当障碍的，当事人往往也信不过。但是，在当事人选择向上一级人民法院申请再审时，大多又被上一级人民法院想方设法地“忽悠”回在立法中处于逻辑“优位”的原审人民法院，而原审人民法院出于对上一级人民法院“行政威权”的“敬畏”，则不得不在充满“委屈”与“抵触”的心境下勉强接受当事人的再审申请。这样一来，再审的效率与效果也就可想而知了。现在通过删除“原审人民法院”，使得“上一级人民法院”成为唯一有权受理再审申请并对之进行审查以裁定是否进行再

[1] 即根据《民事诉讼法》第111条第5项的规定，“对判决、裁定已经发生法律效力的案件，当事人又起诉的，告知原告按照申诉处理，但人民法院准许撤诉的裁定除外”。

审的法院，也就解决了前述再审申请“门难进”的问题，同时也充分体现了上一级人民法院对下级人民法院的审判监督，故而具有合理性。但这只是问题的一个方面。正如前文所述，这一修改也存在着一定的问题，即“上一级人民法院”（包括中级人民法院、高级人民法院和最高人民法院）极有可能因这一修改而在今后相当长的时间内面临着受理和审查当事人的再审申请及裁定是否再审上的沉重负担。而且，根据《修改决定》第6条第2款也即修改后的《民事诉讼法》第181条第2款的规定，“因当事人申请裁定再审的案件由中级人民法院以上的人民法院审理。最高人民法院、高级人民法院裁定再审的案件，由本院再审或者交其他人民法院再审，也可以交原审人民法院再审”。也就是说，就中级人民法院而言，其所裁定再审的案件，原则上应由其自己进行再审（仅在确有必要时才可由级别更高的人民法院进行再审）；就最高人民法院和高级人民法院而言，他们所裁定再审的案件，“由本院再审”是原则，“或者交其他人民法院再审”和“也可以交原审人民法院再审”是例外、是补充、是调节、是变通。如此一来，“上一级人民法院”除了要承担对当事人再审申请的全部受理、审查和裁定是否再审的工作以外，还须承担大量的再审案件审判工作。这与“上一级人民法院”的功能预设及现有资源配置之间显然都是有欠平衡的。

（2）关于再审事由的细化。再审事由的设置是否周全得当，直接关系到当事人申请再审的路径宽窄与顺畅程度。但从《民事诉讼法》原第179条第1款的规定来看，只有五种再审事由，即：“①有新的证据，足以推翻原判决、裁定的；②原判决、裁定认定事实的主要证据不足的；③原判决、裁定适用法律确有错误的；④人民法院违反法定程序，可能影响案件正确判决、裁定的；⑤审判人员在审理该案件时有贪污受贿，徇私舞弊，枉法裁判行为的。”实践证明，这些再审事由过于粗陋，缺乏可操作性，譬如何谓“人民法院违反法定程序，可能影响案件正确判决、裁定”？显然缺乏精确的内涵，故而常常造成操作不一；而且，这些再审事由也没能涵盖理应再审的全部情形。因此,《修改决定》第 4 条规定,“第 179 条第 1 款改为第 179 条”,共计 2 款,并在该条第 1 款规定了 13 项再审事由。依笔者之见,这 13 项再审事由可以分为四类,即:

第一,诉讼证据类事由。具体包括五项,即:①有新的证据,足以推翻原判决、裁定的;②原判决、裁定认定的基本事实缺乏证据证明的;③原判决、裁定认定事实的主要证据是伪造的;④原判决、裁定认定事实的主要证据未经质证的;⑤对审理案件需要的证据,当事人因客观原因不能自行收集,书面申请人民法院调查收集,人民法院未调查收集的。由此可见,诉讼证据类的再审事由,已由原来的 2 项增加到了 5 项,其中第 1 项是原样保留的,第 2 ~5 项是在原来第 2 项的基础上扩充而来的,基本涵盖了理应再审的全部证据类事由。

第二,法律适用类事由。在这个方面,保留了原来的第 3 项再审事由,作为现在的第 6 项,即“原判决、裁定适用法律确有错误的”。

第三,诉讼程序类事由。在这个方面,原来仅有一项即第 4 项“人民法院违反法定程序,可能影响案件正确判决、裁定的”。但是,究竟违反哪些法定程序才可能影响到案件的正确裁判进而必须通过再审加以纠正?显然令人不得要领。鉴于此,《修改决定》将之细化为五项具体事由,即:①违反法律规定,管辖错误的。应当明确,这里所要求的“管辖错误”主要是指对专属管辖的违反,其次也指根本没有管辖权的法院对案件进行了审判。与此同时,在所谓“管辖错误”的认定上,由于《民事诉讼法》对级别管辖的确定标准规定得相对模糊,尤其对是否“在本辖区有重大影响”这一柔性十足的确定标准往往难以精确把握,故不宜对“管辖错误”作过于宽泛的认定,将之随意适用于级别管辖。②审判组织的组成不合法或者依法应当回避的审判人员没有回避的。所谓“审判组织的组成不合法”,主要包括独任审判员或合议庭组成人员不具有审判资格,依法应采合议制而仅仅适用了独任制,以及依法应由审判员、陪审员共同组成合议庭而没有吸收陪审员参加合议庭等情形。所谓依法应当回避的审判人员“没有回避”，包括审判人员没有自行回避和在当事人提出回避申请后没有“暂停参与”本案除采取紧急措施以外的工作等情形。有必要指出的是，这一规定并没有把书记员、翻译人员、鉴定人、勘验人依法应当回避而没有回避的情形列入再审事由，但从学理分析来看，他们的恶意操作肯定也会对公正审判造成直接危害，尤其是鉴定人和勘验人，危害更烈，故就此而言，这一规定似有不足。③无诉讼行为能力人未经法定代理人代为诉讼或者应当参加诉讼的当事人，因不能归责于本人或者其诉讼代理人的事由，未参加诉讼的。依我之见，所谓“无诉讼行为能力人未经法定代理人代为诉讼”，是指其法定代理人既没有亲自代其诉讼，也没有委托诉讼代理人代为诉讼，以至于该当事人的权益在原审程序中处于无人维护的状态，且人民法院就其权利义务作出了裁判。所谓“应当参加诉讼的当事人因不能归责于本人或者其诉讼代理人的事由未参加诉讼的”，似应指人民法院在此情形下就其权利义务作出了裁判，否则其完全可以另行诉讼，而无须通过再审来加以弥补。④违反法律规定，剥夺当事人辩论权利的。概括而言，此种情形下固须再审，但何谓“剥夺当事人辩论权利”则有待进一步明确，否则将其作为再审事由之一恐难加以精确把握。⑤未经传票传唤，缺席判决的。

第四，其他事由。具体包括两项，即：①原判决、裁定遗漏或者超出诉讼请求的。此种再审事由可被概括为“诉而未判”和“未诉即判”，二者的后果都是很严重的，它们的实质在于导致了当事人诉权和法院审判权的错位，故理应进行再审。[1]②据以作出原判决、裁定的法律文书被撤销或者变更的。对这一再审事由，笔者持有不同看法，即其文字表述实属似是而非，因为据以作出原裁判

〔1〕 最好同时能在第一审程序和第二审程序中正面作出不得遗漏和超出诉讼请求而为审理和裁判的规定，以求协调。

的只能是证据能够证明的“案件事实”和相关“法律规定”，而非“法律文书”，即便在“本案必须以另一案的审理结果为依据而另一案尚未审结”的情况下也是如此。[1]就此而言，此项再审事由似有违背常识之嫌。

另据《修改决定》第 4 条第 2 款即修改后的《民事诉讼法》第 179 条第 2 款，“对违反法定程序可能影响案件正确判决、裁定的情形，或者审判人员在审理该案件时有贪污受贿，徇私舞弊，枉法裁判行为的，人民法院应当再审”。对于此款规定，笔者认为存在两个问题：其一，在该条第 1 款已经强调“当事人的申请符合下列情形之一的，人民法院应当再审”的情况下，再次规定“对违反法定程序可能影响案件正确判决、裁定的情形……人民法院应当再审”，实属与第 1 款第 7 ~ 11 项的不必要重复。其二，“审判人员在审理该案件时有贪污受贿，徇私舞弊，枉法裁判行为的”，[2]确实均须依法对行为人作出处理；构成犯罪的，还须依法追究其刑事责任。[3]但是，“贪污受贿”并不绝对就导致错误裁判，那些“收了钱不办事”的，即为此类情形之显例。而“徇私舞弊”和“枉法裁判”也都只是一种概括表述，如果不能将它们进一步具体化为民事审判过程中可予精确把握的各类情形，并须是导致原裁判发生错误或可能发生错误的各类情形，且与上述所有再审事由相区别，恐怕也是难以在实践中得到有效适用的。

综观以上再审事由，总的感觉是数量虽多，但并不等于设置得

---

〔1〕 此种情况具体是说“本案”系以“另一案”的审理结果为基础作出了生效裁判，后“另一案”的裁判文书被依法撤销或者变更，但这在实质上不过是“另一案”中据以作出裁判文书的“案件事实”不复成立，或者其所“适用的法律”明显失当。

〔2〕 此项内容为《民事诉讼法》原第 179 条第 1 款第 5 项，系人民法院接受当事人的再审申请且“应当再审”的 5 种具体情形之一。与此同时，其亦为《民事诉讼法》原第 185 条第 1 款第 4 项，系人民检察院按照审判监督程序提出抗诉的 4 种具体情形之一。

〔3〕 譬如根据我国《刑法》第 399 条第 2 款，对犯有“民事枉法裁判罪”的行为人应处 5 年以下有期徒刑或者拘役；情节特别严重的，应处 5 年以上 10 年以下有期徒刑。

很“精致”，而是显得过于宽泛，且其中有相当一部分再审事由实际上是进一步突破了“生效裁判发生错误或可能发生错误”的再审前提。[1]也就是说，如果按照这些再审事由一一启动再审程序的话，将有相当一部分案件的再审结果是“维持原裁判”。因此，如果仅就诉讼本身而言，显然会是“亏本”的；但如果就构建和谐社会的大目标来看，则似乎应是“赢利”的。

（3）关于对提出再审申请的形式与材料要求及相关程序事项的安排。由于《民事诉讼法》此前并没有对这些问题作出明确的要求和具体的安排，从而带来了实际操作中的无序，并因此而给申请再审的当事人造成诸多不便，同时也影响了人民法院对再审申请的审查效率和审查质量。鉴于此，《修改决定》第5条规定：“增加一条，作为第180条：‘当事人申请再审的，应当提交再审申请书等材料。人民法院应当自收到再审申请书之日起5日内将再审申请书副本发送对方当事人。对方当事人应当自收到再审申请书副本之日起15日内提交书面意见；不提交书面意见的，不影响人民法院审查。人民法院可以要求申请人和对方当事人补充有关材料，询问有关事项’。”对此应当认为：其一，参照《民事诉讼法》第109条第2款已有“书写起诉状确有困难的，可以口头起诉，由人民法院记入笔录，并告知对方当事人”的例外规定，故从进一步便利当事人申请再审出发，实践中不应绝对拒绝接受当事人以口头方式提出的再审申请。[2]其二，前述条文中所要求的“（再审申请书）等材料”，应当主要是指已经发生法律效力且当事人“认为有错误的”判决书、裁定书等。其三，上述规定中虽对“提交书面意见”有时限要求，但这主要是为了避免程序迟延，而非确立了对方当事人必须履行的诉讼义务。

（4）关于对（当事人再审申请的）审查期限及处理方式的确

〔1〕《修改决定》出台前即已存在这一问题。

〔2〕其实当事人提起上诉的形式亦应照此办理。

定。《民事诉讼法》原第179条第1款在列举了应当再审的诸种情形并规定在当事人的申请符合这些情形之一时人民法院应当再审之后，仅在第2款笼统规定："人民法院对不符合前款规定的申请，予以驳回。"由此可见，其既没有规定人民法院对当事人再审申请的审查期限，也没有明确完成审查后的具体处理方式。这样一来，往往容易造成久拖不决而酿成"申诉难"，鉴于此，《修改决定》第6条第1款规定："第179条第2款改为第181条，修改为：'人民法院应当自收到再审申请书之日起3个月内审查，符合本法第179条规定情形之一的，裁定再审；不符合本法第179条规定的，裁定驳回申请。有特殊情况需要延长的，由本院院长批准'。"这里有两个问题值得注意：其一，条文中所谓"3个月内审查"应理解为"3个月内完成审查"或"3个月内审查完毕"，否则必将造成审查迟延。其二，由于没有对特殊情况下需要延长的审查期限作出上限规定，这将有可能使得审查期限形同虚设。

（5）关于对再审法院的具体确定。如前所述，修改后的《民事诉讼法》第178条规定，当事人认为生效裁判有错误的，"可以向上一级人民法院申请再审"，由后者负责对当事人再审申请的全部受理、审查和裁定是否再审的工作，但这并非意味着"上一级人民法院"此后在所有情况下都是再审案件的承办法院。根据《修改决定》第6条第2款也即修改后的《民事诉讼法》第181条第2款，"因当事人申请裁定再审的案件由中级人民法院以上的人民法院审理。最高人民法院、高级人民法院裁定再审的案件，由本院再审或者交其他人民法院再审，也可以交原审人民法院再审"。对于这一规定的具体内涵及其可能导致的问题，前文已有解读，故不赘述。

（6）关于再审申请期限及其例外安排。《民事诉讼法》原第182条已对当事人申请再审的期限有所规定，即"当事人申请再审，应当在判决、裁定发生法律效力后2年内提出"。实践证明，2年的期限还是比较合适的，既能使当事人有比较充裕的申请时间，有利于其再审申请权的从容行使，又能避免因期限过长而导致申请拖延，进而危及既判法律关系的稳定。但考虑到这一原则规定难以满足某些特定情形下当事人申请再审的合理需求，故《修改决定》第7条规定，“第182条改为第184条”，并在继续保留“当事人申请再审，应当在判决、裁定发生法律效力后2年内提出”的原则规定的同时，增加了“2年后据以作出原判决、裁定的法律文书被撤销或者变更，以及发现审判人员在审理该案件时有贪污受贿，徇私舞弊，枉法裁判行为的，自知道或者应当知道之日起3个月内提出”（再审申请）的例外安排。不过，这一例外安排的文字表述本身虽似并无不当，但其内涵的合理性及其在实践中的可行性却是颇为值得推敲的。具体理由，前已述及，故不重复。此外，原条文中未就当事人对生效调解书申请再审之期限作出明确规定的缺陷仍然没能得到弥补，这也是一个明显的不足。

2. 关于检察机关抗诉的问题。围绕《民事诉讼法》的全面修订，民事诉讼中的检察监督一直是各界探讨的热点问题之一，扩大（强化）论，维持论，甚至取消论，各种观点都有，法检两家的态度也都很明确。但是从这次修改的结果来看，笔者认为，变化并不大，这也反映了立法机关在这个问题上还是不太拿得准，故而选择了审慎或者说保守的态度。具体说来，仅是作了以下两点修改：

（1）将抗诉事由加以细化，并与当事人申请再审的事由相统一。《民事诉讼法》原第185条第1款一共规定了4项抗诉事由。[1]但从迄今为止的抗诉实践来看，由于有些抗诉事由过于笼统（譬如“人民法院违反法定程序，可能影响案件正确判决、裁定的”），把握起来实属不易，故不仅可操作性不强，而且常因理解不一而在法检两家之间造成不快甚至对立，从而不利于检察监督的依

---

〔1〕 即：①原判决、裁定认定事实的主要证据不足的；②原判决、裁定适用法律确有错误的；③人民法院违反法定程序，可能影响案件正确判决、裁定的；④审判人员在审理该案件时有贪污受贿，徇私舞弊，枉法裁判行为的。

法有效实施。与此同时，从这4项抗诉事由与当事人申请再审且人民法院应当再审的5项事由的对比来看，显然并非完全对应，[1]这既缺乏有力的法理支撑和实践基础，也在一定程度上造成了立法结构的臃肿甚至紊乱。为此，《修改决定》第8条规定，“第185条改为第187条，修改为：‘最高人民检察院对各级人民法院已经发生法律效力的判决、裁定，上级人民检察院对下级人民法院已经发生法律效力的判决、裁定，发现有本法第179条规定情形之一的，应当提出抗诉。地方各级人民检察院对同级人民法院已经发生法律效力的判决、裁定，发现有本法第179条规定情形之一的，应当提请上级人民检察院向同级人民法院提出抗诉’”。如此一来，不仅细化了抗诉事由，而且使之与当事人申请再审的事由相一致，以期以此促进检察监督的依法有效实施。但有必要指出的是，这一修改仅仅只是细化了抗诉事由，并使之与再审申请事由相一致，而没有通过这种细化来扩大监督范围。至于这种细化本身是否无懈可击，前文已作分析，故不赘述。

（2）设定了人民法院裁定再审的期限并对再审法院的具体确定作出了调节。鉴于《民事诉讼法》原第186条仅仅规定了“人民检察院提出抗诉的案件，人民法院应当再审”的概括要求，而没有同时明确接受抗诉的人民法院作出再审裁定的期限，也没有提及在人民检察院提出抗诉的情形下再审法院的具体确定问题，故而常常在实践中造成拖延，直接影响了抗诉的效果和再审的效率。鉴于此，《修改决定》第9条规定，“第186条改为第188条，修改为：‘人民检察院提出抗诉的案件，接受抗诉的人民法院应当自收到抗诉书之日起30日内作出再审的裁定；有本法第179第1款第1~5项规定情形之一的，可以交下一级人民法院再审’”。由此可见，经人民检察院提出抗诉后就再审法院的具体确定而言，原则上应由接受抗

---

[1] 也即少了一种“有新的证据，足以推翻原判决、裁定的”。

诉的人民法院进行再审；只有在具有前述法定情形之一时，[1]才可以交下一级人民法院再审（此时必须以存在“下一级人民法院”为前提）。究其原因，似乎是因为前述法定情形均涉及证据事项，再审程序中分别需要进行较为繁重的证据收集、调查和法庭质证等活动，故从工作负担的均衡性考虑，作出了此项调节性的安排。不过，是否确实如此，以及这一理由是否正当与充分，均值得进一步推敲。

（三）关于执行程序问题

为了破解“执行难”，同时也是为了纠正“执行乱”，《修改决定》用了相当的篇幅，也即从第 10 条至第 18 条，对执行程序中的有关规定进行了修改和完善。具体包括：

1. 有限扩充了执行案件的管辖法院。在这个问题上，《民事诉讼法》原第 207 条第 1 款规定，“发生法律效力的民事判决、裁定，以及刑事判决、裁定中的财产部分，由第一审人民法院执行”。由此可见，前述执行案件的管辖法院是唯一的，当事人没有任何选择的余地。但从这些年来执行实践的情况来看，被执行人或被执行的财产往往不在第一审人民法院所在地，故而既造成了当事人申请执行的不便，同时也使得执行法院即第一审人民法院在执行成本上不甚经济。为了解决这一问题，虽然我国《民事诉讼法》中也设置有委托执行机制，但却因其自身的烦琐和地方保护主义等原因而使其实际效果大打折扣。鉴于此，《修改决定》第 10 条规定，“第 207 条改为第 201 条，第 1 款修改为：‘发生法律效力的民事判决、裁定，以及刑事判决、裁定中的财产部分，由第一审人民法院或者与第一审人民法院同级的被执行的财产所在地人民法院执行’”。如此

[1] 即：①有新的证据，足以推翻原判决、裁定的；②原判决、裁定认定的基本事实缺乏证据证明的；③原判决、裁定认定事实的主要证据是伪造的；④原判决、裁定认定事实的主要证据未经质证的；⑤对审理案件需要的证据，当事人因客观原因不能自行收集，书面申请人民法院调查收集，人民法院未调查收集的。

一来，也就在一定程度上解决了上述问题。但是，笔者觉得这一修改仍然是不够到位的，因为其仅仅考虑到了被执行的财产不在第一审人民法院所在地的情形，而没有同时考虑到在对行为的执行中被执行人不在第一审人民法院所在地的问题。

2. 进一步完善了执行异议制度。我国《民事诉讼法》原本已经设有执行异议制度，即按照原第208条的规定，“在执行过程中，案外人对执行标的提出异议的，执行员应当按照法定程序进行审查。理由不成立的，予以驳回；理由成立的，由院长批准中止执行。如果发现判决、裁定确有错误，按照审判监督程序处理”。与此相反，在执行过程中，如果当事人等认为执行行为违反法律规定的，却没有权利提出异议，这显然是有失公平的。为此，《修改决定》第11条规定，“增加一条，作为第202条：‘当事人、利害关系人认为执行行为违反法律规定的，可以向负责执行的人民法院提出书面异议。当事人、利害关系人提出书面异议的，人民法院应当自收到书面异议之日起15日内（注：完成）审查，理由成立的，裁定撤销或者改正；理由不成立的，裁定驳回。当事人、利害关系人对裁定不服的，可以自裁定送达之日起10日内向上一级人民法院申请复议’”。如此一来，民事执行中有权提出异议的主体已不再限于“案外人”，而是扩充到了“当事人”和“利害关系人”。当然，这两种执行异议在有权提出的主体以及异议的对象等方面都是有区别的。这里有一个具体问题需要进一步清晰化，即“案外人”与“利害关系人”是什么关系？依笔者之见，从逻辑上讲，“利害关系人”也是属于“案外人”，因为其既不属于执行申请人，也不属于被执行人，但其显然又不同于直接对执行标的提出异议的“案外人”，因为他是“认为执行行为违反法律规定”而提出书面异议的。申言之，凡是当事人以外“认为执行行为违反法律规定”而非专门针对执行标的提出书面异议的人，均属“利害关系人”。

与此同时，《修改决定》也对“案外人异议”制度进行了完善。根据《修改决定》第13条，“第208条改为第204条，修改为：‘在执行过程中，案外人对执行标的提出书面异议的，人民法院应当自收到书面异议之日起15日内（注：完成）审查，理由成立的，裁定中止对该标的的执行；理由不成立的，裁定驳回。案外人、当事人对裁定不服，认为原判决、裁定错误的，依照审判监督程序办理；与原判决、裁定无关的，可以自裁定送达之日起15日内向人民法院提起诉讼’”。所谓“案外人对裁定不服”，是指对驳回其所提异议的裁定不服，此时如果他认为原裁判有错误，可以依法向作出原裁判的上一级人民法院申请再审。所谓“当事人对裁定不服”，主要是指被执行人对驳回案外人异议的裁定不服，此时如果他认为原裁判有错误，可以依法向作出原裁判的上一级人民法院申请再审；其次，也指执行申请人对中止该标的的执行的裁定不服，但由于其通常不会认为原裁判有错误，故一般不涉及依照审判监督程序办理的问题。但是，如何为其提供进一步的程序救济，《修改决定》似乎有欠考虑。

3. 新设了执行督促机制。考虑到迄今为止执行实践中普遍存在的执行拖延，为了加快执行速度，提高执行效率，《修改决定》第12条规定，“增加一条，作为第203条：‘人民法院自收到申请执行书之日起超过6个月未执行的，申请执行人可以向上一级人民法院申请执行。上一级人民法院经审查，可以责令原人民法院在一定期限内执行，也可以决定由本院执行或者指令其他人民法院执行’”。此处所谓“其他人民法院”，亦须是根据法律规定对该案件具有强制执行权的人民法院。

4. 对执行机构采取了按需设置的要求。关于人民法院执行机构的设置，《民事诉讼法》原第209条第3款规定，“基层人民法院、中级人民法院根据需要，可以设立执行机构”。由此产生了两个方面的问题：其一，基层人民法院和中级人民法院尤其是前者，不考虑是否需要，普遍设置了执行机构，从而在某些执行案件比较少的地方，造成了人民法院在司法资源配置上的不合理。其二，高级以上的人民法院根据执行工作的实际需要，普遍设置了执行机构，但由于《民事诉讼法》中没有这方面的明确授权，故而处于法律根据不足的状态。为求弥补，《修改决定》第 14 条规定，“第 209 条改为第 205 条，第 3 款修改为：‘人民法院根据需要可以设立执行机构’”。如此一来，前述问题也就迎刃而解了。

5. 完善了申请执行期限制度。我国《民事诉讼法》原本已有申请执行期限的规定，即根据原第 219 条，“申请执行的期限，双方或者一方当事人是公民的为 1 年，双方是法人或者其他组织的为 6 个月。前款规定的期限，从法律文书规定履行期间的最后一日起计算；法律文书规定分期履行的，从规定的每次履行期间的最后一日起计算”。实践证明，这一规定存在四个问题：其一，申请执行期限过短，既不利于债权人较为充裕地行使执行申请权，容易造成其对申请执行期限的耽误，也不利于债务人偿还债务，更不利于双方当事人达成执行和解协议。其二，由于对不同主体适用长短不一的申请执行期限，故没能体现出“法律面前人人平等”的社会主义法治原则，且容易造成申请执行期限较短的当事人在程序和实体上的双重“不利益”。其三，没有考虑到申请执行期限的中止和中断等情形，故而常常会使当事人的申请执行期限无形“缩水”，不利于其因胜诉而赢得的利益的依法实现。其四，没有考虑到在生效法律文书未规定履行期间的情况下，当事人申请执行期限的起算问题。鉴于此，《修改决定》第 15 条规定，“第 219 条改为第 215 条，修改为：‘申请执行的期间为 2 年。申请执行时效的中止、中断，适用法律有关诉讼时效中止、中断的规定。[1]前款规定的期间，从法律文书规定履行期间的最后一日起计算；法律文书规定分期履行的，从规定的每次履行期间的最后一日起计算；法律文书未规定履

---

〔1〕 根据《民法通则》第 139 条和第 140 条的规定，“在诉讼时效期间的最后 6 个月内，因不可抗力或者其他障碍不能行使请求权的，诉讼时效中止。从中止时效的原因消除之日起，诉讼时效期间继续计算”。“诉讼时效因提起诉讼、当事人一方提出要求或者同意履行义务而中断。从中断时起，诉讼时效期间重新计算。”

行期间的，从法律文书生效之日起计算'"。这样一来，上述问题便得到了较为妥善的解决。但需指出的是，《修改决定》第15条虽然用“期间”统一了原来对“期限”和“期间”的不同使用，但其对于“时效”这一实体法上传统概念的使用似乎是尚可推敲的。

6. 增加了立即执行的规定。根据《民事诉讼法》原第220条的规定，“执行员接到申请执行书或者移交执行书，应当向被执行人发出执行通知，责令其在指定的期间履行，逾期不履行的，强制执行”。但从执行实践来看，这种“先礼后兵”式的文明化操作，尤其是在发出“执行通知书”和开始实际执行之间“时间差”的存在，对于一部分恶意逃债的被执行人来说，却使其在客观上有了大施“缓兵之计”的可乘之机。即便执行法院已经发现被执行人有隐匿、转移被执行的财产等情形，亦不能不经发出“执行通知书”而立即执行。其结果往往加剧了“执行难”。由此可见，机械地理解与僵化地依循发出“执行通知书”并进一步为被执行人指定履行期限的规定，有时无异于“打草惊蛇”甚至“通风报信”。鉴于此，《修改决定》第16条规定，“第220条改为第216条，增加一款，作为第2款：'被执行人不履行法律文书确定的义务，并有可能隐匿、转移财产的，执行员可以立即采取强制执行措施'"。此项新增规定虽属“例外”条款，其之设置并未改变“先礼后兵”式的文明化操作，但其对于完善执行立法和破解“执行难”的实际意义，实在是不可低估。

7. 设置了被执行人财产报告制度。现实生活中，有不少债务人虽有可供履行的财产，有些甚至是“身家巨万”，但其出于“利己”之动机，往往故意拖延履行。进入强制执行程序后，由于债权人和执行法院并不十分了解债务人财产的具体情况（包括数量、种类、所在处所及总体价值等），加之被执行人常常会有隐匿、转移财产等恶意行为，因此而给执行任务的顺利完成造成了不小的障碍。为此，《修改决定》第17条规定，“增加一条，作为第217条：'被执行人未按执行通知履行法律文书确定的义务，应当报告当前以及收到执行通知书之日前一年的财产情况。被执行人拒绝报告或者虚假报告的，人民法院可以根据情节轻重对被执行人或者其法定代理人、有关单位的主要负责人或者直接责任人员予以罚款、拘留'"。财产报告制度的设置，既有助于前述问题的妥善解决，同时也使“被执行人等拒不履行或虚假履行财产报告义务”成为一种新的妨害民事执行的行为表现方式。

8. 确立了执行联动机制。众所周知，造成“执行难”的原因是多方面的，故破解“执行难”也须多管齐下，形成合力。在这个方面，虽然我国《民事诉讼法》原本已就协助执行机制作出了一些规定，此次修改又有所强化，但在促使被执行人自动履行义务方面，仍然是有欠周密的。正是为了弥补这一缺憾，《修改决定》第18条规定，“增加一条，作为第231条：'被执行人不履行法律文书确定的义务的，人民法院可以对其采取或者通知有关单位协助采取限制出境，在征信系统记录、通过媒体公布不履行义务信息以及法律规定的其他措施'"。这里需要说明几个问题：其一，所谓“执行联动机制”，并非法言法语，而仅是对前述执行联动措施所作的一种理论概括。当然其内涵还是相对确定的。其二，“执行联动机制”中所提及的诸种措施，尤其是“协助采取限制出境”措施，并非有关单位必须履行的协助义务，因此执行法院不能将实践中“没有协助”的特定情形认定为妨害诉讼并对相关人等采取强制措施。否则，将有可能在人民法院的民事司法权与有关单位的边境管理权之间形成难以解决的紧张关系。当然，这仅仅是从实务的角度来讲的。其三，何谓“在征信系统记录……不履行义务信息”？简单地说，也就是在企业和个人信用状况的记录系统上刊载被执行人不履行义务的信息。由于从某种意义上说“征信系统”也就是一个记录信用不良者“黑名单”的系统，所以一旦被其记录有不履行义务的信息，该被执行人也就会在以后办理企业和个人信贷业务时处于“无人理睬”且“人人戒备”的状态。在欧美发达国家和地区，征信系统的建立和广泛适用，已成为促进社会诚信、自动履行义务的催化剂。就我国目前情况而言，由央行牵头建设的全国统一的个人和企业征信系统已于2006年相继开通，它覆盖了全国所有金融机构的网络。企业和个人在商业银行等金融机构开立结算、贷款、担保、信用卡等信用信息都被收录其中。各金融机构在办理企业和个人信贷业务时，均把查询企业和个人信用记录作为贷前审批的重要条件。据此可知，将“在征信系统记录……不履行义务信息”作为执行联动措施之一，既是必要的，也是可行的，其必将有力地遏制债务人不履行义务的违法行为，成为培育社会诚信的精巧机制，并将极大地促进“诚实守信”这一良好社会风气的逐步形成。

综上可知，《修改决定》对执行程序所作的修改并非“乏善可陈”。故应相信，通过其之适用，将会使“执行难”这一顽疾在一定程度上得到缓解。

（四）关于“企业法人破产还债程序”的删除问题

《修改决定》第19条规定：“删去第十九章‘企业法人破产还债程序’。”对此，凡是了解我国民事诉讼立法历史的人都知道，1982年的《民事诉讼法（试行）》中并没有这一程序的安排，因为当时还是实行的计划经济体制，吃“大锅饭”，捧“铁饭碗”，因此几乎不存在企业破产问题。但是，随着后来经济体制改革的逐步深化，社会经济生活中开始有了企业破产的问题，于是在1986年国家制定出台了《企业破产法（试行）》。但是，这部破产法仅仅适用于国有企业（当时叫“国营企业”），为了解决集体企业、私营企业等非国有企业的破产问题，于是就在1991年修订《民事诉讼法》时增加了“企业法人破产还债程序”这一章，[1]这实际上仅是一种“头痛医头、脚痛医脚”式的权宜之计。到了2006年，我国制定出台了新的破产法，自此不再区分企业的所有制形式而适用同一部破产法，从而实现了破产法制上的统一，避免了因不同主体适用不同破产规范而导致的混乱无序。这样一来，《民事诉讼法》

〔1〕同时增加的还有“督促程序”和“公示催告程序”。

中的“企业法人破产还债程序”也就因为完成了它的历史使命而需适时删除。总之，我国民事诉讼立法中“企业法人破产还债程序”从“从无到有”再到“从有到无”的过程，实际上折射出了我国的破产立法“从无到有”和“从低级到高级”的发展、完善过程。

三、余论

仓促之下完成的《民事诉讼法》之局部修订，直接导致了诸多遗憾。从《修改决定》的上述具体内容来看，其主要是围绕破解“申诉难”和“执行难”这两大顽疾而对“审判监督程序”和“执行程序”作了一些充实和细化（且后者似乎更为圆满一些）。之所以仅在这两个方面作出修改，固然与破解这两大顽疾的紧迫性有关，但显然也与本届人大常委会在《民事诉讼法》修订工作上重视不够和安排失衡（前松后紧）不无关系。以《修改决定》作为“直接成果”的局部修订与出台“立法规划”的初衷、全面规范民事诉讼活动的急迫需要以及民事诉讼理论界的殷切期盼相比，均是相去甚远的！因此，全面修订《民事诉讼法》理应成为下届人大常委会予以优先安排的重要事项之一。但是，从我国立法机关长期以来形成的“工作传统”来看，经过此次局部修订后，《民事诉讼法》的全面修订何时才能提上下届常委会的工作日程并尽早付诸实施，从目前来看，显然是难以让人感到乐观的。即便如此，学者的责任仍在于继续为我国《民事诉讼法》的早日全面修订而“奔走呼号”。

法院调解结案率须当慎定*

众所周知，在我国的各类审判尤其是民事审判活动中，由于法院调解制度系建立在充分尊重双方当事人的意愿及通过合意解决纠纷的基础之上，契合了中华传统文化中的“和为贵”理念，且常常能够有效地完成对涉讼民事案件的“柔性”解决，故其历来颇受青睐，而且也确实取得了不可否认的诉讼效果和社会效果，因而成为我国民事诉讼的一个突出特点乃至亮点。对此，无疑应该给予积极的肯定和高度的评价。

但是，笔者也注意到，这些年来，特别是随着2004年9月16日《最高人民法院关于人民法院民事调解工作若干问题的规定》（以下简称《调解规定》）的施行，以及2007年3月1日《最高人民法院关于进一步发挥诉讼调解在构建社会主义和谐社会中积极作用的若干意见》（以下简称《调解意见》）的提出，由于不少地方的法院并没有能够正确地理解和贯彻执行上述司法解释与司法文件的精神实质，故而显有失当地把诉讼调解推崇到了无以复加的高度，将其确定为各级法院办理民事案件的主要方式。其突出表现之一就是根据案件审级的不同和受诉法院的级别差异，分别确定了60%、70%甚至高达80%的调解结案率！并将其落实结果与法官考评、年终奖惩以及评先评优等直接挂钩，仿佛不如此就不能体现他们的积极努力和工作成效。

其实，在审判工作中人为地事先确定调解结案率的做法并非今

---

* 原文发表于《法学》2008年第3期。

日之“创新”，而是早已有之。尤其是在计划经济时代的民事诉讼中，[1]由于长期实行的是“依靠群众、调查研究、调解为主、就地解决”的十六字审判方针，且根本没有民事诉讼立法的调整与规制，故法院调解即成为当时办理民事案件的“至上”方式。在此背景下，法院调解结案率的高低自然成为衡量法官乃至法院民事审判工作质量好坏的最主要标准。到了从计划经济向市场经济转轨变型时期，虽然我国已经有了民事诉讼法典即1982年出台的《中华人民共和国民事诉讼法（试行）》，但由于历史的惯性，与原先的“调解为主”并无本质差异的“着重调解”仍然被确定为法定的基本原则，并在实际审判工作中得到大力推行。因此，法院调解结案率的高低依然是衡量审判工作质量好坏的一个重要指标。此后，随着社会转型的加快、改革的深化以及审判理念的逐步更新，1991年经修订出台的我国现行《民事诉讼法》摒弃了“着重调解”的既有原则，转而确立了“自愿、依法调解”的基本原则。这样一来，法院调解结案率也就在一段时间内不再成为我国民事审判实践中的一个“敏感”问题了。然而，由于近几年来民事审判工作中法院调解结案率的“强力反弹”与再度“受宠”，使得我们不得不去再次审视其之诸多弊害。

首先，在民事审判工作中人为地事先确定调解结案率，乃是脱离实际的主观唯心主义的突出表现。这是因为，法院调解有其自身的适用范围和前提条件，不同的民事案件在是否具备“调解可能性”上并不相同，甚至差异极大。因此，法官也好，法院也罢，均应依照诉讼调解的法定要求，针对不同案件的具体情况，审慎地决定是否或者能否对之进行调解。而通过院长、副院长们“踱方步”、“拍脑袋”事先确定下来的调解结案率，尤其是在各个法院之间经过相互“攀比”并“层层加码”后确定下来的调解结案率，除直

---

〔1〕 从民事审判的角度而言，这一时期是指从1949年新中国成立后到1982年《中华人民共和国民事诉讼法（试行）》出台之前的33年。

接导致了民事审判工作中主观唯心主义的大膨胀、大爆发、大流行之负面影响外，根本就无丝毫的可取之处！

其次，在民事审判工作中人为地事先确定调解结案率，极易导致法官违背当事人意愿而强迫（包括直接强迫与变相强迫）调解和违法调解。原因在于，尽管我国现行《民事诉讼法》要求“人民法院审理民事案件，应当根据自愿和合法的原则进行调解”，但是由于脱离实际且高不可攀的调解结案率的“紧逼”与“压迫”，必将使得法官们出于“争先”、“创优”、晋职、晋级等利己考虑，而不得不去“积极落实”经过层层分解后具体到人的调解结案指标。这样一来，双方当事人是否愿意进行调解，以及对案件的调解是否符合法律的规定（包括诉讼法的规定和实体法的规定），也就很难是其优先考虑并严加恪守的事情了。然而，从长远来看，由于这样的调解过程与调解结果往往埋下了“争端再起”的种种隐患，故其到底是促进了和谐社会的构建还是影响了和谐社会的构建其实是不难得知的。

另外，在民事审判工作中人为地事先确定调解结案率，还会导致诉讼效率低下，从而极大地浪费司法资源。具体来说，法官们为了“积极落实”分解到自己身上的调解结案指标，必将不遗余力地对案件进行调解，而不大会去认真考虑案件本身是否具备调解解决的可能性。如此一来，反复调解、“久调不决”这些在原来“调解为主”和“着重调解”时代常见的弊端也就不可避免地重现了，而“马拉松式”的法院调解显然是以牺牲诉讼效率和浪费司法资源为代价的，其结果必将是得不偿失。

最后，在民事审判工作中人为地事先确定调解结案率，终将使得民事诉讼机制走向异化。我们知道，从某种意义上讲，民事诉讼的本质特征即在于以既判力为后盾，依法对案件所涉纠纷的强制性解决，且这一本质特征在世界各国的民事诉讼中概莫能外。因此，人为地事先确定调解结案率，无异于将法院调解“供奉”到了优先于依法裁判的“显赫”地位，而对于那些无理缠讼的恶意当事人而言，法官们为了落实调解结案率而反复进行的“耐心调解”，客观上也就具有了主动“示弱”的成分，甚至成为极少数恶意缠讼的当事人借机讨价还价、“敲诈”法院的“筹码”。[1]

通过以上分析，笔者确信，在民事审判工作中人为地事先确定调解结案率的弊端是显而易见的。当然，仍有人会坚持认为，“如果没有调解结案率在背后起着鞭策作用，即有可能使得民事审判实践中的法院调解成为难以推行的软任务，同时也就不能完成诉讼调解对于构建社会主义和谐社会的促进作用”。对此，笔者认为，如果果真存在这种看法，那么仍然是因为没有能够正确理解并依法处理好调解与裁判的相互关系，以及二者与构建社会主义和谐社会之间的应然关系。申言之，也即简单化、标签化地认为，更多的调解结案，即能促进和谐社会之构建；而更多的裁判结案，则将导致相反的结果。殊不知，从一般意义上来讲，法院调解与法院裁判都是人民法院行使民事审判权的具体方式，本身并无优劣之分与好坏之别，就像真正在当事人自愿与合法基础上进行的法院调解能够化解纠纷并促进和谐社会之构建一样，严格依法作出的公正裁判也完全可以达到同样的目的。[2]正是因为如此，最高人民法院才在《调解意见》中将“能调则调、当判则判、调判结合、案结事了”明确确定为新时期我国民事审判工作的指导方针。[3]

最后，有必要说明的是，笔者并非绝对不赞成对于“法院调解结案率”这个概念的确立与继续使用，但是，所谓的“法院调解结案率”，只能是在每一个审判年度结束以后经过司法统计程序“事后”得出的客观数据，以供相关的工作分析之用，而绝不能是人为

---

〔1〕据悉，某地甚至还出现过法院自掏腰包“平息”诉讼的极端案例，俗称“花钱买稳定”。对此看似天方夜谭，实则令人慨叹万分！

〔2〕从一定意义上说，那种害怕作出裁判以后败诉一方当事人会继续缠讼因而改用调解结案的法官，如果不是对自己所作裁判正确性的“信心不足”，便是对对方当事人的不负责任，以及对国家法律有欠恭敬。

〔3〕参见《调解意见》第一个大部分的第2条。

地对之加以事先确定并予以“强制”推行。也正是基于这个角度，笔者强烈主张，当前意义上的法院调解结案率须当慎定，而且最好是不定。道理很简单，因为它是一柄高悬于民事审判工作之上的达摩克利斯之剑！

改革开放30年的民事诉讼法学*

一、引言

斗转星移，日月更替。从1978年12月具有重大历史意义的党的十一届三中全会开始，我国改革开放的步伐已整整迈过了30个春秋。30年间，承载中华民族伟大复兴的历史重任的改革开放使中华大地发生了举世瞩目的巨变：经济腾飞、社会安康、思想解放、民主进步。在这波澜壮阔的30年中，扮演为物质文明和精神文明建设“保驾护航”角色的法制建设作为改革开放的重要内容和目标，其所取得的显著成就和巨大进步绝不应被忽视。而民事诉讼法作为法制运行的主要规则之一，其发展无疑在这一伟大历史进程中发挥着举足轻重的作用。毋庸讳言，民事诉讼法的勃兴在很大程度上取决于为其提供理论支撑的民事诉讼法学的发展和兴旺。三十而立。民事诉讼法学经过几代学人30年坚持不懈的努力，走过了一个从幼稚到成熟、由萌芽至茁壮的发展历程，目前已初步形成了自己较为独立的学科领域，研究范围和研习方法基本成型，学术队伍不断发展壮大。在当前改革开放向纵深发展的新形势下，为促进民事诉讼法的发展和完善，也为推动民事诉讼法学学科本身的进步与兴盛，审视过往、展望未来应是每个从事民事诉讼法学研究的工作者义不容辞的历史使命。

笔者认为，改革开放30年间，我国民事诉讼法学的发展基本上与体制改革（尤其是经济体制改革）同步，体制改革的每一次推

---

* 原文发表于《法学杂志》2009年第1期。

进均为民事诉讼法学研究的整体性飞跃提供了重要契机，而两部《民事诉讼法》的颁行则成为承接各阶段之间的标志性过渡事件。因我国分别于1982年和1991年颁行了《民事诉讼法（试行）》和《民事诉讼法》，并于2007年对现行《民事诉讼法》进行了局部修订，故本文对民事诉讼法学30年发展历程进行回顾时，主要以这两部《民事诉讼法》的颁行年份作为划分阶段的标准。

二、回顾

（一）第一阶段（1978～1982年）

本文对我国民事诉讼法学研究的回顾虽将起点放在改革开放伊始的1978年，但绝不意味着民事诉讼法学这一学科于该年份方才出现。事实上，我国民事诉讼学与法学的其他各学科一样，与新中国的诞生基本同步，是在对以旧中国立法和实务为研究对象的旧法学彻底批判、并全盘照搬苏联法学理论的基础上形成和发展而来的。应当承认的是，新中国的民事诉讼法学自创立之初便显现出“先天不足、后天不良”的态势：一方面，对旧中国民事诉讼法学理论的全面否定，迫切要求一种全新的民事诉讼理论来指导审判实践，在我国自身研究力量短期内难以胜任的现实困境下，全面接受和吸收与我国意识形态最为接近的苏联民事诉讼理论便成为此时唯一上佳之选，而整个民事诉讼法学的研究亦自然从一开始就显现出介绍和诠释苏联理论的样态，完全谈不上自己独立理论体系的创设和理论深度的探索。另一方面，民事审判实践中对“走群众路线”方针的片面理解所导致的审判权弱化甚至架空的现实状况也严重影响了我国民事诉讼法学研究的开展，使之在很大程度上沦为展示我国法学学科所谓“完整性”的“形象工程”。更为严重的是，从1957年持续至1978年的各种政治运动使得民事诉讼法学研究完全陷入停滞状态。对于讲究连续和传承的法学研究来说，二十余年的研究“真空”状态绝对是难以承受之重。以致到1978年法学高等教育事业恢复之时，除在1957年之前翻译的几本苏联民事诉讼法学教材和专著外，我国民事诉讼法学研究领域基本上是一片空白，即走了近三十年又回到了起点。

随着1978年开始的政法学院和大学法律系的陆续复办和兴办，民事诉讼法学作为当然的专业必修课之一被纳入法学高等教育的教学计划，民事诉讼法学硕士研究生的培养也从1979年开始起步。这段时间，为适应民事诉讼法学教学和研究的需要，由民事诉讼法学研究基础较好的几个教学科研单位分别编著的带有工具书性质的一些民事诉讼法学参考资料相继问世，这在学术资料奇缺的起步阶段显得弥足珍贵。故尽管一般来说，1978~1982年是我国民事诉讼法学研究的复苏阶段，但从严格意义上讲，1978年才是我国民事诉讼法学研究正常开展的起步之时。至此，真正意义上的民事诉讼法学学科才得以建立，并健康发展至今。

这一阶段，民事诉讼理论的研究内容比较零散，主要是介绍、普及民事诉讼法的基本知识，为《民事诉讼法》的出台提供理论上的准备和舆论上的支持。从当时屈指可数且相当粗浅（当然是以今日眼光观之）的研究成果来看，该阶段研究的基点显然仅被置于对以往的民事审判工作经验进行总结进而从理论上加以提升并阐释的层面，对民事诉讼本身的理论和体系问题缺乏足够的关注，最明显的例证便是1983年之前竟无一本全国统编、哪怕是某一院校公开出版的民事诉讼法学教材，这自然导致了民事诉讼法学研究“先天不足、后天不良”局面的延续，并在今后相当长一段时期内对学科的发展水平和学术地位产生了消极影响。

在这一时期，我国仍处于高度集中的计划经济体制时期，制定一部以商品经济为基石的全面规范民事主体之间人身关系和财产关系的民事实体法典的条件和时机尚不具备。但民事审判工作的实践却将及时制定一部较为系统、完整的民事诉讼法典的要求反映了出来，这一点从最高人民法院1979年2月印发的《人民法院审判民事案件程序制度的规定（试行）》的相关规定中可见端倪。从1979年下半年开始，在学界和全国人大常委会法制委员会民事诉讼法起草小组长达两年半的共同努力下，第五届全国人民代表大会常务委员会第22次会议终于在1982年3月8日颁布了《民事诉讼法（试行)》，并于同年10月1日开始试行。新中国的第一部民事诉讼法典虽仅为“试行”，且从形式到内容均存在不少的缺憾，但对刚处于起步阶段的中国民事诉讼法学研究来说可谓忽降甘霖。试行法的颁行不仅是改革开放后我国社会主义法制建设取得的重大成就之一，同时也将我国民事诉讼法学的发展推向了一个全新的阶段。

（二）第二阶段（1982~1991年）

80年代初期，体制改革从理论走向实践，并逐步展开和推进。在法制领域，“法律虚无主义”的阴霾日渐消散，社会主义法制建设逐渐得到恢复和发展。在1982年《民事诉讼法（试行)》颁行的推动下，民事诉讼法学界掀起了一阵研究高潮，重点是对试行法进行注释和阐析，以指导该法的适用。

这一阶段，一改前阶段无公开出版的民事诉讼法学教材的局面，一批在当时具有较高学术价值的民事诉讼法学教材纷纷问世，一批有学术价值的民事诉讼法学参考资料也相继出现，而且民事诉讼领域的一些专著陆续出版，研究水平较前一阶段显著提升。

为促进学术交流，扩大学术影响，成立学术性的诉讼法学研究组织被提上日程。经细致筹划和精心准备，1984年10月，中国法学会诉讼法学研究会在成都宣告成立，同时还举行了首届学术年会。从1986年开始，诉讼法学研究会每年都定期举行学术年会，其以独有的广距离、多角度和深层次的形式发挥着交流、导向与组织的作用，有力地促进了我国诉讼法学健康、有序地发展。在内部沟通的同时，民事诉讼法学研究的对外交流在这一阶段也逐渐出现，其中较引人注目的有：1987年我国派团参加了在荷兰举行的第八届世界诉讼法大会；1988年中国法学会和国际诉讼法协会在北京联合举办了有多位外国诉讼法专家参加的诉讼法发展趋势研讨会。这些学术交流活动对我国民事诉讼法学的发展无疑起到了积极的推进作用。

学术队伍建设在这一阶段也有了长足的进步。为适应法学高等教育事业发展的需要，1983年2～6月，司法部在西南政法学院组织了“司法部第三期全国法律专业（民法、民事诉讼法）师资进修班”，聘请了一批当时国内一流的民事诉讼法专家授课和讲学，培训出一批民事诉讼法学的教学骨干，其中相当一部分亦成为日后中国民事诉讼法学界的学术中坚。至1991年，全国已有6个含民事诉讼法学专门研究方向在内的诉讼法学专业硕士学位授予点，1个含民事诉讼法学专门研究方向在内的诉讼法学专业博士学位授予点。

改革开放的步伐一旦迈出，其进程便不以任何人的意志为转移。随着经济体制改革的逐步深化，在计划经济体制框架下制定的《民事诉讼法（试行）》所规定的解决利益冲突的民事诉讼制度很快便难以完全适应商品经济的迅猛发展。80年代中期，距该法颁行不过短短几年时间，其罅漏和弊端便已显露无遗。于是，修订试行法日渐成为理论界和实务界的共识。在这一阶段的后期，我国民事诉讼法学研究的重点即在于对试行法确立的现有民事诉讼制度进行全面的反思和检讨，并在对民事诉讼各个领域进行较为系统、深入研习的基础上提出完善现行制度的意见。经过不懈的努力，学界研究的相当部分的成果为试行法的修订提供了宝贵的理论支持，并在1991年4月9日第七届全国人民代表大会第4次会议通过的现行《民事诉讼法》中得到了反映。而现行《民事诉讼法》的颁行无疑又促成我国的民事诉讼法学研究迈向了一个更高的台阶。

（三）第三阶段（1991～2008年）

1. 1991～1999年。1991年现行《民事诉讼法》的颁行使得90年代初期民事诉讼法学的研究重心自然放在了对该法典的阐释和解析上。但随着1992年建立社会主义市场经济体制目标的提出，学界很快跳出了单纯诠释法典的藩篱，将研究视野逐渐扩展至对整个现行民事诉讼模式的审视和检讨这一更高的研究层面上。诚然，现行《民事诉讼法》较之《民事诉讼法（试行）》在诸多方面有着显著的进步和突破，但两者均发端于计划经济体制这一基点所致的基本结构和模式上的一致性，使得现行法所设置的民事诉讼制度很难从根本上契合市场经济条件下利益冲突解决的本质要求。故现行法与现实发展的不适应性在很短的时间内即显现出来。最明显的例证是 1994 年法院系统打出了民事审判方式改革的旗帜，并得到了理论界和实务界的迅速呼应，从而揭开了贯穿 90 年代中后期甚至延续至 21 世纪初的聚焦民事审判方式改革的研究序幕。

这近十年间是我国民事诉讼法学研究产生质的飞跃的时期。从形式上来看，一批颇有学术价值的教材、论文和专著相继问世，无论是质量还是数量均是以往难以比拟的。从内容上看，民事诉讼法学的研究逐渐摆脱了着重对以往审判经验总结和对现有法典诠释这一较低的研究层面，在关注制度完善的同时，越来越多的学者开始意识到了构建系统、完整的民事诉讼法学理论体系的重要性和必要性，并纷纷着手进行这方面的尝试，从而推动了民事诉讼法学整体研究层次和水平的提高。

在此期间，中国法学会诉讼法学研究会年会一年一度如期举行。值得关注的是，为改善长期以来我国诉讼法学研究领域内“重刑轻民”及刑事诉讼法学、民事诉讼法学两大分支学科严重失衡的状况，1997 年，经中国法学会诉讼法学研究会常务理事会认真研究，并报中国法学会批准，决定在中国法学会诉讼法学研究会之下正式分设刑事诉讼法专业委员会和民事诉讼法专业委员会，并由民事诉讼法专业委员会兼顾刑事诉讼法专业的学术活动事宜。

同时，我国民事诉讼法学界与外界的交流也逐渐增多，表现在两个方面：一方面，学者之间的互动增加。如 1995 年日本著名民事诉讼法学家竹下守夫教授应邀来华访问；又如，1999 年在西南政法大学举办了中法司法制度研讨会。另一方面，出版了一定数量的民事诉讼法学译著，为我国学者进一步进行民事诉讼法学的比较研究开启了方便之门。此外，学科队伍建设在这近十年中也有显著的进展。截至 1999 年，全国已有十几个含民事诉讼法学专门研究方向在内的诉讼法学专业硕士学位授予点；含民事诉讼法学专门研究方向在内的诉讼法学专业博士学位授予点也从此前的1个增加到3个。此外，中国人民大学博士后流动站于1995年首次吸纳民事诉讼法学博士后研究人员，至此，完整的民事诉讼法学专门人才培养体系已基本形成。

2. 2000~2008年。进入新世纪后，民事诉讼法学的发展可谓"一日千里"，其速度、广度和深度均远胜以前，中国的民事诉讼法学真正进入兴旺发达时期。一方面，通过20世纪90年代中后期学者们的努力，民事诉讼法学的学科体系已基本形成，在法学诸学科中的地位也较之以前有大幅提升；另一方面，学术作品的数量也有了"跃进"式的增加，每年出版的教材和专著都有几十部，每年发表的论文更是多达数百篇。数量的激增固然导致质量的良莠不齐，但其中仍然不乏上乘之作，且整体水平较之以往也高出不少。此外，理论界与实务界的互动也成为21世纪头10年民事诉讼法学研究的一个亮点。随着实务界理论水平的不断提高和理论界更多地接触实务，两者之间的沟通更为顺畅，从而能够更有效地促进民事诉讼规则的完善。最明显的例证便是进入20世纪后，最高人民法院所制定的涉及民事诉讼程序的司法解释的质量有了显著的提升，这其中自然少不了司法解释出台前学界的奔走呼号以及颁行后学者对其进行的系统解读。这一时期的一个重大立法事件便是2007年10月28日第十届全国人民代表大会常务委员会第30次会议对现行《民事诉讼法》进行的修订。本次修订虽然对理论界批评多年以及长期困扰实务界的再审和执行程序作了完善，但从总体上来说，16年一次的局部微调无疑与各界的期盼相距甚远。因此，进一步推动《民事诉讼法》的全面修订自然会成为民事诉讼法学下一步研究的主要方向。

除关于《民事诉讼法》的学术作品日益增多外，这一时期的民事诉讼法学研究还有两个较值得注意的亮点：其一，与诉讼法有关的连续出版物日益增多，为民事诉讼法学工作者（尤其是中青年学人）的观点展示提供了较为稳定的平台。其二，国外民事诉讼法典或规则逐渐被引入。进入 21 世纪，日本、德国、法国、俄罗斯、美国和英国等国家的民事诉讼法典或规则先后被翻译引进，为我国的民事诉讼法学在比较法研究领域的长足进展起到了推动作用。

在此期间，中国法学会诉讼法学研究会年会仍一如既往每年定期举行。但由于刑事诉讼法学和民事诉讼法学近年来都得到了跨越式的发展，加之两门学科本质属性上的差异，继续统合在一个研究会下显然已不合时宜。因此，为了研究的科学化和专业化，经中国法学会批准，在 2006 年杭州年会上，中国法学会诉讼法学研究会分立为中国法学会刑事诉讼法学研究会和中国法学会民事诉讼法学研究会，民事诉讼法学研究会正式成为中国法学会直辖的专业研究会，独立开展学术活动。民事诉讼法学研究会的成立，有利于增进民事诉讼法学学科与其他学科（尤其是民商法学）的联系和交流，为民事诉讼法学的进一步发展打开了局面。而旋于 2007 年召开的首届民事诉讼法学上海年会即旗帜鲜明地提出了“民事程序法与实体法的关系”的主题，彰显出本学科开拓创新的宏大气魄。

这一时期，我国民事诉讼法学界与外界的联系更加紧密，交流的频率也显著增加，沟通的方式逐步多样化，交往的范围亦逐步拓宽。一方面，学者之间的互动更为频繁。2000 年的中国中青年民事诉讼法学者国际研讨班、2001 年的国际民事诉讼程序研讨会、2002 年的比较民事诉讼法国际研讨会、2003 年的审前准备程序理论国际研讨会、2005 年的“公益诉讼、人权保障与和谐社会”国际学术研讨会、2006 年的中美民商法诉讼法国际研讨会和 2007 年的证据理论与科学国际研讨会等皆其适例。另一方面，关于民事诉讼法学的译著显著增多，来源也大大扩充。除日本学者的著作被继续翻译引进外，传统大陆法系国家（如德国和法国）学者的作品也被大量引入，英美法系国家（如美国）学者的论著亦有更多涉及。这些作品的翻译极大地便利了我国民事诉讼法学者对国外民事诉讼理论和制度的了解，为进一步进行民事诉讼法学的比较研究奠定了基础。

值得一提的是，与肇始于20世纪末的高等教育扩招相应，我国从事民事诉讼法学研究的队伍空前壮大。到2008年为止，全国已有60多个含民事诉讼法学专门研究方向在内的诉讼法学专业硕士学位授予点，含民事诉讼法学专门研究方向在内的诉讼法学专业博士学位授予点也极速扩充至15个。

回顾30年的发展历程，可以欣喜地发现，我国的民事诉讼法学研究可谓成绩斐然并已步入全面、稳定发展的成熟时期。学术成果的日渐丰硕、学术队伍的不断壮大、学术组织的逐步健全以及学术活动的日益频繁等均为民事诉讼法学研究的持续、深入开展打下了良好的基础。然而，民事诉讼法学在30年的发展进程中也出现了一些明显的不足和缺憾，主要表现在以下两个方面：

第一，民事诉讼法基本理论研究仍然非常薄弱。基本理论是一门学科自立之本，民事诉讼法学也不例外。因特殊历史背景的影响，我国民事诉讼法学长期以来以注释民事诉讼法律条文为研究重心，呈现出理论被立法“牵着鼻子走”的非正常状态。学界虽然在20世纪90年代中期已注意到这一弊病并一直呼吁重视民事诉讼基本理论的研究，但不可否认的是，我国对民事诉讼基本理论的研究状况还很不理想。虽然有学者就民事诉讼基本理论中的某些问题作了一些有益的探索，但绝大多数限于对域外学说的介绍和引入，结合我国国情进行的独立的创造性研究基本上付之阙如。毋庸讳言，民事诉讼法学基本理论研究的薄弱直接导致了该学科体系完备性的缺失，进而实质性地削弱了学术研究对立法完善本应具有的影响力。

第二，研究方向尚缺乏自主性，研究手法亦不甚明确。从经验上讲，民事诉讼法学研究水平比较落后的国家，积极借鉴和吸取域外先进的研究成果乃是提高其本国学科研究水平的重要方法，也是提升其本国民事诉讼立法的必经之路。从我国已有的民事诉讼法学研究成果来看，固然不乏结合域外民事诉讼立法、理论进行研究之佳作。但从总体上看，我国民事诉讼法学者在进行这方面的研究时，并未真正审酌域外民事诉讼制度及运行方式在我国本土植根的可行性，使得其研究成果缺乏实践价值。2007 年《民事诉讼法》的局部修改基本上未吸收学者的所谓“成果”，便很好地说明了这一点。

三、展望

回顾民事诉讼法学发展历程，重要的乃是以史为鉴、展望未来，对进入“壮年”的民事诉讼法学研究的进一步深入提出建言。笔者认为，加强民事诉讼基本理论研究，强化研究的自主性，进一步提升研究水平和研究层次，应是今后我国民事诉讼法学研究的着力方向。具体讲来，应当从以下两方面去努力：

（一）创建完善的民事诉讼法学学科体系

目前，我国民事诉讼法学基本理论研究仍仅停留在学说评介之状态下，创建逻辑严密的民事诉讼法学学科体系可谓任重道远。罗马非一日建成，学说的创立与完善的学科体系之形成亦非一人一日之功，需要以大规模协同“作战”的方式通过周密组织、细致安排和长期坚持才有可能完成。

（二）加强与民事实体法的结合进行研究

由于中国传统“重实体、轻程序”观念的影响，以民事诉讼法为代表的民事程序法长期被界定为民事实体法的从法和助法。20 世纪 90 年代中期，民事诉讼法学者开始对这一错误定位进行声讨和批判，大量探析民事诉讼法和民事实体法关系的论著亦相继面世，对民事诉讼法内在价值的确立和民事诉讼法学学术地位的提升确实起到了积极的推动作用。但应看到，这些成果之面世最多也就达到了确立民事诉讼法独立地位的目的，其对于更为深层次的问题，如在民事诉讼中如何协调和处理程序和实体的关系以及怎样实现两者关系的最优化等却未涉及。为进一步拓宽民事诉讼法研究空间，加强与民事实体法的结合，乃是今后我国民事诉讼法学者在研究中应着重关注的问题。

民事审监程序修改过程中若干争议问题之思考*

2007年10月28日，第十届全国人大常委会第30次会议通过了《关于修改〈中华人民共和国民事诉讼法〉的决定》（以下简称《修改决定》），[1]主要就审判监督程序和执行程序进行了完善。就审判监督程序的修改来说，其主要目的在于解决当事人和社会公众反映强烈的“申诉难”、“申请再审难”问题，但修改的内容仍然是粗线条的，对于司法实践中遇到的很多突出问题，《修改决定》并没有涉及。因此，为了更好地保障当事人申请再审的权利，规范审判监督程序，维护各方当事人的合法权益，最高人民法院于2008年11月25日下发了《关于适用〈中华人民共和国民事诉讼法〉审判监督程序若干问题的解释》（以下简称《解释》），并已自2008年12月1日起施行。本次审判监督程序的立法修改及其司法解释的制定，在理念指导、制度构建以及具体条款的设计等诸多方面，均面临着在不同的甚至相互冲突的可选方案中加以协调和取舍的难题。《修改决定》和《解释》的某些内容，确实体现了如何平衡相关方案的良苦用心，有些内容则在很大程度上表现出对我国司法现状和现实国情的回应和无奈。总体而言，我们认为，本次审判监督程序之修改的积极意义不容否认，[2]但在某些方面确有进一步斟酌

* 本文系与第二作者刘学在合作，原文发表于《中国法学》2009年第4期。

[1] 2012年8月31日，第十一届全国人大常委会第28次会议对《民事诉讼法》作了第二次修正。本文的讨论不涉及第二次修正的内容。

[2] 本文中所说的审判监督程序的修改，包括《修改决定》中的内容以及作为其配套司法解释的《解释》中所规定的内容。

或完善的必要。

一、申请再审之事由——实体性事由与程序性事由之论争

维护生效裁判的既判力和终局性与启动再审程序以纠正可能存在错误的裁判之间如何平衡，最突出的体现就在于如何设定申请再审的事由。“一般而言，允许提起再审的事由越多、对适用再审事由的掌握越是宽泛，则既判力的作用越是受限制，确定判决的终局性也越显得微弱。……总的来说，在西欧法律文化传统之下，不同法系或不同国家的民事再审制度尽管规定及掌握的再审事由范围有宽有窄，但在具有维护判决既判力及终局性的明确意识并对再审事由施以不同程度的限制这一点上却是共通的。”〔1〕而从各国的规定来看，对再审事由的限制又具体表现为如何取舍和设定实体性事由和程序性事由。就程序性事由的设定而言，主要应考虑该违反程序的行为是否达到违背基本的程序公正价值，从而有必要允许当事人据此挑战既判力的严重程度；而就实体性再审事由的设定来说，则主要应考虑该事由是否足以造成实体的裁判不公，并且在实务中该事由是否具有可操作性和明确性，从而不致产生认识上的分歧和对立。

关于我国民事诉讼法中申请再审的事由问题，无论是在民事诉讼法修改之前还是修改之后，均是理论界和实务部门探讨审判监督程序时涉及最多的话题。具体而言，在修改前的第 179 条所规定的 5 项申请再审的事由中，除了“审判人员在审理该案件时有贪污受贿，徇私舞弊，枉法裁判行为的”这项事由较易认定外，“人民法院违反法定程序，可能影响案件正确判决、裁定的”乃是一项兼具程序性和实体性且认定起来极欠确定性的事由，而其他 3 项则是同样具有极大弹性、在实务中不容易准确认定的实体性事由，由此也

〔1〕王亚新：《对抗与判定——日本民事诉讼的基本结构》，清华大学出版社 2002 年版，第 359 页。

就造成了在再审实践中当事人和法院依据同样的条款却往往得出不同的认识和结论，当事人进而不断申请再审或申诉上访而法院则认为其在无休止地无理缠讼的尴尬处境。故此，早在本次民事诉讼法修改之前，针对如何细化再审事由，特别是如何突出程序性事由的独立地位以及如何使实体性事由更具有可操作性（或者说如何将实体性事由形式化而使其像程序性事由一样容易认定），民事诉讼理论界和实务部门已进行了广泛的探讨。〔1〕修改后的第179条分两款共计15种情形对再审事由进行了细化和列举，从而在一定程度上实现了从主观标准向客观标准的转变、从实体性标准向程序性标准的转变、从概括性标准向具体性标准的转变。〔2〕较之修改前的规定，修改后的很多事由显然更具有可操作性，便于当事人之再审申请权的行使，也利于法院的审查和准确认定，从而可以减少申请再审的随意性。特别是一些程序性再审事由的设定，一改过去程序附属于实体、程序问题不能单独作为再审理由的立法与实践，更加强调了程序法定原则和程序正当性原理，对于规范法官的审判行为，促使其遵守法定程序具有重要意义，这一点也被认为是此次修改的重要特点和一大亮点。但由于种种原因，法定事由中一些关键词如"新的证据"、"基本事实"、"对审理案件需要的证据"、"适用法律确有错误"、"管辖错误"、"剥夺当事人辩论权利"等，在司法实践中如何把握，仍然存在争议和歧义。为此，从进一步增强可操作

〔1〕参见张卫平："民事再审事由研究"，载《法学研究》2000年第5期；李浩："民事再审程序改造论"，载《法学研究》2000年第5期；江伟、徐继军："论我国民事审判监督制度的改革"，载《现代法学》2004年第2期；王亚新："'再审之诉'的再辨析"，载《法商研究》2006年第4期；陈冰、谭甄："建立再审之诉制度的实践探索与思考——关于《广东省法院再审诉讼暂行规定》制定和实施情况的实证分析"，载《法律适用》2006年第6期；江苏省南京市中级人民法院："再审之诉框架下申请再审的程序性制度建构——关于民事申请再审制度改革的调研报告"，载《法律适用》2007年第2期。

〔2〕参见汤维建、毕海毅、王鸿雁："评民事再审制度的修正案"，载《法学家》2007年第6期。

性角度出发，《解释》用9个条文（第10～18条）对再审事由中一些认识模糊的文字作了进一步明确，以求避免出现当事人与法院判断再审事由以及“错案”标准上的偏差。尽管如此，诉讼实践中如何准确地对这些在内涵和外延上均具有一定模糊性的概念进行合理地解释仍将是一个复杂的问题，而且新的再审事由之规定以及《解释》对部分再审事由的进一步界定也并非是无可挑剔的，但限于篇幅，本文不打算针对每一项再审事由逐一地进行细致的分析，而仅就以下两个问题略作讨论。

（一）实体性再审事由应否废除

无论在此次修改之前还是之后，理论上均有很多人主张应当抛弃实体性再审事由或者将有关实体性再审事由完全形式化。本次修改在增加了一些纯粹的程序性再审事由的同时，对原来的实体性事由并没有抛弃，其中有些是直接加以保留（如“有新的证据，足以推翻原判决、裁定的”），有些则是在表述上加以改动（如“原判决、裁定认定的基本事实缺乏证据证明的”），另外也增加了一些将实体性事由形式化的情形（如“原判决、裁定认定事实的主要证据是伪造的”）。对于修改后的规定，有学者认为，将实体性事项列入再审事由是民事诉讼法修改的一个失误，其理由在于，对实体性事项在再审之前是无法作先入为主式的认定的，再审的功能应当定位于恢复裁判的公信力，而不是所谓的“纠错”，且德、日等国民事诉讼法均将再审事由限定为形式上的瑕疵而不是实质上的“错误”。[1]我们认为，这种观点虽有一定道理，且在特定的制度框架和法律文化环境之下确实有其科学性，但就我国目前的情况而言，抛弃实体性的再审事由（如证据不足、事实认定错误、适用法律错误等），完全否定再审程序的“纠错”功能，似乎并不是一种切合实际的合理选择。

---

〔1〕参见陈桂明：“再审事由应当如何确定——兼评2007年民事诉讼法修改之得失”，载《法学家》2007年第6期。

首先，基于中外法律和社会环境的差异，我国的民事再审事由之设定仍有必要秉承有限“纠错”的功能。换句话说，德、日等国规定的再审事由之所以主要指向诉讼的形式问题而一般不涉及事实认定与法律适用之实质问题，乃是因为它们具有特定的制度基础和法律文化基础，而我国目前并不充分具备这些基础条件，具体包括：①形成了由精英法官组成的法官共同体，他们有着相同的或类似的法律教育背景，受到了良好的法律教育，具有丰富的法律知识和实践经验，审理案件时基本上能够做到“相同情况，相同对待”。②法官对职业道德具有高度的认同感，他们十分珍惜自己的法官职业生涯和职业荣誉，会小心谨慎、恪尽职守地履行审判职责，而绝少有枉法裁判行为的发生。[1]③三审终审制之审级制度的设计以及作为“法律审”的第三审程序的有效运作，可以最大限度地保证法律适用的准确性。④既判力观念深入人心，司法裁判具有极大的权威性和公信力。即使是在对法律条款本身的涵义有分歧且有两种以上认识时，无论法官根据哪种理解作出（裁判）结论，当事人仍然会接受裁判的终局性与既判力；或者在认定案件事实时，即使由于确实无法查清事实而需要运用举证责任规则或优势证据规则作出认定时，当事人通常也会接受这种认定及据此所作裁判的既判力。在我国，由于并不充分具备上述制度基础和法律文化基础，因而如果绝对地排除实体性的再审事由，可能会具有很大的危险性，即一些

---

〔1〕 相比较而言，我国法官对法律和法官职业道德的遵守是不容乐观的。例如，据报道，“2003年至2004年上半年，陕西省法院系统反腐工作成效显著，一年半内共查处违法违纪案件93件，96名法官被查办，其中包括中级人民法院和基层法院正副院长6人”。参见台建林：“陕西法院系统重拳惩腐一年半查处违法违纪法官96名”，载《法制日报》2004年8月14日。又如，2009年的《最高人民法院工作报告》中指出，2008年全国法院共查处违纪违法人员712人，其中追究刑事责任105人。而据《法制日报》报道，自最高人民法院2009年1月8日公布“五个严禁”规定至2月底，全国法院已有139人涉嫌违反该规定而受到追查。参见王斗斗：“‘五个严禁’高压线‘电’了130余人”，载《法制日报》2009年3月3日。

生效裁判很可能与实现实体公正、保护当事人的实体权利这一民事诉讼之根本目的相违背，并可能会进一步加重社会公众对司法不信任的程度。

其次，从我国过去的司法实践来看，因当事人申请而进入再审程序的案件主要是基于事实认定和法律适用方面的事由。据江苏省高级法院的一项调查，在2001～2002年间由南京、无锡、徐州、连云港四市中级人民法院审结的262件非抗诉民商事再审案件中，实体性再审事由占了绝大部分。其中，以新证据为由启动再审的16件，所占比例为6.11%；以认定事实的主要证据不足为由启动再审的155件，占59.16%；以适用法律错误为由启动再审的55件，占20.99%；以程序违法为由启动再审的15件，占5.73%；对民事调解书启动再审的13件，占4.96%；法院依职权启动再审的8件，占3.05%。〔1〕有学者对全国审判监督案件再审事由随机抽样统计的结果以及对湖北省高级法院与东莞市中级人民法院民事再审事由抽样统计的结果也表明，法院审理的再审案件中，“新的证据”、“原裁判认定事实的主要证据不足”、“适用法律错误”这些实体性事由所占比例也处于绝对优势，而单纯的程序性事由和法官贪污腐败、徇私枉法之事由所占比例则较小。〔2〕因此，民事再审实践的现状也意味着，如果只规定形式化的再审事由，而废弃实体性再审事由，当事人和社会公众恐怕是难以接受的。

最后，实体性事由在多数情况下并非是不可认识的。对于实体性再审事由的审查、认定，有时确实存在一定模糊性，甚至出现“公说公有理、婆说婆有理”的尴尬境地，但却不能据此认为实体

〔1〕参见江苏省高级人民法院审监庭：“现行民事再审事由实证研究”，载《法律适用》2003年第11期。需说明的是，原文将上述几种类型的总数误计为252件，并以此为基数算出的比例分别为6.35%、61.51%、21.83%、5.92%、5.16%、3.18%。经我们仔细核对，其总数应为262件，故以此为基数对其比例重新进行了计算。

〔2〕参见王亚新等：《法律程序运作的实证分析》，法律出版社2005年版，第182页。

性事由都是不可认识的，或者说案件事实的认定、法律的适用没有“对”与“错”的区别。事实上，在多数情况下，案件的事实认定是否准确、证据是否充分、法律适用是否正确，对于受过良好法律教育、具有相关司法实践经验的法官来说，仍然可以得出大致相同的判断。例如，对于“适用法律确有错误”这一再审事由，很多人持反对意见，那么，适用法律是否错误，难道真的就是绝对不能把握和认识的难题吗？我们认为，除了少数可能存在“模糊地带”之情形外，多数情况下应该是可以认知的。至少《解释》第13条所列举的下列情形，在认定时并不存在很大的困难：“原判决、裁定适用法律、法规或司法解释有下列情形之一的，人民法院应当认定为《民事诉讼法》第179条第1款第6项规定的‘适用法律确有错误’：①适用的法律与案件性质明显不符的；②确定民事责任明显违背当事人约定或者法律规定的；③适用已经失效或尚未施行的法律的；④违反法律溯及力规定的；⑤违反法律适用规则的；⑥明显违背立法本意的。”特别是在我国没有确立作为“法律审”之第三审程序的情况下，这一再审事由的设定更显得具有必要性。[1]

因此，《修改决定》和《解释》对再审事由的规定虽然还存在需要完善之处，但其所进行的具体化和列举式的努力应当加以肯定，这些事由既区别于修改前主要是具有极大弹性的实体性事由之规定，也不同于德、日等国将其限定为程序性事由和形式化的实体事由之规定。应当说，这种努力是在考察我国现实国情的条件下，已经较为充分地斟酌了对程序性事由和实体性事由如何进行取舍的平衡问题。可以预见的是，如果废弃实体性再审事由，涉诉信访的

---

〔1〕 当然，未来《民事诉讼法》的修订如果设立第三审作为纯粹的法律审，这一再审事由则可考虑取消或者设定相应的限制条件。参见王亚新：“民事审判监督制度整体的程序设计——以《民事诉讼法修正案》为出发点”，载《中国法学》2007年第5期。

压力将会更大，[1]而法院和其他机关对于这些信访行为又不能置之不理，其对涉诉信访的审查处理在很多情况下仍然会动摇生效裁判的既判力。这样一来，与其通过非诉讼性的信访渠道解决争议，使司法权威遭受极大的挑战，[2]还不如尽量将当事人的合理诉求纳入诉讼轨道，通过制度化的再审程序予以解决。所以，就我国而言，再审事由的设定，关键并不是要排除实体性事由，而应是如何使实体性事由在实践中容易得到判断和认定。将来在全面修订民事诉讼法时，实有必要在这一点上继续努力。同时应通过合理规定申请再审的期限和向检察院申诉的期限、确立再审的补充性原则、限制申请再审的次数等方面的配套规定，在保障当事人再审诉权的同时，逐渐树立起当事人和社会公众对生效裁判之既判力和司法终局性原则的应有尊重。

（二）程序性兜底条款有无必要

修改后的第179条第2款规定，具有“违反法定程序可能影响案件正确判决、裁定的”之事由时，人民法院应当进行再审，那么，这一再审事由与第1款所规定的一些违反法定程序的再审事由（例如“审判组织的组成不合法或者依法应当回避的审判人员没有回避的”）之间是什么关系？从条文的表述和逻辑来看，其区别似乎在于：只要存在第1款规定的违反法定程序的情形时，就应当进行再审，而不论该情形是否“影响案件正确判决、裁定”，而其他违反法定程序的行为，只有达到“影响案件正确判决、裁定”的程

---

〔1〕 根据2008年和2009年的《最高人民法院工作报告》的统计，2003～2007年，最高法院共审理各类案件20 451件，而办理涉诉信访案件则达到71.9万件；地方各级法院和专门法院审结各类案件3178.4万件，办理涉诉信访案件也有1876万件之多；2008年，最高法院受理各类案件10 553件，但处理的重点信访案件则达到36 727件。如果废弃实体性再审事由，法院处理涉诉信访案件的压力必将更为沉重。

〔2〕 关于信访行为对司法权威的消解，参见于建嵘：“中国信访制度批判”，载《中国改革》2005年第2期；周梅燕：“取消？强化？变革？中国信访制度陷入困境”，载 http：//news. xinhuanet. com/newscenter/2004－06/30/content_ 1553983. htm.

度时，才能够申请再审。[1]但若进一步分析，则可发现第2款规定的“违反法定程序可能影响案件正确判决、裁定的”这一再审事由，其实是没有必要的，理由在于：其一，这是一项弹性极大、不易操作的再审事由，被认为是一种“口袋性”的事由，适用过程中必然随意性较大。其二，如果是严重违反法定程序的行为，达到了应当据此否定生效判决之既判力的程度，则应当直接纳入该条的第1款之中（事实上该条第1款已经作了较为详细的列举）；如果并非是严重违反法定程序的行为，则显然不应当据此否定生效判决的既判力和终局性。其三，所谓“影响案件正确判决、裁定”，其含义无非是指案件在实体裁判上可能存在错误，而该条第1款对实体方面的再审事由（包括事实认定、法律适用等）已经作了详细的规定，故“违反法定程序可能影响案件正确判决、裁定的”这一再审事由的设定，实属没有必要的重复，即使删除这一再审事由，当事人的实体权利依照该条第1款的规定也完全能够得到保障。[2]

二、管辖法院——上一级法院、原审法院与其他法院之选择

（一）再审申请之管辖法院

对于再审申请的管辖法院，《民事诉讼法》修改后的第178条规定：“当事人对已经发生法律效力的判决、裁定，认为有错误的，可以向上一级人民法院申请再审，但不停止判决、裁定的执行。”因此，删除了原条款中可以向原审法院申请再审的规定。理由在于：一是在当前的司法环境下，当事人对作出生效裁判的原审法院普遍缺乏信任，对由其审查再审案件的公正性存在疑虑；二是因受原审法院法官之间的人情关系、可能存在的先入为主以及其他因素

---

〔1〕《解释》第17条也是按照此种理解来进行界定的。

〔2〕其实，在最高人民法院起草的《关于保障当事人申请再审权利、维护司法公正的决定（送审稿）》（即为全国人大代拟稿）中，并没有设置上述程序性兜底条款，而在2007年6月全国人大常委会审议的《民事诉讼法修正案草案》中则规定了“其他致使原判决、裁定错误的情形”之兜底性条款，后来演变为现在之规定。

的影响，由原审法院受理、审查当事人的再审申请并决定是否裁定再审，实践中存在一定障碍；三是原来的可向原审法院或上一级法院申请再审的规定在审判实践中造成了一定的管辖混乱状况，如上下级法院之间在处理再审申请时相互推诿而引起当事人不满、当事人多头申诉、法院重复审查，造成司法资源的浪费等。故在本次修改的调研中，主流意见是将申请再审管辖权上提一级，取消原审法院的管辖权。〔1〕

尽管将再审申请的管辖法院上提一级符合当事人和社会大众的整体愿望，有助于提升人们对审判监督程序的信赖感，但这样的修改并非是没有问题的。其一，在很多情况下它可能并不符合诉讼的便利性原则，会明显增加诉讼成本。因为申请再审的案件由原审法院管辖时，便于对诉讼资料的利用，也便于当事人进行诉讼。其二，它与再审之诉的性质有可能发生冲突。因为再审在性质上是一种对于具有法定情形的生效裁判再次进行审判的特殊的救济程序，并非上诉和移送的问题。最后，这样的规定会使大量的申请再审案件涌向高级法院和最高法院，对其在工作负担上造成难以承受之重。〔2〕正因为如此，在修正草案的讨论过程中，有学者认为“应当根据不同的再审事由和审查程序来决定是否赋予再审申请以移审的效果”，〔3〕有学者则主张可规定由原审法院管辖并赋予当事人对原审法院所作的是否再审的裁定以上诉权予以平衡。〔4〕还有人从实证分析的角度，认为原则上申请再审案件应由原审法院审查，例外情

---

〔1〕 参见最高人民法院民事诉讼法修改研究小组编著：《〈中华人民共和国民事诉讼法〉修改的理解与适用》，人民法院出版社2007年版，第17～19页。

〔2〕 这一点正是《民事诉讼法》第181条第2款后半段之规定的主要理由。

〔3〕 王亚新：“民事审判监督制度整体的程序设计——以《民事诉讼法修正案》为出发点”，载《中国法学》2007年第5期。

〔4〕 参见李浩：“构建再审之诉的三个程序设计”，载《法商研究》2006年第4期；李浩：“民事再审程序的修订：问题与探索——兼评《修正案（草案）》对再审程序的修订”，载《法律科学》2007年第6期。

形则由上一级法院审查。[1]而从最高人民法院的态度来看，早期曾倾向于主张申请再审案件由原审法院管辖为主，[2]后来改为建议建立“以作出生效裁判的上一级人民法院管辖为主，以原审人民法院管辖为辅的申请再审管辖制度”。[3]其三，在一切围绕解决“申诉难”这一主要修法目的之大背景下，只能接受再审申请全部由上一级法院管辖的意见。

相比较而言，对于再审申请的管辖法院，大陆法系国家和地区一般均规定由作出生效判决的法院专属管辖。那么，域外为何会规定由作出生效判决的法院专属管辖，而不是像我国这样规定由其上一级法院管辖呢？据我们理解，可能是基于以下理由：①审理的便利性，即由原审法院管辖再审案件，便于诉讼卷宗的调阅、便于当事人进行诉讼。②域外规定的再审事由较为清晰，可操作性较强，故由原审法院进行再审同样容易把握和认定。③其司法具有很高的权威性和公信力，无论是下级法院还是上级法院的判决，其既判力都易于得到当事人的尊重。④再审之诉是一种非常的救济程序，而不是正常的审级制度，不是审级制度的制约问题，故对其管辖法院不需要提级。⑤法院之间存在事务管辖（类似于我国的级别管辖）和职能管辖（即有的法院的审判职能在于一审，而有的法院的审判职能在于二审或三审）的分工，由原审法院管辖再审案件也是出于维护事务管辖和职能管辖制度的需要。

基于以上讨论，我们认为，域外由原审法院专属管辖再审之诉

---

〔1〕 参见花玉军：“申请再审全部提级审查不具有可行性”，载《法制日报》2007年8月15日。

〔2〕 可参见下列文献：最高人民法院2002年9月10日发布的《关于规范人民法院再审立案的若干意见（试行）》第6条；最高人民法院民事诉讼法调研小组编：《民事诉讼程序改革报告》，法律出版社2003年版，第290页；最高人民法院2005年5月起草的《关于审理民事、行政申请再审案件若干问题的规定（征求意见稿）》第2条。

〔3〕 最高人民法院民事诉讼法修改研究小组编著：《〈中华人民共和国民事诉讼法〉修改的理解与适用》，人民法院出版社2007年版，第19页。

的规定并不适合于我国国情，但修改后的“向上一级法院申请再审”的僵硬规定也未必十分合理。相对而言，“可以向原审人民法院或上一级人民法院申请再审”的原有规定，由于赋予了再审申请人选择管辖法院的权利，更体现了对当事人程序选择权的尊重，其实可以说是一种更好的立法选择。[1]至于实践中出现的诸如上下级法院之间相互推诿、当事人重复申请再审等问题，则完全可以通过规则的细化来予以防止和规制。例如，可规定当事人只能在原审法院与上一级法院中选择其一申请再审、受理再审申请的法院应当依法自己进行审查、当事人分别向上下级法院申请再审时应由上一级法院管辖等。

（二）再审审理之管辖法院

对于具体进行再审的法院，修改后的第181条第2款规定：“因当事人申请裁定再审的案件由中级人民法院以上的人民法院审理。最高人民法院、高级人民法院裁定再审的案件，由本院再审或者交其他人民法院再审，也可以交原审人民法院再审。”这一规定表明：①具体进行再审的法院与对再审申请予以审查、处理的法院不一定是同一法院。②只有最高人民法院、高级人民法院才有权将案件交其他法院或原审法院再审，受理再审申请的中级人民法院，对于具体进行再审的法院没有自由裁量的权力。按照第178条的立法意图，再审案件的实际审理应当由受理再审申请的法院承办为宜，但第181条第2款却规定最高人民法院、高级人民法院可将案件交下级法院或原审法院审理，这样安排的主要原因在于，立法部门考虑到再审申请管辖制度上的变化使中级以上法院，尤其是高级人民法院和最高人民法院面临很大的案件压力，超出了高级人民法

---

〔1〕应当注意的一个问题是，修改后的由上一级法院管辖再审申请案件之规定，显然忽视了一种重要的例外情形，即对最高人民法院作出的生效裁判，当事人如果申请再审，应当向哪个法院提出？《解释》对此也未予以明确。如果当事人对最高人民法院的裁判同样享有申请再审的权利，则该条显然还应当有一个“但书”性的规定，即规定对于最高人民法院作出的生效裁判，可以向最高人民法院申请再审。

院和最高人民法院人力、物力所能承受的限度,[1]而在短期内对司法体制和法院结构进行大的调整也不现实，故为避免上一级法院难以承受案件的再审，形成案件的堆积并因此而产生新的“申诉难”、“申请再审难”现象，立法部门最终决定采取从上级法院分流一部分再审案件给下级法院的方式，以减轻最高人民法院和高级人民法院承担再审工作所面临的困难。[2]可见，最高人民法院、高级人民法院可以将案件交下级法院或原审法院再审的规定，主要是基于对我国审判机构现状的考量，是对第178条之规定与目前申请再审案件的现状以及审判机构现状之间矛盾的妥协与折衷。[3]

关于最高人民法院、高级人民法院裁定再审的案件可以由本院再审或者交其他法院或原审法院再审的规定，在实际操作中必将涉及以哪种审理途径为原则或者说应优先考虑哪种审理途径的问题。从第181条第2款表述的顺序来看，似乎是以上级法院提审为原则，上级法院将案件交其他法院再审次之，最后再考虑交原审法院

---

〔1〕据报道，再审案件上提一级管辖后，高级以上法院面临着相当繁重的再审办案压力，各省高院案件成倍激增。以部分高级法院受理的申请再审案件数量为例，仅在2008年1~8月，福建高院同比增长近10倍，北京高院同比增长4.4倍，广东高院同比增长4.12倍，江苏高院同比增长4.44倍。参见吴晓锋：“案多人少省级高院亟待扩编”，载《法制日报》2008年12月7日。

〔2〕参见最高人民法院审判监督庭编著:《最高人民法院关于适用民事诉讼法审判监督程序司法解释理解与适用》，人民法院出版社2008年版，第234、237页。

〔3〕有观点在解释第181条第2款的规定时，认为其理论根据是《民事诉讼法》第39条规定的管辖权转移的原理（参见最高人民法院民事诉讼法修改研究小组编著:《〈中华人民共和国民事诉讼法〉修改的理解与适用》，人民法院出版社2007年版，第107页；最高人民法院审判监督庭编著:《最高人民法院关于适用民事诉讼法审判监督程序司法解释理解与适用》，人民法院出版社2008年版，第235、244页）。我们认为这种解释并不合适。其一，《民事诉讼法》第39条规定的管辖权转移，显然是就确定民事案件的第一审法院而言，而非针对再审的管辖法院；其二，按照我国《民事诉讼法》的规定，对案件裁定再审时，原审裁判并未撤销，这就意味着原审法院已经行使了管辖权并且据此作出了生效裁判，故在未撤销原裁判的情况下何谈管辖权转移?

再审，但并不能当然地得出此种结论。从《解释》第27~29条的规定来看，虽明确确立了一般应当由上一级法院自行再审这一原则，以体现本次修订《民事诉讼法》的意图，但对于交其他法院再审与交原审法院再审之间应当优先适用哪种途径的问题，在《解释》的起草及征求意见过程中，则存在较大分歧。最高人民法院经研究后认为，交其他法院再审与交原审法院再审各有自己的优势，故《解释》最终并没有确立应优先考虑将案件交其他法院审理、最后考虑交原审法院审理的规则，而只是就指定其他法院再审时需考虑的因素以及不得指令原审法院再审的情形作出了规定，[1]即在第28条规定："上一级人民法院可以根据案件的影响程度以及案件参与人等情况，决定是否指定再审。需要指定再审的，应当考虑便利当事人行使诉讼权利以及便利人民法院审理等因素。接受指定再审的人民法院，应当按照《民事诉讼法》第186条第1款规定的程序审理。"第29条则规定："有下列情形之一的，不得指令原审人民法院再审：①原审人民法院对该案无管辖权的；②审判人员在审理该案件时有贪污受贿，徇私舞弊，枉法裁判行为的；③原判决、裁定系经原审人民法院审判委员会讨论作出的；④其他不宜指令原审人民法院再审的。"

值得思考的一个问题是，指定其他法院再审在程序上是否存在理论上的障碍？根据《民事诉讼法》第181条的规定，最高人民法院、高级人民法院裁定再审的案件，可以指定其他法院再审，但立法上并没有规定应如何协调和处理再审法院的裁判与原审法院的裁判之间的关系。换句话说，按照审判监督程序决定再审的案件，原生效裁判只是被裁定中止执行，[2]在再审裁判作出之前，其法律效

---

〔1〕参见最高人民法院审判监督庭编著：《最高人民法院关于适用〈民事诉讼法〉审判监督程序司法解释理解与适用》，人民法院出版社2008年版，第242页以下。

〔2〕参见《民事诉讼法》第185条、《最高人民法院关于适用〈中华人民共和国民事诉讼法〉若干问题的意见》第200条。

力仍然存在，而从诉讼理论上讲，对于原生效裁判的撤销、变更或者维持，只能由上级法院或者原审法院进行，同级的法院之间无法享有此种权限，否则即会与审判独立等基本诉讼法理相违背；但依照上述条款的规定，如果最高人民法院、高级人民法院将其裁定再审的案件交其他法院再审，该法院应当是作出生效裁判的原审法院的同级法院，〔1〕这样一来，再审法院的裁判与原审法院的裁判之间就会出现难以协调的困境，即一方面再审法院的裁判必须对如何处理原审法院的裁判作出判断，另一方面现行法律又没有赋予同级的法院可以改变、撤销其他法院的生效裁判的权力。即使在实际操作中认可进行再审的同级法院可以撤销原审法院的裁判，〔2〕但在诉讼理论上却无法做到自圆其说，因为同级法院之间并不具有"审判监督"或"审级监督"的功能，在原审法院的裁判未被决定再审的上级法院依法撤销时，显然无法得出进行再审的同级法院的审查与判断将会比原审法院的判断更权威的结论。由此观之，上述条款中关于最高人民法院、高级人民法院可以将其裁定再审的案件交其他人民法院再审的规定，可以说是一种有欠深思熟虑且缺少相关配套规定的立法败笔。其实，如果认为确有必要保留指定再审的规定，则以下配套规定是必不可少的，即最高人民法院、高级人民法院在指定其他法院再审时，应当同时裁定撤销原判决、裁定或调解书。

另需注意的是，在指定其他法院再审时，《解释》第38条关于"发回重审"的规定如何适用可能也是存在问题的。《解释》第38条规定："人民法院按照第二审程序审理再审案件，发现原判决认定事实错误或者认定事实不清的，应当在查清事实后改判。但原审人民法院便于查清事实，化解纠纷的，可以裁定撤销原判决，发回

---

〔1〕《解释》第27条也对此作出了明确界定。

〔2〕《解释》第36~39条规定了再审审理后如何裁判的问题，应当也包括了被指定再审的法院对案件再审后的处理方式，故《解释》是认可再审的同级法院"有权"撤销、改变原审法院的生效裁判的。

重审；原审程序遗漏必须参加诉讼的当事人且无法达成调解协议，以及其他违反法定程序不宜在再审程序中直接作出实体处理的，应当裁定撤销原判决，发回重审。”如果当事人申请再审的裁判是二审裁判并且上级法院采取指定再审的方式处理，则根据《解释》第28条和《民事诉讼法》第186条的规定，受指定的法院应适用二审程序审理。在此情况下，受指定的法院能否依据《解释》第38条的规定裁定撤销原判，发回重审？如果允许的话，那么此处的“撤销原判决，发回重审”是指撤销原二审法院的判决，发回其重审，还是指撤销原一、二审判决，发回原一审法院重审，或者包括这两种情形？所有这些问题，仅从《解释》第38条的规定来看均不得而知。因此，就指定再审的情形而言，对该条中“发回重审”的规定实有必要作出进一步的解释和界定。

三、申请再审的期限——长与短之取舍

对当事人申请再审如果没有期间上的限制，则已生效多年的裁判仍然可能因再审程序的启动而发生动摇乃至推翻，这不仅会损害生效裁判的稳定性、权威性，而且不利于保护交易安全和维护社会秩序的稳定。这就要求，如果认为原审裁判在程序上或实体上存在重大缺陷而需要通过再审予以纠正，那么也应当在发现该缺陷后尽快启动再审程序。但另一方面，假如对申请再审的期间限制得过严，则可能不利于对当事人合法权益的保护和实现司法公正。因此，申请再审的期间设定之长短，突出地体现了“有错必纠”、公正裁判的观念与维护生效裁判的既判力、维护生效裁判的稳定性、权威性、公信力之间的冲突与平衡问题。正如有学者所指出的，“对当事人提起再审期间的限制主要旨在维护既判力的作用，而适当地放松或调整这种限制，反过来则常常意味着允许在相对较长的

期间内对既判力提出挑战”。[1]故立法上应力求寻找二者之间的平衡点，规定一个较为合理的期限，以便一方面能够确保当事人有充分的时间行使申请再审的权利，另一方面则督促其尽快行使该救济权利，以免因过分迟延申请再审而对既判力造成过大的破坏。

从大陆法系国家和地区的规定来看，对于申请再审期间的限制主要有两种模式。一种模式是仅规定当事人得知再审事由后应当在多长时间内提出申请，而未规定允许提出的最长时限。例如，法国《民事诉讼法》第596条规定：“提出再审申请的期间为2个月。期间自当事人了解其可以援引的再审原因之日起开始计算。”这种立法例的优点是，“能够促使当事人在得知再审的事由后尽快地向法院申请再审，但由于没有最长期间的限制，如果当事人是在判决确定8年甚至10年后才得知再审事由，仍然有权申请再审。这显然不利于民事关系的稳定”。[2]第二种模式是为当事人申请再审设定了较短的一般期间与较长的特别期间，[3]即既规定了得知再审事由后提出申请的一般期间，又规定了特别情况下允许提出再审之诉的最长期间。德国、日本和我国台湾地区采用的均是这种立法例。例如，德国《民事诉讼法》第586条规定：“①再审之诉应在1个月的不变期间内提起。②此期间自当事人知悉不服理由之日开始，但在判决确定前，不得起算。自判决确定之日起已满5年的，不得提起再审之诉。③前款的规定，不适用于因代理的欠缺而提起的取消之诉。此时，起诉的期间，自判决送达给当事人之日开始，或者在当事人无诉讼能力时，自送达给他的法定代理人之日开始。”日本

〔1〕王亚新：《对抗与判定——日本民事诉讼的基本结构》，清华大学出版社2002年版，第357页。

〔2〕李浩：“民事再审程序的修订：问题与探索——兼评《修正案（草案）》对再审程序的修订”，载《法律科学》2007年第6期。

〔3〕也有人分别称之为“相对期间”与“绝对期间”。参见最高人民法院民事诉讼法修改研究小组编著：《〈中华人民共和国民事诉讼法〉修改的理解与适用》，人民法院出版社2007年版，第111页。

《民事诉讼法》第342条规定：“再审之诉，当事人应当在判决被确定之后，得知再审的事由之日起30日不变期间内提起。判决被确定之日（再审的事由在判决被确定之后发生时，为该事由发生之日）起经过5年时，不得提起再审之诉。本条前两款规定，对于本法第338条第1款第3项所列的事由中欠缺代理权和同款第10项所列的事由为理由的再审之诉，不适用。”我国台湾地区“民事诉讼法”第500条也有类似规定。上述规定的重要特点在于，对申请再审的期限设立了较短的一般期间和较长的特别期间，前者在性质上属于不变期间，后者则属于除斥期间；同时，对于极少数情形，则规定不受申请再审期间的限制。其优点在于，在要求当事人尽早提起再审之诉以便在达到尽量维护生效裁判的既判力和权威性的目的之同时，对于知悉再审事由较晚的当事人亦能为其提供再审程序的救济。应当说，这是一种充分考虑了相关价值观之平衡的相对较优的立法选择。

就我国而言，关于申请再审的期限，修改前的《民事诉讼法》第182条规定：“当事人申请再审，应当在判决、裁定发生法律效力后2年内提出。”修订后的第184条在继续保留这一原则性规定的同时，增加了“2年后据以作出原判决、裁定的法律文书被撤销或者变更，以及发现审判人员在审理该案件时有贪污受贿，徇私舞弊，枉法裁判行为的，自知道或者应当知道之日起3个月内提出再审申请”的例外规定。修改后的条文对因部分事由而申请再审的期限作了特殊延长，应当说有其合理性。但我们认为，修改后的条文，仍有进一步斟酌的必要。因为对于申请再审的期限，我国《民事诉讼法》不区分当事人知悉再审事由的时间，一般性地规定为裁判生效后的2年内，实际上并不科学、合理。也就是说，对于当事人较早时期就知悉再审事由之情形，该期限有点过长、过宽，会破坏判决的既判力，可能使裁判的终局性、权威性、稳定性受到影响；而对于当事人较晚时期才知悉再审事由之情形，2年的期限又显得过短，可能不利于对其合法权益的保护。

其实，关于如何合理设定申请再审的期限，学界已经进行了有益的探讨，[1]且最高人民法院在起草有关法律文件时对此问题也有所关注，但某些主张最终并没有被立法机关充分吸收。例如，最高人民法院2005年起草的《关于保障当事人申请再审权利、维护司法公正的决定（送审稿）》（即为全国人大代拟稿）中规定："当事人申请再审，应当在民事、行政判决或裁定发生法律效力后2年内提出。逾期申请再审的，人民法院不予受理；当事人以前条第10～14项事由申请再审的，应当自知道再审事由之日起3个月内提出，但是人民法院民事、行政判决或裁定发生法律效力之日起超过5年的，人民法院不予受理。"[2]这些内容表明，最高人民法院也曾试图将申请再审的期限划分为一般期间与特别期间（相对期间与绝对期间），但2007年6月全国人大常委会正式审议的《中华人民共和国民事诉讼法修正案（草案）》中对于申请再审的期限未作任何改动，而2007年10月最终通过的《修改决定》只是作了轻微的修改。立法机关之所以对2年的申请再审期限基本未作修改，其理由在于，"考虑到本次《民事诉讼法》修改的目的在于充分保障当事人的申请再审权利，解决'申诉难'问题，如果缩短2年的申请再审期间，容易造成对当事人申请再审权利进行限制的印象，可能不被社会大众和当事人所接受，也不符合本次立法修改的目的。2年的规定已经实施多年，已被社会接受，相对我国的国情也比较合理。因此，最终维持了《民事诉讼法》原第182条2年申请再审期间的规定，仅对超过2年仍给予一定宽限期间的例外情形作了补充规定"。[3]考虑到立法机关的意见以及《修改决定》的最终规定，

---

〔1〕参见中国人民大学法学院民事诉讼法典的修改与完善课题组：《〈中华人民共和国民事诉讼法〉修改建议稿（第三稿）及立法理由》，人民法院出版社2005年版，第290页。

〔2〕参见最高人民法院审判监督庭编著：《最高人民法院关于适用民事诉讼法审判监督程序司法解释理解与适用》，人民法院出版社2008年版，第43页。

〔3〕最高人民法院民事诉讼法修改研究小组编著：《〈中华人民共和国民事诉讼法〉修改的理解与适用》，人民法院出版社2007年版，第112页。

最高人民法院在《解释》中不可能再对申请再审的期限作出突破性的安排，故《解释》第2条只是从操作层面规定："《民事诉讼法》第184条规定的申请再审期间不适用中止、中断和延长的规定。"

比较德、日以及我国台湾地区的规定，我们坚持认为规定一个相对较短的一般期间和一个相对较长的特别期间，应是立法上更好的选择。立法机关的上述顾虑，其实只是考虑了其一而没有考虑其二，换句话说，立法机关只是考虑到"如果缩短2年的申请再审期间，容易造成对当事人申请再审权利进行限制的印象"，不符合解决"申诉难"之本次修法目的，但其显然忽视了较短的一般期间是与较长的特别期间相配套而存在这一重要问题，而特别期间较之目前2年不变期间的规定更有利于对当事人的权利救济。另者，从现行审判监督程序的整体设计来看，《民事诉讼法》一方面设定了非常宽松的审判监督程序和再审程序，另一方面又对申请再审的期限极为严格地一般限定为2年，这不能不说是一个矛盾。换言之，申请再审的严格期限性与向检察院或法院申诉的无期限性，二者之间存在内在的冲突，从而在事实上使申请再审期限之规定的效果大打折扣。而有些时候，申请再审的绝对期间偏短正是当事人转而向检察院、法院或其他部门申诉的原因。鉴于此，我们认为对申请再审的期间可作如下规定：当事人申请再审，应当在3个月内提出；〔1〕该期间自判决、裁定发生法律效力之日起计算，但当事人在判决、裁定生效之后才知悉再审事由的，自知悉之日起计算；判决、裁定生效后经过5年的，不得申请再审。〔2〕另外，还应当对不适用5年期间限制的再审事由明确加以列举，例如，现行法所规定的"据以

〔1〕德、日和我国台湾地区一般规定为1个月或30天，考虑到我国的实际情况，该期限可规定为3个月。

〔2〕该5年的期限与德、日和我国台湾地区规定的期限尽管相同，但考虑到我国仍然有必要规定民事抗诉制度，且可考虑赋予当事人在此之后的一定期限内可申请检察机关提出民事抗诉，故从最终效果看，我国民事诉讼当事人享有再审救济的最长期限仍然会超过德、日和我国台湾地区之规定。

作出原判决、裁定的法律文书被撤销或者变更”以及“审判人员在审理该案件时有贪污受贿，徇私舞弊，枉法裁判行为”之情形。

四、案外人权利之保护——申诉、申请再审、撤销之诉抑或另行起诉

在司法实践中，生效裁判危害案外第三人权益的现象时有发生，特别是通过所谓诉讼欺诈的方式损害第三人（案外人）权益的情形，[1]近年来有愈演愈烈之势。[2]因此，如何为案外人的权益保护提供行之有效的救济程序，是民事诉讼立法和实践必须解决的重要问题。

（一）《解释》第5条规定之由来

修改前的《民事诉讼法》第208条虽然规定了执行程序中的案外人异议制度，但该条既未赋予案外人申请再审的权利，也未赋予其提起执行异议之诉的权利，其只能通过不断申诉、上访的方式引起司法机关的关注，进而由法院依职权启动再审程序予以救济，故显然没能为其提供充分的程序保障。修改后的第204条规定：“执行过程中，案外人对执行标的提出书面异议的，人民法院应当自收到书面异议之日起15日内审查，理由成立的，裁定中止对该标的的执行；理由不成立的，裁定驳回。案外人、当事人对裁定不服，认为原判决、裁定错误的，依照审判监督程序办理；与原判决、裁

〔1〕诉讼欺诈，也称为“诈害诉讼”，在广义上包括一方当事人诈害另一方当事人的“诈取判决的诉讼”和一方当事人恶意或者双方当事人恶意串通，通过诉讼方式诈害第三人的诉讼。通常是指后一种情形而言。关于诉讼欺诈的问题，可参见陈桂明、李仕春：“诉讼欺诈及其法律控制”，载《法学研究》1998年第6期；邱星美：“论诈害案外人恶意诉讼之程序法规制”，载《法律科学》2005年第3期；于海生：“诉讼欺诈的侵权责任”，载《中国法学》2008年第5期。

〔2〕相关报道可参见丁国锋：“形形色色的恶意诉讼”，载《法制日报》2007年2月27日；钟蔚莉、王煜珏：“法院喊打让虚假诉讼无处藏身”，载《人民法院报》2008年2月24日；李飞、余建华：“依法查处诉讼骗局——浙江高院对有关虚假诉讼问题的调查”，载《人民法院报》2008年12月16日。

定无关的，可以自裁定送达之日起15日内向人民法院提起诉讼。”这一规定较修改前的第208条有了明显的进步，但依然没有解决以下问题：①没有明确赋予案外人在其合法权益受到生效裁判及调解书侵害时提出再审申请的权利，缺乏一个明确的规范为导向，司法实践中依然就此问题请示不断；②虽然规定案外人在执行程序中可以提出异议，但对于那些未进入执行程序的生效裁判以及调解书，案外人是否可以提出异议则未予明确。因此，对于案外人的权益保护问题，现实操作中仍然较为混乱。[1]为了解决上述问题，最高人民法院对《民事诉讼法》第204条中的“依照审判监督程序办理”之规定作了扩大解释，在《解释》第5条中明确赋予了案外人申请再审的权利，规定“案外人对原判决、裁定、调解书确定的执行标的物主张权利，且无法提起新的诉讼解决争议的，可以在判决、裁定、调解书发生法律效力后2年内，或者自知道或应当知道利益被损害之日起3个月内，向作出原判决、裁定、调解书的人民法院的上一级人民法院申请再审。在执行过程中，案外人对执行标的提出书面异议的，按照《民事诉讼法》第204条的规定处理”。

其实，关于对案外人的程序保障不足的问题，早在修改《民事诉讼法》之前，理论界和实务部门即已予以充分关注，但遗憾的是，《修改决定》并没有拟定出相关条款。最高人民法院2005年5月起草的《关于审理民事、行政申请再审案件若干问题的规定（征求意见稿)》第72条和第74条中分别规定：“案外人以原审裁判、调解书损害其权益为由申请再审的，人民法院应予以立案受理。”“案外人申请再审未作特别规定的，比照再审申请人申请再审的一般规定办理。”而2005年底起草的《关于保障当事人申请再审权利、维护司法公正的决定（送审稿)》（即为全国人大代拟稿）第8条也规定：“案外人以发生法律效力的民事、行政判决或裁定损害

〔1〕参见最高人民法院审判监督庭编著：《最高人民法院关于适用民事诉讼法审判监督程序司法解释理解与适用》，人民法院出版社2008年版，第59页。

其权益为由申请再审的，比照当事人申请再审的规定进行处理。”但后来的《民事诉讼法修正案草案》中并没有类似的条款。全国人大常委会法工委的意见倾向于“通过结合执行程序中的相关条款一并予以规范”，〔1〕从而最终出现了第204条这样的存在很多不足、逻辑和内容均较为混乱的条款。〔2〕不过，“在《民事诉讼法修正案草案》第三次审议过程中，全国人大常委会法工委又试图通过立法形式解决该问题，并联系最高人民法院迅速拿出一个赋予案外人具有申请再审权利的法律条文设计供他们参考。后因临近全国人大常委会委员表决，时间过于仓促而作罢”。〔3〕这一点再次印证了学者们对此次修法的仓促性之批评并非是无的放矢。〔4〕由于立法机关在《修改决定》中并未真正解决案外人的保护问题，故最终默许了最高人民法院在《解释》第5条和第42条中所作的扩张性解释。

（二）案外人之权利保护的可选途径及《解释》选择申请再审之救济方式的可行性

1. 案外人之权利保护的可选途径。对于尚处在诉讼系属中的案件，如案外人认为其权益可能受到损害时，各国主要通过诉讼参加制度为其提供相应的程序保障，而对于裁判确定后如何保护其权益的问题，则存在不同的救济途径。概括中外的立法与实践，主要

---

〔1〕 参见最高人民法院审判监督庭编著：《最高人民法院关于适用民事诉讼法审判监督程序司法解释理解与适用》，人民法院出版社2008年版，第58页。

〔2〕 参见刘学在、朱建敏：“案外人异议制度的废弃与执行异议制度的构建——兼评修改后的《民事诉讼法》第204条”，载《法学评论》2008年第6期。

〔3〕 最高人民法院审判监督庭编著：《最高人民法院关于适用民事诉讼法审判监督程序司法解释理解与适用》，人民法院出版社2008年版，第58页。

〔4〕 关于本次修法的仓促性之批评，参见赵蕾、邓江波：“各方未能充分‘吵架’民事诉讼法修改受质疑”，载《人大建设》2007年第10期；赵钢：“仓促的修订局部的完善——对《关于修改中华人民共和国民事诉讼法的决定》的初步解读”，载《法学评论》2008年第1期；刘加良：“《民事诉讼法》新近修改之冷思考”，载《河南大学学报（社会科学版）》2008年第5期。

有以下几种：

（1）申诉。这是我国过去所采取的主要方式，为我国大陆地区所特有，其他国家和地区则无此种方式。如前所述，在《解释》出台之前，由于立法和司法解释并没有明确规定如何为案外人提供相应的程序救济，故在实践中主要通过申诉方式解决，即案外人向法院申诉，由法院依职权启动再审程序，或者向检察院申诉，由检察院提出抗诉，[1]或者向其他机关申诉，由其将申诉转交法院并在该机关的督办下，由法院依职权启动再审程序。随着《解释》的制定施行，这种方式将不再是主要的救济方式，但在我国却仍然会长期存在，因为修改后的《民事诉讼法》依然保留了法院依职权启动再审和民事抗诉这两种启动再审的程序救济方式。

（2）申请再审。即赋予案外人申请再审的权利，以便通过再审程序撤销原裁判或对原裁判予以改判。《解释》第 5 条和第 42 条规定了此种救济程序，即案外人对原判决、裁定、调解书确定的执行标的物主张权利，且无法提起新的诉讼解决争议时，可以依法申请再审。据此可知，《解释》是将案外人申请再审作为申请再审制度的一种特殊类型来对待的，实际上也是就申请再审问题所作的一项创造性的规定。相比较而言，在德、日等大陆法系国家和地区，由于再审之诉的适格原告一般仅限于原审中的当事人，故除了少数例外情形，[2]对于案外人的救济通常不能采取申请再审的方式。但在意大利，其《民事诉讼法》则规定了第三人申请再审制度，即因他

---

〔1〕但实践中向检察院申诉并由其提出抗诉之救济方式是受到很大限制的，因为生效裁判损害案外人权益的情形，很多情况下发生于双方恶意串通并以调解方式结案的场合，而对于生效调解书，最高人民法院 1999 年 1 月 26 日下发的《关于人民检察院对民事调解书提出抗诉人民法院应否受理问题的批复》规定检察机关不能对之提出抗诉。

〔2〕例如，根据日本的立法和实践，在判决效力及于第三人之情形下，享有撤销判决之固有利益的第三人，具有再审适格；对于冒用姓名诉讼中的确定判决，被冒用人可以通过再审之诉要求撤销判决。参见［日］新堂幸司：《新民事诉讼法》，林剑锋译，法律出版社 2008 年版，第 669 页。

人间确定判决或有执行力之判决而权利受侵害的第三人，或因欺诈或通谋诉讼而损害自己之利益的继承人及债权人，可以对确定判决提起再审之诉。[1]

(3) 第三人撤销之诉。代表性的立法例为法国《民事诉讼法》的规定，称为“第三人异议”或“第三人取消判决的异议”，是指第三人因其作为局外人的判决所产生的效果而受到损害时，或者仅仅是受到损害威胁时，可以诉请撤销或变更该判决。[2]法国《民事诉讼法》第582~592条对这一制度作出了规定。它不同于该法第593~603条所规定的申请再审（再审之诉），后者是指当事人请求撤销已经发生既判力的判决，以期在法律上与事实上重新作出裁判。我国台湾地区“民事诉讼法”在2003年修改后，参照法国法的规定，增设了“第三人撤销诉讼程序”之内容，其第507－1条规定：“有法律上利害关系之第三人，非因可归责于己之事由而未参加诉讼，致不能提出足以影响判决结果之攻击或防御方法者，得以两造为共同被告对于确定终局判决提起撤销之诉，请求撤销对其不利部分之判决。但应循其他法定程序请求救济者，不在此限。”同法国法相类似，我国台湾地区“民事诉讼法”所规定的“第三人撤销诉讼程序”，在性质上也是一种与该法所规定的“再审程序”存在不同的专门为案外人提供救济的特殊程序。

(4) 另行起诉。在德、日等国，既没有第三人撤销之诉的制度，也没有一般性的第三人申请再审之规定，更不存在类似我国的申诉和由法院依职权再审的规定，那么，当生效裁判可能损害案外第三人的权利时，如何为其提供相应的程序救济呢？其实，对于此种情形之处理，德、日等国乃是通过允许案外人另行起诉的方式来保障其权利。也就是说，基于判决效力的相对性原则（既判力相对

---

〔1〕 参见吕太郎：“第三人撤销之诉”，载《月旦法学杂志》2003年第8期。

〔2〕 参见［法］让·文森、塞尔日·金沙尔：《法国民事诉讼法要义（下）》，罗结珍译，中国法制出版社2001年版，第1282页。

性原则)，对于未参加诉讼的案外人，判决对其不具有约束力；如果该判决损害其权益，则他可以在另外的诉讼中主张权利（以原判决的一方当事人或双方当事人为被告)，主张不受该生效判决效力的拘束并要求保护自己的权利。[1]

(5）执行异议之诉。如果生效裁判进入到执行阶段，大陆法系国家和地区则一般规定案外人可通过提起执行异议之诉的方式寻求救济，[2]即对于强制执行的标的物，案外人主张所有权或其他妨碍标的物转让或交付的权利时，可以向有管辖权的法院提出执行异议之诉，以排除生效裁判的执行力。我国《民事诉讼法》第204条也规定了案外人的执行异议和提起诉讼的制度，但该条内容与典型的大陆法系之案外人异议之诉是存在区别的。

2.《解释》选择申请再审之救济方式的可行性。《解释》第5条规定的案外人申请再审之救济方式，尽管还存在有待推敲和完善之处（后文将予以分析)，但就我国的实际情况来说，应当是有必要的、可行的，而德、日的另行起诉模式与法国的第三人撤销之诉方式则并不具有理论和实践的基础。在我国，立法上尚无既判力的概念，更没有对既判力的主观范围作出界定，因而“既判力相对性原则”无论在立法上还是在实践中都没有明确得到宣示，甚至在理论上也没有得到较为一致的认可。这样一来，德、日民事诉讼中基于既判力相对性原则而允许案外人另行起诉来主张权利的处理方式，在我国实行起来恐怕会有较大障碍，因为人们可能难以接受这样的诉讼状态，即在原判决未予撤销的情况下，允许针对第三人就其所受损害对原审当事人之一方或双方另行提起的诉讼作出一个与

---

〔1〕《解释》第5条虽然也规定了提起新诉讼的问题，但该规定显然不同于德、日民事诉讼中以“既判力相对性原则”为基础的案外人之另行诉讼。

〔2〕参见德国《民事诉讼法》第771条、日本《民事执行法》第38条、我国台湾地区“强制执行法”第15条。

原判决内容不一致甚至完全冲突的判决。[1]而第三人撤销之诉，是一种试图在再审制度之外建立的新制度，国内缺少可资借鉴的成熟经验（法国法虽有规定，但国内对法国在这方面的实践和理论却知之甚少），理论上的研究也极为有限，[2]因而设立第三人撤销之诉的制度，并不具备充分的立法基础。

因此，对于可能因生效裁判而受到损害的案外人，通过赋予其申请再审的权利进行救济，既可以保护案外人的合法权益，也可以协调与原审裁判的关系，做到纠纷的一揽子解决，并避免裁判之间可能出现矛盾。另一方面，通过再审处理这类纠纷，司法实践中已经积累了一定的经验，具有实践的基础，也容易得到社会的认同。

（三）《解释》对案外人申请再审之规定的不足之处

1. 执行过程中，如何“依照审判监督程序办理”仍然是一个悬而未决的问题。根据《解释》第5条的规定，在未进入执行程序时，案外人可依照该条第1款申请再审，而第2款则规定“在执行过程中，案外人对执行标的提出书面异议的，按照《民事诉讼法》第204条的规定处理”。但《民事诉讼法》第204条仅仅规定了案外人对法院驳回其执行异议的裁定不服，认为原判决、裁定有错误时，“依照审判监督程序办理”，并没有指出如何依照审判监督程序办理。申言之，《民事诉讼法》其他条款中并没有任何案外人申请再审的相关规定，故第204条中“依照审判监督程序办理”应如何

---

〔1〕例如，对于国内理论界和实务部门主张应当通过案外人申请再审方式解决的很多情形，特别是学者和法官们反映强烈的“诉讼欺诈”问题，在德、日民事诉讼中，并不需要通过再审程序解决，因为原判决对案外人没有既判力；但在国内学者和实务部门看来，如果不撤销原判或予以改判，就不能对案外人作出新的判决，案外人的权利就不能得到保护。

〔2〕这方面的研讨成果较少。可参见潘盛礼：“再审程序中应建立第三人异议制度”，载《法律适用》2003年第6期；肖建华、杨兵：“论第三人撤销之诉——兼论民事诉讼再审制度的改造”，载《云南大学学报（法学版）》2006年第4期；胡军辉、廖永安：“论案外第三人撤销之诉”，载《政治与法律》2007年第5期；李洁：“论我国设立第三人撤销之诉的必要性”，载《韶关学院学报》2008年第2期。

操作显然是一个需要澄清的问题：该规定是指可以根据案外人的“申诉”，由法院依职权启动再审程序，或者勉强认为该条已经赋予了案外人“再审申请权”而可以由案外人申请再审？即使按照后一种理解，由于《民事诉讼法》中并无案外人申请再审的具体程序规定，故实际上仍然无从“依照”；另者，显然也无法依照《解释》第5条第1款的规定申请再审，因为该条第2款已明确将其排除在外；而最高人民法院2008年11月3日公布的《关于适用〈中华人民共和国民事诉讼法〉执行程序若干问题的解释》中也没有就该条中“依照审判监督程序办理”之规定如何运作进行界定。因此，《解释》第5条第2款并没有解决执行程序中案外人如何申请再审的问题，例如，案外人的再审申请应当由哪一个法院管辖、应当在什么期限内提出再审申请等问题均不清楚，故显然有必要作进一步的解释。

2.《解释》第5条与《解释》第41条关于再审案件的当事人之规定缺乏协调。《解释》第5条已明确赋予案外人申请再审的权利，从而案外人可以成为再审案件的当事人，但《解释》第41条却规定：“民事再审案件的当事人应为原审案件的当事人。原审案件当事人死亡或者终止的，其权利义务承受人可以申请再审并参加再审诉讼。”可见，《解释》第41条对再审案件当事人的界定，并没有将第5条规定的可申请再审的案外人包含在内，故该条规定在表述上是欠考虑的，在逻辑上是不周全的。

3.案外人申请再审的理由之规定存在缺陷。《解释》第5条规定，“案外人对原判决、裁定、调解书确定的执行标的物主张权利，且无法提起新的诉讼解决争议的，可以在规定期限内申请再审”。因此，案外人申请再审需具有特定的实体上之理由，即“对原判决、裁定、调解书确定的执行标的物主张权利”，但若进一步分析，其语言表述和内容之界定显然均是存在缺陷的。

（1）该规定在语言表述上不够准确。与《解释》第5条第2款联系起来考察，第1款所规定的案外人申请再审的程序，是针对尚未进入执行程序的生效裁判而言的，而既然尚未进入执行程序，那么将案外人申请再审的理由表述为对“执行标的物”主张权利显然是不够准确的。

（2）该规定将案外人申请再审的理由限定得过窄。即使不考虑语言表述问题，该条将案外人申请再审的理由限定为“对原判决、裁定、调解书确定的执行标的物主张权利”之规定，其科学性、合理性也是值得商榷的。所谓对“确定的执行标的物”主张权利，即意味着仅限于对法律文书指定交付的特定物主张权利，这种范围上的限定，显然不利于对案外人权利的充分保护，因为实践中案外人的合法权利因生效裁判受到损害而需要救济的情形，显然不仅仅限于对确定的执行标的物主张权利这一种情况。这里实际上涉及“执行标的”和“执行标的物”的区别问题。在我国民事诉讼理论和实务中，均认为其是两个不同的概念，前者是指法院强制执行行为所指向的对象，又称为执行对象、执行客体，包括物、无形财产权、行为等，后者则是指作为执行标的之财产，是以物的形式体现出来的执行标的。〔1〕最高人民法院审判监督庭在对《解释》进行解释时也认为二者是存在区别的，〔2〕但其却并没有合理地解释为何要将案外人申请再审的理由限定为对生效裁判确定的执行标的物主张权利之情形。事实上，《民事诉讼法》第204条和《解释》第5条第2款关于案外人异议问题，均使用的是“执行标的”而非“执行标的物”。因此，将《解释》第1款中的“执行标的物”改为“执行标的”，无疑更有利于对案外人的权利保护。不过，即使作出这种改动，其仍然不尽科学、合理，具体理由除了上文指出的语言表述有欠准确之外，还在于该表述不能涵盖对案外人造成损害的确认之诉和形成之诉的裁判之情形。例如，根据《公司法》第

〔1〕参见江伟主编：《民事诉讼法》，高等教育出版社2007年版，第434页。

〔2〕参见最高人民法院审判监督庭编著：《最高人民法院关于适用民事诉讼法审判监督程序司法解释理解与适用》，人民法院出版社2008年版，第66页。

22 条的规定，股东可依法提起股东会决议无效之诉、股东大会决议无效之诉、董事会决议无效之诉、撤销股东会决议之诉、撤销股东大会决议之诉或者撤销董事会决议之诉，法院审理后，可能作出宣告决议无效的判决、确认决议有效的判决或者撤销决议的判决；假如未参加诉讼的其他股东有充足理由认为判决有误，会损害其权利时，显然有必要承认其享有申请再审的权利，而依照《解释》第 5 条第 1 款的规定，作为案外人的其他股东是无权申请再审的，因为此时根本不存在所谓“对原判决、裁定、调解书确定的执行标的物主张权利”之问题。又如，对于理论界和实务部门广为关注的诈害诉讼问题，主流观点认为有必要赋予案外人申请再审的权利；此时赋予其再审申请权的理由，其实在很多情况下也不是所谓的对执行标的物主张权利的问题，而是因为诈害诉讼的裁判损害了案外人的权利。

基于上述理由，我们认为，将《解释》第 5 条中“案外人对原判决、裁定、调解书确定的执行标的物主张权利，且无法提起新的诉讼解决争议”之申请再审的理由修改为“案外人认为原判决、裁定、调解书损害其权利，且无法提起新的诉讼解决争议”，将是更为合理、科学的界定。

以上仅对民事审判监督程序修改中的几个争议问题进行了初步评析，权作引玉之砖。其实，除了上述讨论的问题外，《修改决定》和《解释》中还有诸多争议问题值得深思，限于篇幅，留待他文中再作讨论。

诉讼请求的变更及其规制 *

一、引论

在民事诉讼中，当事人的诉讼请求具有极其重要的意义。根据处分权原则的要求，诉讼请求对民事诉讼法律关系的形成、推进以及终结有着重要的影响，不仅事关当事人诉讼的成败，同时亦对法院的审判行为形成制约。在诉讼之初，尽快固定诉讼请求，有利于明确争点，保障诉讼程序的安定、集中、有序。但在很多民事纠纷中，由于事实错乱、法律关系复杂，当事人很难一次性提出正确的或者适当的诉讼请求。我国百姓的法律知识水平普遍较低，并且没有实行律师强制代理制度，故当事人更难对发生纠纷的民事法律关系有很好的把握。因此，在诉讼中应当允许当事人对诉讼请求作必要的变更。现行《民事诉讼法》以及司法解释均对当事人诉讼请求变更进行了规定。《民事诉讼法》第 52 条〔1〕规定："原告可以放弃或者变更诉讼请求。被告可以承认或者反驳诉讼请求，有权提出反诉。"第 126 条〔2〕规定："原告增加诉讼请求，被告提出反诉，第三人提出与本案有关的诉讼请求，可以合并审理。"《最高人民法院关于适用〈中华人民共和国民事诉讼法〉若干问题的意见》（以

---

* 本文系与第二作者朱建敏合作，原文发表于《珞珈法学论坛（第八卷）》武汉大学出版社 2009 年版。

〔1〕《民事诉讼法》于 2012 年修改后，该条已调整为第 51 条。

〔2〕《民事诉讼法》于 2012 年修改后，该条已调整为第 140 条。

下简称《民事诉讼法意见》）第 156 条[1]规定：“在案件受理后，法庭辩论结束前，原告增加诉讼请求，被告提出反诉，第三人提出与本案有关的诉讼请求，可以合并审理的，人民法院应当合并审理。”第 184 条[2]规定：“在第二审程序中，原审原告增加独立的诉讼请求或原审被告提出反诉的，第二审人民法院印以根据当事人自愿的原则就新增加的诉讼请求或反诉进行调解，调解不成的，告知当事人另行起诉。”最高人民法院印发的《关于第一审经济纠纷案件适用普通程序开庭审理的若干规定》（以下简称《开庭规定》）第 27 条规定：“双方当事人争议的事实查清后，审判长应当询问双方当事人有无新的证据提出，原告的诉讼请求或被告的反诉请求有无变更。当事人重复陈述的，审判长应当及时提醒或制止。”《最高人民法院关于民事诉讼证据的若干规定》（以下简称《证据规定》）第 34 条第 3 款规定：“当事人增加、变更诉讼请求或者提起反诉的，应当在举证期限届满前提出。”第 35 条第 1 款规定：“诉讼过程中，当事人主张的法律关系的性质或者民事行为的效力与人民法院根据案件事实作出的认定不一致的，不受本规定第 34 条规定的限制，人民法院应当告知当事人可以变更诉讼请求。”另外，《最高人民法院关于适用〈中华人民共和国合同法〉若干问题的解释（一）》（以下简称《合同法解释》）第 30 条规定：“债权人依照合同法第 122 条的规定向人民法院起诉时作出选择后，在一审开庭以前又变更诉讼请求的，人民法院应当准许。对方当事人提出管辖权异议，经审查异议成立的，人民法院应当驳回起诉。”[3]

---

〔1〕该条内容已被 2015 年 1 月 30 日公布的《最高人民法院关于适用〈中华人民共和国民事诉讼法〉的解释》第 232 条所取代。

〔2〕该条内容已被 2015 年 1 月 30 日公布的《最高人民法院关于适用〈中华人民共和国民事诉讼法〉的解释》第 328 条第 1 款所取代。

〔3〕《合同法》第 122 条规定：“因当事人一方的违约行为，侵害对方人身、财产权益的，受损害方有权选择依照本法要求其承担违约责任或者依照其他法律要求其承担侵权责任。”

对诉讼请求的变更进行规制是一项两难的工作，如果限制过于苛刻，不利于要求变更诉讼请求一方当事人实体权利的保护；但如果规制过于松散，又不利于程序的安定、集中，不利于诉讼效率的提高，也不利于相对一方当事人合法权益的保护。现行立法及司法解释虽然对诉讼请求之变更的内容作了一些规定，但过于简单且零碎分散，难以应对实践中出现的复杂问题。关于当事人诉讼请求的变更，我国诉讼法学理论关注也较少，研究比较薄弱。诉讼请求的变更与诉的要素以及诉讼标的理论密切相关，对诉的要素与诉讼标的的不同认识和理解必然会导致对诉讼请求变更产生不同的认识，我们应在何种理论基础上认识当事人诉讼请求变更才较为合理？在大陆法系民事诉讼法学上有所谓诉的变更制度，我国民事诉讼法并没有直接规定诉的变更制度，而是规定了诉讼请求的变更与追加，其与诉的变更是什么关系？诉的变更制度有什么值得我们借鉴？《证据规定》对法官告知变更诉讼请求的内容作了规定，法官告知变更的度在哪里？如何从制度上确保其中立性？等等。这些问题均值得我们认真去思考。本文试作探讨，权作引玉之砖，以期民事诉讼法学基础理论与具体的制度实践之间切实形成互动。

二、诉讼请求之变更的内涵辨析

（一）诉讼请求与诉讼标的

"若对诉之概念进行严格的定义恐怕是非常麻烦的，尤其在诉与请求或者诉讼标的的关系中存在着诸多难解之处。"[1]同样，对诉讼请求的涵义进行辨析亦非易事。"诉讼请求在各国或地区的民事诉讼立法中有不同的称谓。法国称为'诉讼的目标'，日本称为'请求旨意'，我国台湾地区称为'应受判决事项之声明'。""我国

---

〔1〕［日］高桥宏志：《民事诉讼法制度与理论的深层分析》，林剑锋译，法律出版社2003年版，第55页。

通常理解的诉讼请求实际上等同于诉之声明。”[1]我国民事诉讼法学传统观点认为诉讼请求与诉讼标的是不同的概念，诉讼请求是当事人在诉讼中提出的具体请求，而诉讼标的则是当事人争议的民事实体法律关系。[2]“我国台湾地区民事诉讼中，诉讼标的与诉讼请求（诉的声明）是两个不同的概念。诉讼标的是指原告起诉请求法院裁判所主张或否认的实体权利义务或实体法律关系（旧诉讼标的说），而诉的声明则指原告请求法院对于被告为具体如何的判决内容。”[3]但目前国内有一些观点否认这种区分。有学者就主张：“诉讼标的与诉讼请求是同义的，因为诉讼标的与诉讼请求的区别在理论和实务上并没有实际的意义，徒增诉讼理论的繁琐。”[4]有学者认为：“诉讼标的在许多学者的认识中与诉讼请求或诉讼上的请求是等值的”，“无论是德国，还是日本、奥地利、意大利等大陆法系国家的民事诉讼中都没有使用诉讼标的的概念，而多数情况下是使用诉讼请求的说法”。[5]

对诉讼请求与诉讼标的之间的关系之所以存在上述认识上的差异，根源在于新旧诉讼标的理论对于诉讼标的理解的差异。“诉构成了法院审判的对象，这种将原告对于被告的权利主张以及对于法院的判决要求合起来就被称为诉讼上的请求，或被单独称为请求。不过，也有观点将原告对于被告的权利主张称为狭义的（诉讼上的）请求，而将在此基础上附加原告对于法院提出的判决要求合称为广义的（诉讼上的）请求。这些请求，尤其是狭义的（诉讼上

---

[1] 李仕春：“诉之合并制度研究”，载陈光中、江伟主编：《诉讼法论丛（第5卷）》，法律出版社2000年版，第344页。

[2] 江伟主编：《民事诉讼法》，高等教育出版社、北京大学出版社2004年版，第12页。

[3] 江伟、邵明、陈刚：《民事诉权研究》，法律出版社2002年版，第283页。

[4] 江伟主编：《民事诉讼法》，高等教育出版社、北京大学出版社2004年版，第12页。

[5] 张卫平：“论诉讼标的及识别标准”，载《法学研究》1997年第4期。

的）请求一般被称为诉讼标的，但是，诉讼标的，也存在着另外的定义，即指被主张的权利关系之本身。”〔1〕按照旧诉讼标的理论，“诉讼标的者，原告为确定其私权之请求，或所主张或不认之法律关系是否存在，欲法院加以裁判者。故诉讼标的，实即法律关系。”〔2〕“依新理论，在给付诉讼，其诉讼标的为得请求被告为特定给付之法律上地位存在之权利主张。在确认之诉，其诉讼标的为原告于应受判决事项之声明所表示一定权利或法律关系存在（或不存在）之权利主张。在形成之诉，其诉讼标的乃原告得依裁判求为形成法律上地位存在之权利主张。”〔3〕如果以旧诉讼标的理论为背景，诉讼标的显然区别于诉讼（上）请求。新诉讼标的理论，无论是一分支说还是二分支说，其核心都在于创造了独立于实体请求权的诉讼请求概念，故持新诉讼标的理论者往往将诉讼标的等同于诉讼请求。但即便如此，笔者以为，在新诉讼标的理论中，也不能认为诉讼标的就等于诉讼请求。一分支说之特色为，“将诉讼标的之重要分量置于诉之声明一项以及原告起诉所追求之目的。就同一给付为目的之请求，即使其请求之事实理由有相异而多数之情形，原告在诉之声明中向法院提出欲法院加以判断之要求（Begehren），始为诉讼标的”。二分支说认为，“诉讼标的之内容能由原告陈述之事实理由及诉之声明加以确认”。〔4〕由此我们可以说诉讼请求是与诉讼标的紧密相关的概念，抑或说“诉讼请求与诉讼标的是诉讼客体的一体两面”，但断难认为，诉讼请求在概念上即完全等同于诉讼标的。

在大陆法系国家，民事诉讼法立法与学理上对诉讼标的理论的

---

〔1〕［日］高桥宏志：《民事诉讼法制度与理论的深层分析》，林剑锋译，法律出版社2003年版，第56页。

〔2〕王甲乙、杨建华、郑健才：《民事诉讼法新论》，台湾三民书局1998年版，第219页。

〔3〕王甲乙、杨建华、郑健才：《民事诉讼法新论》，台湾三民书局1998年版，第220页。

〔4〕陈荣宗：《民事程序法与诉讼标的理论》，台湾大学法学丛书编辑委员会编辑1977年版，第337、341页。

运用极不一贯，很多场合论者定义诉讼标的概念时亦未标明其立场，由此增加了已有的纷争。“我国传统诉讼标的理论和现行民事诉讼制度采取‘旧诉讼标的说’，因此传统理论包括民事诉讼立法上均将诉讼标的与诉讼请求作了区分。”[1]考虑到本文分析的背景是我国现行立法及司法解释，因此我们在诉讼请求与诉讼标的之关系的问题上遵循旧说，认为诉讼请求同于诉讼声明，不等于诉讼标的。诉讼标的概念最根本的功能在于区分此诉与彼诉，而诉讼请求最根本的功能则在于向对方当事人、向法院表明自己的权利主张或声明。

（二）诉讼请求的变更、诉讼标的的变更与诉的变更

何谓诉讼请求的变更？何谓诉讼标的的变更？它们与诉的变更之间是什么关系？很多著作中对此有不同的表述，实践中对此理解亦十分混乱。[2]所以有必要加以缕析。根据笔者所掌握的资料，关于诉的变更有代表性的认识有以下一些：①有观点认为诉的变更仅指诉讼请求的变更，但不包括诉讼标的的变更。“诉之变更包括诉之追加，是指诉讼请求（诉之声明）的变更或追加，而不是诉讼标的的变更或追加。其理由在于诉讼标的是诉讼的基础，诉讼标的的变更或追加就意味着原来的诉讼基础已不存在或发生变更。”[3]②有观点认为，诉的变更包括诉讼标的的变更和诉讼请求的变更。“原告于起诉后，提起新诉，以代替原有之诉者，谓之诉之变更。诉之要素为当事人、诉讼标的及诉之声明（即应受判决事项之声明）。若此三者，于诉讼进行中有一变更，即为诉之变更。”[4]③有观点认为，诉的变更即为诉讼标的变更。如，“诉的不同的根

〔1〕 邵明：“论民事之诉”，载《北京科技大学学报》2003年第2期。

〔2〕 毕玉谦：“诉的变更之基本架构及对现行法的改造”，载《法学研究》2006年第2期。

〔3〕 汤维建：“也论民事诉讼中的变更诉讼请求”，载《法律科学》1991年第2期。转引自李仕春：“诉之合并制度研究”，载陈光中、江伟主编：《诉讼法论丛（第5卷）》，法律出版社2000年版，第384页。

〔4〕 王甲乙、杨建华、郑健才：《民事诉讼法新论》，台湾三民书局1998年版，第302页。

本在于诉讼标的不同。只有存在两个以上的诉讼标的即诉之声明和事实理由都为多数，才有诉的合并与分离、变更和追加等问题”。[1]“诉之变更系指，原告以新诉讼标的，代替原有诉讼标的之情形。”[2]“诉之变更是指变更诉讼标的。因此这里关于概念和范围的争议正如关于诉讼标的概念和范围的争议一样。如果诉讼标的通过申请和事实情况确定，则在变更申请或者变更事实情况时就存在诉之变更了。如果诉讼标的仅依申请而确定，则仅申请的变更也就变更了诉；事实情况的变更则无所谓。”[3]“诉的变更，是指在同一诉讼程序中，在不损害诉讼关系同一性之前提下进行的诉讼对象[4]（诉讼上的请求）的变更。诉讼对象（诉讼上的请求）是由请求的趣旨与原因而确定的，因而诉的变更就表现为请求趣旨的变更、请求原因的变更或者两者共同的变更（《民事诉讼法》第143条）。”[5]

那么诉的变更究竟所指何物呢？为了保证分析具体可指，不妨先对实践中可能发生的典型的诉讼请求变更的情况也作一番梳理：

1. 原告先基于侵权行为损害赔偿请求权为请求，待被告罹于时效之抗辩后，再改以不当得利返还请求权为请求。此时是否构成诉之变更、追加，理论上有相反的主张，我国台湾地区法院的判例认为，未发生诉之追加、变更，理由有二：“其一为，两权利主张之效果相同；其二为，两者所据之事实相同。从而，原告此项权利主张之追加或变更，仅构成法律上陈述之补充或更正而已。”持旧

---

〔1〕 江伟主编：《中国民事诉讼法专论》，中国政法大学出版社1998年版，第66页。

〔2〕 陈荣宗：《民事程序法与诉讼标的理论》，台湾大学法学丛书编辑委员会编辑1977年版，第400页。

〔3〕 [德] 奥特马·尧厄尼希：《民事诉讼法》，周翠译，法律出版社2003年版，第223页。

〔4〕 这里诉讼对象即指诉讼标的，参见 [日] 中村英郎：《新民事诉讼法讲义》，陈刚、林剑锋、郭美松译，法律出版社2001年版，第111页。

〔5〕 [日] 中村英郎：《新民事诉讼法讲义》，陈刚、林剑锋、郭美松译，法律出版社2001年版，第128、133页。

诉讼标的理论者则认为，判例系采新诉讼标的理论，难未允当，“原告将原诉之损害赔偿请求权追加或变更为不当得利返还请求权，应为诉之变更或追加”。[1]

2. 在被告持票据向原告借款之情形，原告先以票据债权为请求，后改以借款债权为请求。此时是否发生诉之变更理论上亦有纷争，“如系依旧诉讼标的理论之方式特定诉讼标的，且同时主张该二权利或嗣后变更、追加借款请求权，则构成诉之客观合并或变更、追加；如其系依新诉讼标的理论特定诉讼标的，不管其同时或先后变更、追加借款请求，均不构成诉之合并或变更、追加，仅属合并或更正、补充事实上及法律上之陈述而已”。[2]

3. 原告最初请求为确认某债权存在之判决，后变更请求就该债权为给付判决；或原告初提起将来给付之诉，后变更请求为现在给付之判决。此时诉讼请求的变更，根据旧诉讼标的理论，诉讼标的发生了变更，构成诉之变更；但根据新诉讼标的理论，诉讼标的并未变更，这两种情况只构成诉讼请求的扩张和限制。[3]

4. 原告诉请被告归还5000元贷款，后在诉讼中增加诉请返还另外一笔贷款8000元。此时诉讼请求发生追加性变更，无论根据旧诉讼标的理论还是新诉讼标的理论，诉讼标的均已变更，构成诉之变更。[4]

5. “侵害名誉权案件中，起诉时原告提出要求被告停止侵害、赔礼道歉、消除影响三项诉讼请求。诉讼中，原告增加赔偿损失的诉讼请求。此种情形，诉讼请求在性质上发生了变化，但诉讼标的

---

〔1〕 许士宦：“诉之变更、追加与阐明”，载《法学论丛》第32卷第3期。

〔2〕 许士宦：“诉之变更、追加与阐明”，载《法学论丛》第32卷第3期。

〔3〕 ［德］奥特马·尧厄尼希：《民事诉讼法》，周翠译，法律出版社2003年版，第224页。

〔4〕 ［德］狄特·克罗林庚：《德国民事诉讼法律与实务》，刘汉富译，法律出版社2000年版，第194页。

仍为单一，因而诉在质上未变，仍属于诉在量上的变更。”〔1〕

6. “原告先要求被告按银行同期贷款利率赔偿损失，诉讼中改为要求按逾期付款赔偿金标准日万分之五计算赔偿金；或者相反。这两种情形诉讼请求在量上发生了变化，事实理由也发生了变化，但诉讼标的在性质上未变。”〔2〕

7. “起诉时原告所请求者为，命被告交付某处房屋，该处房屋忽被烧毁，给付不能，改请求命被告赔偿损失。”此时诉讼请求虽发生变更，但属于因情事变更而以他项声明代最初之声明，根据德国和我国台湾地区民事诉讼法的规定，不视为诉之变更。〔3〕

8. 原告先基于借贷关系诉请被告支付 1000 元，后改为基于租赁价金请求权请求被告支付 1000 元。从表面看，诉讼请求没有变化，但引发争议的事实已完全不同，诉讼标的发生变更，诉讼请求实际上发生了替代性变更。涉及诉之变更。〔4〕

9. 起诉时请求赔偿损失 10 000 元，因为损害事实进一步扩大，诉讼中改为要求赔偿20 000 元。此时，诉讼标的未变更，但诉讼请求发生了量的变化。

按照通常的理解，诉的要素包括当事人、诉讼标的以及诉讼请求，诉的任一要素的变更都可能引起诉的变更，上文我国台湾地区有学者对诉的变更即作此界定。考虑到当事人的变更在大陆法系民事诉讼法学理论中一般都被作为独立的问题而与诉的变更分别讨论，本文亦不作探讨。故此，诉讼请求的变更与诉讼标的之变更均应属于诉的变更的内容。但实际情况却又似非如此，上面德、日两

---

〔1〕 王国征：“论诉的变更”，载《中国人民大学学报》1999 年第 6 期。

〔2〕 王国征：“论诉的变更”，载《中国人民大学学报》1999 年第 6 期。

〔3〕 王甲乙、杨建华、郑健才：《民事诉讼法新论》，台湾三民书局 1998 年版，第 302 页；［德］奥特马·尧厄尼希：《民事诉讼法》，周翠译，法律出版社 2003 年版，第 225 页。

〔4〕 ［德］奥特马·尧厄尼希：《民事诉讼法》，周翠译，法律出版社 2003 年版，第 223 页。

国学者及我国部分学者均将诉的变更认作诉讼标的之变更。另外，在我国台湾地区，虽然法学著作将诉的变更界定为当事人、诉讼标的或诉讼请求之变更，但在识别是否发生诉之变更的场合，无论是实务上还是理论上又都将诉讼标的是否变更作为判断的标准，这从上列1、2两例所引发的争论内容也可见一斑。对此应如何解释？是不是因为他们均认为诉讼请求与诉讼标的等同故而隐略了诉讼请求的表述，而仅提诉讼标的之变更呢？笔者理解并非如此。理论上之所以将诉的变更界定为诉讼标的之变更是与这些国家和地区的民事诉讼立法密切相关的。事实上，诉讼请求与诉讼标的之变更都可能引发诉的变更，但如果仅仅是诉讼请求变更，而诉讼标的未发生变更，则被认为是当然合法的诉的变更，“而为立法所准许：‘不视为诉的变更’，这即是说这是诉之变更，不过不受其合法性要件限制罢了”。〔1〕或许“说其是‘合法的诉之变更更为合适’”。〔2〕德国及我国台湾地区的“民事诉讼法”均将纯粹的诉讼请求变更和诉讼标的变更作了区分，其中后者必须严格受诉的变更要件的限制，这一点下文将有论述。与德国和我国台湾地区相比，日本民事诉讼法没有直接将纯粹的诉讼请求变更与诉讼标的变更进行区分，日本新《民事诉讼法》第143条规定，原告以不变更请求的基础为限，在口头辩论终结之前，可以变更请求或者请求的原因。“在诉讼标的理论众说纷纭的情况下，这样规定的灵活性是值得肯定的。”〔3〕但实务上，对诉讼标的变更引发的诉之变更与诉讼请求变更引发的诉之变更的限制尺度亦有不同。按照这样的思路，上列第5、6、7、9的情况都不应被视为诉之变更，第4、8例则为严格意义上的诉之变更，第1、2、3例根据新诉讼标的理论均不构成诉之变更，但根

---

〔1〕［德］狄特·克罗林庚：《德国民事诉讼法律与实务》，刘汉富译，法律出版社2000年版，第175页。

〔2〕［德］奥特马·尧厄尼希：《民事诉讼法》，周翠译，法律出版社2003年版，第224页。

〔3〕杨书翔：“诉的变更制度比较研究”，载《河北法学》2003年第4期。

据旧的诉讼标的理论则构成诉之变更。

诉讼请求的变更与诉讼标的变更均可以引起诉的变更。但为了体现对两者的不同限制，前者引发的诉之变更在大陆法系民事诉讼法上通常不被视为诉的变更，无需受诉之变更的合法性要件限制；而一旦诉讼请求变更引发了诉讼标的变更，而最终导致诉之变更，这种情况将受到严格地规制。透过这一点我们也可以发现，区分诉讼标的与诉讼请求的概念绝非没有意义，两者在诉的变更制度中有着截然不同的定位。

（三）诉讼请求的变更与诉讼请求的追加

“在德、日、奥等国，诉的变更包含诉的追加，不另将诉的变更与诉的追加相区分，因为在法律适用方面，两者并无差别。”〔1〕我国台湾地区“民事诉讼法”将德国、日本法上的交换的变更称之为诉之变更，而将追加的变更称之为诉之追加，但在适用条件上未作区分。我国现行民事诉讼法及司法解释不仅从概念上对诉讼请求的变更与追加作了区分，而且对两者的适用条件亦有不同的限定。这种做法的意义值得研究，因为无论是替换变更，还是追加变更，只要未引起诉讼标的变化，两者对当事人诉讼权利、对诉讼程序推进的影响就没有实质的不同，正因为此，德、日、奥等国的民事诉讼立法未从该角度对诉讼请求的变更进行区分。考虑到变更与追加在适用条件上应无差异，本文的讨论采广义的理解，即诉讼请求的变更包括诉讼请求的变更与追加。

三、诉讼请求之变更的条件

（一）对我国现有诉讼请求之变更规则的评价

“与其他大陆法系国家及苏联相比，我国有关诉的变更的规定相对简单、明确。我国法律只规定了诉讼请求的变更或增加，而没有规定诉讼标的、请求基础、请求原因这些抽象的概念，在适用法

〔1〕江伟、邵明、陈刚：《民事诉权研究》，法律出版社2002年版，第292页。

律时容易被法官、当事人所接受。”[1]但也正是因为规定简略，我国立法及司法解释关于诉的变更的规定也存在下列问题：

1. 诉讼请求之变更的条件阙如。现行民事诉讼法及司法解释对当事人变更诉讼请求的条件未作任何规定，“使得实务界在遇到有关情形时，既无法获得判定的根据，又缺乏适用的标准，而显得无所适从”。[2]

2. 对不同情形的诉讼请求之变更未作有效的区分。不同情况下诉讼请求变更对诉讼标的有不同的影响，有时候诉讼请求变更了，诉讼标的并未变化；有时候诉讼请求的变更引起了诉讼标的变更。这两种情况应受到不同条件的限制，然而，我国立法及司法解释却未加区分。

3. 诉讼请求之变更的期限模糊。实践当中，出于各种各样的原因，当事人有的在庭审前变更诉讼请求，有的在庭审时变更诉讼请求，有的在二审时变更诉讼请求，有的甚至在再审时变更诉讼请求。对于这些情况应如何处理？我国现行民事诉讼法及司法解释的规定并不明确。

《民事诉讼法》第52条（2012年《民事诉讼法》修改后为第51条）规定：“原告可以放弃或者变更诉讼请求。被告可以承认或者反驳诉讼请求，有权提出反诉。”该规定位于总则编当事人一章，是对当事人诉讼权利的规定，从中看不出诉讼请求变更的期限要求。《民事诉讼法》第126条（2012年《民事诉讼法》修改后为第140条）规定：“原告增加诉讼请求，被告提出反诉，第三人提出与本案有关的诉讼请求，可以合并审理。”该规定位于第一审普通程序一章，根据体系解释，应适用于第一审普通程序，但具体在什么时间段适用亦不明确。

---

〔1〕杨书翔：“诉的变更制度比较研究”，载《河北法学》2003年第4期。

〔2〕毕玉谦：“诉的变更之基本架构及对现行法的改造”，载《法学研究》2006年第2期。

《民事诉讼法意见》第156条规定:“在案件受理后，法庭辩论结束前，原告增加诉讼请求，被告提出反诉，第三人提出与本案有关的诉讼请求，可以合并审理的，人民法院应当合并审理。”《合同法解释》第30条规定:“债权人依照合同法第122条的规定向人民法院起诉时作出选择后，在一审开庭以前又变更诉讼请求的，人民法院应当准许。对方当事人提出管辖权异议，经审查异议成立的，人民法院应当驳回起诉。”从这两条的规定看，原告增加诉讼请求，应在法庭辩论终结前提出，至于诉讼请求变更的期限则未提及。《开庭规定》第27条规定:“双方当事人争议的事实查清后，审判长应当询问双方当事人有无新的证据提出，原告的诉讼请求或被告的反诉请求有无变更。当事人重复陈述的，审判长应当及时提醒或制止。”根据该规定，当事人在法庭调查之后，法庭辩论之前可以变更诉讼请求。《证据规定》第34条第3款规定:“当事人增加、变更诉讼请求或者提起反诉的，应当在举证期限届满前提出。”第35条第1款规定:“诉讼过程中当事人主张的法律关系的性质或者民事行为的效力与人民法院根据案件事实作出的认定不一致的，不受本规定第34条规定的限制，人民法院应当告知当事人可以变更诉讼请求。”根据这两条规定，当事人增加、变更诉讼请求应在举证期限届满前提出，如果是法院告知变更诉讼请求的，则不受这一期限限制。显然，《证据规定》与《民事诉讼法意见》、《合同法解释》、《开庭规定》之间存在冲突。

《民事诉讼法意见》第184条规定:“在第二审程序中，原审原告增加独立的诉讼请求或原审被告提出反诉的，第二审人民法院可以根据当事人自愿的原则就新增加的诉讼请求或反诉进行调解，调解不成的，告知当事人另行起诉。”从第184条的规定看，二审当中当事人不得增加“独立的诉讼请求”，除非双方当事人同意以调解结案。至于能否在二审变更诉讼请求，从该解释当中无法直接找到答案。“最高人民法院民一庭认为：当事人上诉可以改变一审所持的诉讼理由，但不得改变一审所提出的诉讼请求。审判实践中要严格区分上诉时，当事人变更的是一审的诉讼请求，还是一审的诉讼理由。当事人可以放弃一审的部分诉讼请求，但不得改变一审的诉讼请求。"[1]

（二）大陆法系代表性国家和地区立法对诉之变更的规定及其启示

"德国日耳曼法为了保护被告的诉讼权利，防止由于原告不断变更诉的事实和理由给被告行使抗辩或者反驳带来困难，普通法历来坚持采取禁止当事人进行诉的变更。但是作为例外规则，在取得被告同意的情况下允许原告进行诉的变更。此外，立法还采取一些变通方法，把原告所进行的更正或补充事实上或法律上的陈述，对请求事项或附带请求提出扩张或缩减的申请，以及要求用其他标的物或者利益取代先前请求的标的或者利益等行为，不看做是诉的变更。这等于在事实上承认当事人进行诉的变更。"[2]随着德国《民法》的创定，1898 年修正后的德国《民事诉讼法》第 264 条规定，"诉之变更仅于被告同意时，或法院认为不致对被告之防御造成本质上困难时，始得为之"。该规定打开了诉之变更的缺口。此后，德国 1933 年修正《民事诉讼法》时，更是承认即使在第二审，如经法院认为适当时，当事人亦可为诉之变更；1977 年修正的《民事诉讼法》中，诉的变更的要件没有变动。1999 年修正后的德国《民事诉讼法》对诉的变更的要件作了一定的限缩，该法第 263 条规定，"诉讼系属发生后，在被告同意或法院认为有助于诉讼时，准许为诉之变更"。"有助于诉讼时，准许为诉之变更"较之于先前"不致对被告之防御造成本质上困难时，始得为之"的条件要严格。在日本，其 1890 年制定的民事诉讼法系抄袭德国 1877 年《民事诉讼法》，采取禁止诉的变更原则，在第一审中原告必须征得被

---

〔1〕 黄松有主编：《中国民事审判前沿（第 2 集）》，法律出版社 2005 年版，第 43 页。
〔2〕 黄松有主编：《中国民事审判前沿（第 2 集）》，法律出版社 2005 年版，第 33 页。

告同意始得为诉之变更；在第二审中则绝对不许为诉的变更。但其后受德国、奥地利立法转向容许诉的变更的影响，1926 年修正《民事诉讼法》时，改采取容许诉的变更原则，以不变更诉的请求之基础及不延滞诉讼为限制。该法“在第一审规定为，原告以不变更请求之基础为限，得于言词辩论终结前，变更请求或请求之原因。但因此致诉讼程序显著延滞者，不在此限；在第二审则规定为，准用第一审之上述规定”。[1]这些规定在 1996 年修正民事诉讼法时并没有实质性变更，且为新民事诉讼法所继受。在我国台湾地区，1930 年制定的“民事诉讼法”，原则上禁止诉的变更、追加，仅在被告同意或者不甚妨碍被告之防御及诉讼之终结者，始许原告将原诉变更或追加他诉。与德国法相似，该法第 246 条直接列举了一定情形明示其非诉之变更、追加，从而变相承认了诉的变更。其后，“民事诉讼法迄至 2000 年修正前，关于第一审诉之变更、追加要件，除将禁止诉变更、追加之时点从诉讼系属后放宽至诉状送达以外，其他并未予更改；但关于第二审诉之变更、追加则逐渐扩大其允许之范围”。[2]

以上简要介绍了德、日以及我国台湾地区民事诉讼法对诉之变更进行规范的制度变迁，笔者以为，这些国家和地区有关诉的变更的规定主要有以下特点：

首先，是否准许为诉之变更的标准有一定的弹性。如德国现行《民事诉讼法》第 263 条规定，诉讼系属发生后，在法院认为有助于诉讼时，准许为诉之变更。日本新《民事诉讼法》第 43 条第 1 款规定，原告以不变更请求的基础为限，在口头辩论终结之前，可以变更请求或者请求的原因。该法第 43 条第 4 款规定，法院认为变更请求或请求的原因不当时，根据申请或依职权，应作出不准变更的裁定。我国台湾地区“民事诉讼法”第 255 条规定，诉状送达

〔1〕 许士宦：“诉之变更、追加与阐明”，载《法学论丛》第 32 卷第 3 期。

〔2〕 许士宦：“诉之变更、追加与阐明”，载《法学论丛》第 32 卷第 3 期。

后，原告不得将原诉变更或追加他诉，但请求之基础事实同一者不在此限。这些规定当中，“法院认为有助于诉讼”、“原告以不变更请求的基础为限”、“请求之基础事实同一者”等在实践当中应如何理解均有较大的弹性，理论上如何理解这些规定也有一定的争议。[1]立法中之所以保留这些弹性条款，主要还是与实践中变更诉讼请求的情况异常复杂有关，赋予法院一定的自由裁量权有利于法院根据具体的案情进行恰当的利益衡量，尽量发挥诉讼制度解决纠纷的功能。

其次，对不同情形的诉讼请求变更作了区分。如德国现行《民事诉讼法》第264条明确规定：“如果不变更诉的原因，下列各种行为不视为诉之变更：①补充或更正事实上或法律上的陈述；②扩张或限制关于本案或附带请求的诉讼申请；③因事后发生的情势变更而请求其他诉讼标的或利益，以代替原来所请求的诉讼标的。”我国台湾地区现行“民事诉讼法”第255条亦规定：“诉状送达后，原告不得将原诉变更或追加他诉。但有下列各款情形之一者不在此限：……②请求之基础事实同一者。③扩张或减缩应受判决事项之声明者。④因情势变更而以他项声明代最初之声明者。……”第256条规定：“不变更诉讼标的，而补充或更正事实上或法律上之陈述者，非为诉之变更或追加。”根据这些规定，如果当事人仅仅是补充或更正事实上或法律上的陈述，扩张或缩减关于本案或附带请求的诉讼申请，不涉及诉讼标的的变更，则不视为诉的变更，无需受诉的变更要件限制。即便诉讼请求的变更牵涉诉讼标的的变更，但如果这种变更是因情势变更引起的，则也无需受诉的变更要件的限制。这种区分的意义在于，不同的诉讼请求变更对诉讼程序的推进，以及对方当事人的权利的影响程度不同。如果仅仅是诉讼请求的扩张、缩减，或者仅是当事人补充或更正事实上或法律上的陈述，不涉及诉讼标的变更，则先前的诉讼资料多半仍可作为后续

〔1〕许士宦：“诉之变更、追加与阐明”，载《法学论丛》第32卷第3期。

诉讼的基础，不会给对方的防御以及程序的推进造成明显的障碍，因此法律上对其限制就应较小。如果变更诉讼请求引发了诉讼标的的变更，则先前的诉讼资料的利用价值就相对较弱，对程序的推进以及对方的防御会造成较大的不便，法律对这种情况的变更限制应该较严。至于因情势变更引发的诉讼请求的变更的情况（见例 7），如果不允许当事人为变更诉讼请求，或者对其限定严格的要件，显然不利于当事人正当权益的保护。反观我国民事诉讼法及司法解释，对诉讼请求变更笼统、含混地加以规定，不作具体的区分，其合理性令人怀疑。

最后，允许当事人在二审当中进行诉的变更。德国现行《民事诉讼法》第 523 条规定："除本章另有规定外，其他控诉程序，准用关于第一审的州法院的诉讼程序的规定。"因此，第二审中诉的变更也准用第一审的规则。日本新《民事诉讼法》第 297 条则规定："本法前编第一章至第六章的规定，除另有规定外，准用于控诉审的程序。但是，本法第 269 条的规定，则不在此限。"根据这一规定，控诉审程序中诉的变更准用第一审程序的规定。我国台湾地区"民事诉讼法"第 446 条规定："诉之变更或追加，非经他造同意，不得为之。但第 250 条第 1 款第 2～6 项情形，不在此限。"该规定位于第二审程序部分，是对二审当中诉之变更的肯定。我国大陆《民事诉讼法》对于二审当中当事人能否进行诉讼请求变更没有直接的规定，《合同法解释》限定当事人必须在一审开庭之前变更诉讼请求，《证据规定》限定当事人必须在举证期限届满之前变更诉讼请求，《开庭规定》则规定当事人在法庭调查与法庭辩论之间可以变更诉讼请求。最高法院民一庭则认为，二审当中当事人可以变更一审所持的诉讼理由，但不得变更诉讼请求。不谈上述规定之间的冲突，仅就这些规定对诉讼请求变更期限限定的方式而言，其合理性也值得研究。诉的变更容许与否牵涉三重因素：原告的利益、被告的利益以及法院的利益或说制度上的利益。因为诉讼具有发展性，原告就事实关系之认识渐次变化，伴随着这种变化，使得诉讼标的的变更或诉讼请求的变更成为必要，于原告具有利益。被告因诉之变更而增加或变更防御对象，有时引起防御困难，不免增加负担，无限制的变化会给被告带来不利益。就法院而言，将有关联的事件依诉之变更尽可能予以根本解决，有利于诉讼程序的集中、诉讼效率的提升，避免裁判结果的歧义。权衡这三方的利益必须要有通盘的考虑，如果将诉讼请求变更的期限限制于某一时间点显然难以适应这一要求。在诉讼的进程当中，如果一方当事人要求变更诉讼请求，只要对方同意，或者这种变更有助于纠纷的彻底解决，不会显著延迟诉讼，法院都应当允许这种变更。"唯就实际上诉的变更、追加之时期来看，即使在日本亦有论者认为，其愈在程序后阶段为之，重点应该越由利益主张之关联性移到诉讼资料之继续性，而且，如考虑到审理之进行度，法官之心证亦有影响之可能性。"〔1〕所以说，限制诉之变更、保证诉之变更的适切性，重点不在时限，关键在于诉之变更对"诉讼资料继续性"的影响，正因为如此，德、日以及我国台湾地区亦允许二审当中存在诉之变更。

对照大陆法系其他国家和地区的相关规定，笔者以为，我国《民事诉讼法》及司法解释规范诉讼请求变更的总体思路有待调整。我国大陆《民事诉讼法》对诉讼请求变更没有任何条件限定，"各该规定，对于诉之变更或追加，均未设任何限制。如此规定，对于原告固甚便利，对于被告未免失之太苛，仍以在适当之限度内酌加限制为宜"。〔2〕或许正是因为民事诉讼法在诉讼请求变更条件上规定的缺失，才使得司法解释从时限角度对诉讼请求变更进行限定有了必要。但这种限定既缺乏合理性也缺乏实效性，无论是将诉讼请求变更的期限限定于一审开庭审理之前还是举证期限届满之前，都将使诉讼请求变更失去存在的意义。"两大法系均不能够回避的一

〔1〕许士宦："诉之变更、追加与阐明"，载《法学论丛》第32卷第3期。

〔2〕杨建华主编：《海峡两岸民事程序法论》，台湾月旦出版社股份有限公司1997年版，第248页。

个基本规律是，由当事人之间的诉讼请求与诉讼抗辩确立的审判对象随着诉讼的推进，有时难免发生异变，由此，在客观上需要对于这种审判对象重新加以确立与整合。两大法系对此均以当事人主动提出动议为前提条件。在大陆法系主要表现为当事人申请诉的变更，而在英美法系则主要表现为对诉答文书（如美国）或案情声明（如英国）的修改或补充。"〔1〕当事人在案件尚未开庭之前，很难甚或根本都不会考虑到诉讼请求变更的问题，只有在诉讼发展到一定的阶段，才会意识到需要对诉讼请求进行变更。或者即便在一审开庭审理之前或者举证期限届满之前变更了诉讼请求，但在其后因为各种原因当事人发现仍然需要变更诉讼请求。如果立法对此决然作禁止规定，显然不利于保护当事人的程序和实体权益。所以说对诉讼请求变更的限定关键不在于时限，关键的问题应该是，对诉讼请求变更的不同情形作出区分，然后作出条件上的规制。当然在具体的审级中，当事人诉讼请求的变更也不能毫无期限的要求，这种限定合理的范围应是法庭辩论终结之前，法庭辩论一旦终结，不管当事人以何种方式都不能再变更诉讼请求。二审程序中允许当事人变更诉讼请求，会涉及审级利益的问题。这要作具体的分析，在对方当事人同意的情形，"他造既已同意，审级利益自不必违反于当事人之意思而维持"。〔2〕在有些情况下，即便对方当事人没有同意，但如果诉讼请求变更仅仅是应受判决事项声明之扩张或缩减，或者是因为情势变更而引发的不得已的变更，或者当事人变更的只是事实上或法律上的陈述，德国、日本及我国台湾地区的法律均予允许。这里体现的主要还是利益的衡量。因为这些情况下诉讼标的本身并没有变化，诉讼请求虽然变更，但诉讼资料并未变化，不会导致诉讼突袭，也不会拖延裁判的进程。上述情形在第一审为之，无

---

〔1〕 毕玉谦："诉的变更之基本架构及对现行法的改造"，载《法学研究》2006年第2期。

〔2〕 王甲乙、杨建华、郑健才：《民事诉讼法新论》，台湾三民书局1998年版，第540页。

需征得被告同意，“第二审程序为第一审程序之续行，自亦同然”。[1]而且对于特定的诉讼标的而言，当事人的审级利益并未受到损害。相反，如果不允许当事人为诉讼请求的变更，在很多时候，当事人不得不因为举证责任、诉讼时效以及情势变更等方面的原因而承担败诉的后果，而这种后果仅仅是因为其诉讼请求不当造成的，这违背了实体正义的基本要求。

关于诉的变更，德、日以及我国台湾地区的民事诉讼法有其他一些具体的要求，例如，须新诉非专属他法院管辖，须新诉与原诉得行同种之诉讼程序等，这些规定都是针对诉讼标的变更限定的更严格的条件。[2]在修订民事诉讼法时亦有借鉴的必要，此处不再赘述。

四、诉讼请求的变更与释明

《证据规定》第35条第1款规定：“诉讼过程中，当事人主张的法律关系的性质或者民事行为的效力与人民法院根据案件事实作出的认定不一致的，不受本规定第34条规定的限制，人民法院应当告知当事人可以变更诉讼请求。”《证据规定》出台之后，该规定第35条的规定引发了广泛的争议。对该条规定，目前代表性的看法有：①法官告知变更诉讼请求超出了释明权与辩论主义的关系，是对处分权原则的修缮；[3]②该条内容不属于释明的范畴，并且法院无论是告知还是不告知都有可能卷入是非之中，“因此，不宜在告知法院对法律关系性质和民事法律行为效力认定的情况下，允许原告变更诉讼请求”；[4]③该条规定属于释明的内容，并有积

---

〔1〕 王甲乙、杨建华、郑健才：《民事诉讼法新论》，台湾三民书局1998年版，第540页。

〔2〕 吴明轩：《民事诉讼法》，台湾五南图书出版公司1983年版，第170页。

〔3〕 赵钢：“论法官对诉讼请求变更事项的告知义务——以《关于民事诉讼证据的若干规定》第35条为分析基础”，载《法商研究》2005年第6期。

〔4〕 张卫平：“民事诉讼‘释明’概念的展开”，载《中外法学》2006年第2期。

极的意义。[1]我们具体应如何理解和看待这一规定呢？笔者以为首要的问题是要对释明的范围有准确的把握。

释明与辩论主义是密切相关的概念，在我国台湾地区，学者通常将其译为“阐明”。[2]对释明范围的界定涉及如何认识辩论主义的问题。“如果将辩论主义作为一个仅仅关于事实的概念来予以把握，并将事实之法的评价理解为‘不受当事人主张拘束的，可以委诸法院自由进行’的操作，那么可以说，……（原审）中原生性的事实都已经出现，因而法院并没有违反辩论主义。而且，这样一来也符合传统对于辩论主义的理解。‘汝给吾事实，吾赐汝法律’的古老法谚也传递着这样的原理。”[3]但“另一种观点则对‘辩论主义是仅仅关于事实层面的概念，法的观点领域专属于法院的专权，因此当事人与法的观点并无关系’之传统立场进行了自觉的反省，进而认为，在法的观点或法律问题的层面上，也有必要认可‘防止突然袭击’的问题，从而保障当事人在这一层面上的参与。具体而言，当法院欲适当用当事人未注意之法的观点时，法院就附有如下一种义务，即应当向当事人开示这种法的观点，并让当事人在其与法院之间就法的观点或法律构成进行充分的讨论。这种义务被称为，法院法的观点指出义务或法律问题指出义务，也被称为法的对论之要求。”[4]法的观点指出义务或法律问题指出义务即为“法官法律观点的释明”，属于释明权具体适用事项之一。[5]“法官的法律见解对当事人诉讼权利的行使影响甚大。法官公开法律见

---

〔1〕 李国光主编：《最高人民法院〈关于民事诉讼证据的若干规定〉的理解与适用》，中国法制出版社2002年版，第280页。

〔2〕 张卫平：“民事诉讼‘释明’概念的展开”，载《中外法学》2006年第2期。

〔3〕 [日] 高桥宏志：《民事诉讼法制度与理论的深层分析》，林剑锋译，法律出版社2003年版，第366页。

〔4〕 [日] 高桥宏志：《民事诉讼法制度与理论的深层分析》，林剑锋译，法律出版社2003年版，第367页。

〔5〕 肖建华、陈琳：“法官释明权之理论阐释与立法完善”，载《北方法学》2007年第2期。

解后，当事人如不同意法官的意见，可及时地向法官说明自己的看法；如果赞同法官的见解，则可以按照法官的见解来变更自己的诉讼请求。"[1]

在大陆法系实践中，法官通过释明表明法律见解，促使当事人变更诉讼请求，一般有两种情形：一种是当事人对诉讼请求依据的法律关系存在误解。由于当事人的诉讼请求基于特定的事实和法律行为，而如果当事人对该特定事实和法律行为性质的认识存在误解，当事人的诉讼请求就可能不正确，在这种情况下，法院可以通过释明，使当事人正确了解特定事实和法律行为的性质，以便正确地提出自己的诉讼请求。例如，原告诉请法院撤销被告公司于某年某月某日所作之股东会决议，主张该决议有各项瑕疵等原因事实。如法院审理结果，认为被告公司当日所召开之股东会，其决议程序并无瑕疵，但决议内容违反法律而无效，或在事实及法律上根本不能承认该决议成立，此时，法官应表明法律见解，释明原告是否就上述决议效力之诉讼为诉之变更或追加，而请求合并审判决议之无效或不存在。另一种是当事人的诉讼请求存在两个可以选择的请求原因，而原告在诉讼中选择了其中一个请求原因予以主张。例如，在票据关系（票据债权）与原因关系（契约或侵权行为所生债权）竞合的情况，如原告仅基于票据关系为请求权，但被告在案件审理过程中提出了票据债权罹于消灭时效的抗辩，此时法官可行使释明权告知原告可基于原因关系提起请求权。此时释明权之行使，可以避免原告不必要的败诉。

《证据规定》第35条的规定无疑契合了上述关于辩论主义的第二种观点。为了防止因当事人主张的法律关系的性质或者民事行为的效力与人民法院根据案件事实作出的认定不一致而招致不利的审判结果，该规定要求在这种情况下法院应当告知当事人可以变更诉讼请求。从积极的方面考虑，第35条的内容有利于诉讼程序的集

---

[1] 李浩："民事诉讼程序权利的保障：问题与对策"，载《法商研究》2007年第3期。

中，有利于防止突袭性裁判，有利于裁判结果的实质公平。但该规定也遗留了不少的问题。该条原本是对举证期限的例外规定，客观上涉及了与法院释明相关的内容，但规定过于简单，并且缺乏配套的限制，这也是导致理论上对其争论不休的原因。该规定目前面临的主要问题有：①什么时候该为释明，什么时候不该为释明，度在哪里？②在不该为释明的情况下，法官为释明怎么办？③在应该释明的情况下，法官没有为释明怎么办？这其中有的问题不仅仅是我国所独有，在大陆法系的德、日、法以及我国台湾地区同样存在。在对释明权从承认到提倡的过程中，这些国家或地区的立法和案例对上述问题不断地进行累积性的回答，及至目前这一进程仍在持续。结合大陆法系国家的经验，本文试对上述问题逐一讨论。

不为释明可能造成裁判的突袭，过度释明又会违背辩论主义、处分权原则以及法官中立的要求。法官为释明行为的限度到底在哪里？这必须要有具体的分析。释明可分为消极释明和积极释明。消极释明包括：澄清不明了的事项，使不明了的明了；消除不当的主张或陈述，促使当事人更正或放弃不当的主张；补充诉讼资料。积极的释明则是指法官通过适当的提示让当事人提出新的请求、新的诉讼资料或新的攻击和防御方法。告知当事人变更诉讼请求显然属于积极的释明。“就大陆法系各国的情况来看，对民事审判领域法官应当行使消极的释明权似乎并不存在疑义，即使是二战后深受美国民事诉讼理念影响的日本也不例外。而就法官应否行使积极的释明权，以及如果应当行使，其行使的原则、界线及效力等如何，则有着不同的实践。”〔1〕由于司法实践中情况极为复杂，我们实际上很难从规则上对积极释明的度给出一个是与非的明确界线。有观点认为，“德国和日本的法官在行使释明权时均遵守了两条原则：①如果法官不阐明，致使原本应当胜诉的一方当事人败诉，而原本

〔1〕 黄松有：《中国现代民事审判权论——为民服务型民事审判权的构筑与实践》，法律出版社 2003 年版，第 231 页。

应当败诉的一方却胜诉，那么法官就应当释明；②法官的阐明应当在当事人的预期之中，且应当在当事人已经作出陈述的基础上进行阐明，但不得替代当事人实施原本不会实施的诉讼行为”。“德国和日本的这一做法值得我们借鉴。”〔1〕应该说，该观点对释明权行使限度的界定是明确且公允的。但这两条原则在适用过程中仍然存在“盲点”，大陆法系实践中比较典型的例子就是“法院关于消灭时效方面”的释明，如果法官不为释明则本应胜诉的当事人会败诉，如果为释明又将被认定为违法，属“越俎代庖”。通说的观点都认为，对于具有“立即使诉讼终结”之作用的消灭时效的释明，法院应持消极的态度。〔2〕笔者以为，对行使释明权的限定可以考虑作两个方面的工作：一是通过案例积累不断地形塑释明行为的尺度，通过大量的典型案例形成对同类问题的统一指导；二是赋予当事人对法官释明行为的异议权，这也是第二个问题所要讨论的内容。

在不该为释明的情况下，法官过度释明怎么办？笔者以为，首先要赋予当事人对法官释明行为的异议权，作为监督。德、日以及我国台湾地区都有这方面的规定。例如，德国现行《民事诉讼法》第 140 条规定：“参与辩论的人，如果认为审判长关于指挥诉讼的命令，或者审判长或法院成员所提的发问为违法而提出异议时，由法院裁判之。”日本现行《民事诉讼法》第 150 条规定：“当事人对指挥口头辩论的审判长命令或者本法前条第 1 款或第 2 款所规定的审判长或陪席法官的处置申请异议时，法院应以裁定对该异议作出裁判。”我国台湾地区现行“民事诉讼法”第 201 条规定：“参与辩论人，如以审判长关于指挥诉讼之裁定，或审判长及陪席法官之发问或晓谕为违法而提出异议者，法院应就其异议为裁定。”法官为释明行为属于诉讼指挥的内容，如果当事人认为释明过度，应

---

〔1〕李浩：“民事诉讼程序权利的保障：问题与对策”，载《法商研究》2007 年第 3 期。

〔2〕［日］高桥宏志：《民事诉讼法制度与理论的深层分析》，林剑锋译，法律出版社 2003 年版，第 363 页。

允许其异议，这样有助于当事人对释明形成制约。过度释明又可细分为两种情况：一是释明有误，二是虽然释明过度，但释明符合案件事实与法律，没有错误。第一种情况，当事人可以事实认定或法律适用有误为由提起上诉，法官的过度释明可被包含于其中（事实认定或法律适用错误），并依此得到纠正。至于第二种情况则比较麻烦，纵使法院的释明给对方当事人造成不公平感而显得“过度”，但却很难纠正。“在法院过度的释明符合案件真相时，应当说的确没有加以更正的手段。”〔1〕正因为如此，也有学者认为，只要释明真实、正确，法官无论怎样释明都不为过。

在应该为释明的情况下，法官没有为释明怎么办？“于法官而言，当法律将释明设定为他（她）的一项义务时，法官不予释明，将构成对法的违反。其由此而作出的判决可能被上诉审法院废弃。”〔2〕在日本就形成了很多这样的案例，法官该为释明而未为释明构成了当事人上诉的理由，上诉审法院可以据此撤销原判，发回重审，这一点我们亦可以借鉴。至于法官个人而言，似不必因此而承担法律上的责任。〔3〕

---

〔1〕［日］高桥宏志：《民事诉讼法制度与理论的深层分析》，林剑锋译，法律出版社2003年版，第362页。

〔2〕黄松有：《中国现代民事审判权论——为民服务型民事审判权的构筑与实践》，法律出版社2003年版，第231页。

〔3〕赵钢：“论法官对诉讼请求变更事项的告知义务——以《关于民事诉讼证据的若干规定》第35条为分析基础”，载《法商研究》2005年第6期。

人民调解协议的效力辨析及其程序保障*

人民调解是颇具中国特色的非诉讼纠纷解决方式，在西方国家向来享有“东方经验”之美誉。为了进一步规范人民调解行为，充分发挥人民调解在构建社会主义和谐社会中的重要作用，2010 年 8 月 28 日，十一届全国人大常委会第十六次会议审议通过了《中华人民共和国人民调解法》（以下简称《人民调解法》）。《人民调解法》系统地规定了人民调解的性质、任务和工作原则，以及人民调解委员会、人民调解员、调解程序、调解协议等内容，进一步规范了人民调解工作的制度与程序，确立了对人民调解协议的司法审查机制，从而在诸多方面实现了重大的制度创新，全面完善了我国的人民调解制度。其中，备受瞩目的乃是关于人民调解协议效力的规定——“经人民调解委员会调解达成的调解协议，具有法律约束力，当事人应当按照约定履行”。〔1〕

如果从类似规范的层面来看，最高人民法院此前发布的《关于审理涉及人民调解协议的民事案件的若干规定》（以下简称《人民调解若干规定》）第 1 条则明文规定：“经人民调解委员会调解达成的、有民事权利义务内容，并由双方当事人签字或者盖章的调解协议，具有民事合同性质。……”由此可见，关于人民调解协议的效力，从最高人民法院以司法解释的形式规定其“具有民事合同性质”，到全国人大常委会以法律的形式宣示其“具有法律约束力”，两者在文字表述上无疑存在明显的差异。而众所周知，人民调解协

---

* 原文发表于《法学》2011 年第 12 期。

〔1〕《人民调解法》第 31 条第 1 款。

议乃是由人民调解委员会主持纠纷当事人自愿达成的，据以解决纠纷的协议，是人民调解工作的最终成果。因此，如何规制其性质和效力，直接关系到人民调解制度的作用与功能能否正常发挥，这是人民调解制度的“关键所在”与“重中之重”。因此，正确理解与准确把握上述两种不同表述之间的区别，并对其进行学理上的探讨与辨析，显然是一个具有理论价值与实践意义的重要问题。

一、“具有民事合同性质”之简析

《人民调解若干规定》第1条规定：“经人民调解委员会调解达成的、有民事权利义务内容，并由双方当事人签字或者盖章的调解协议，具有民事合同性质。当事人应当按照约定履行自己的义务，不得擅自变更或者解除调解协议。”据此，笔者认为，对人民调解协议的性质与效力应从以下方面来加以理解和把握：

首先，人民调解协议在性质上属于民事合同。根据我国《民法通则》与《合同法》之规定，民事合同乃是当事人之间设立、变更、终止民事权利义务关系的协议。因此，凡是在两个以上民事主体之间就财产利益或某些身份利益所自愿达成的协议，其性质均属民事合同。至于当事人在订立合同过程中所采用的不同协商方式，并不会改变民事合同本身的性质。人民调解协议无论是重新设定当事人之间的民事权利义务关系，或者是变更、终止当事人之间既存的民事权利义务关系，均不影响其民事合同的性质。在人民调解委员会的主持下，促使双方当事人通过自愿协商达成调解协议，与当事人通过中间人的协助或协调所达成的协议一样，并不改变人民调解协议的合同性质。[1]因此，人民调解协议尽管是在人民调解委员会的主持下达成的，但其性质仍然是当事人就民事权利义务关系所作的一种处分，是当事人对民事权利义务合意处分的结果，因此其具有民事合同性质。

---

〔1〕 参见尹田：“论人民调解协议的性质”，载《人民法院报》2002年9月30日。

其次，人民调解协议是特殊的民事合同。这是因为，人民调解协议要具有民事合同性质，应当同时符合下列条件：一是双方当事人的纠纷必须经人民调解委员会依法调解。依据《人民调解委员会组织条例》之规定，人民调解委员会既可以根据当事人的申请启动调解程序，也可以在当事人没有提出申请的情况下主动进行调解。[1]是否有人民调解委员会的介入，乃是人民调解协议区别于普通民事合同的关键之处。二是人民调解协议须具有民事权利义务内容。在人民调解委员会的主持下，经过疏导与劝说，双方当事人就如何解决民事纠纷达成一致意见，其实质仍然是在自愿、平等的基础上调整彼此之间的民事权利义务关系，因而这种协议具有民事权利义务内容。三是人民调解协议必须符合法定的形式要求。依《人民调解委员会组织条例》第 8 条第 2 款的规定，人民调解协议有两种书面形式可供选用，即调解笔录和调解协议书。四是人民调解协议应当由双方当事人、人民调解员签名，并加盖人民调解委员会的印章。[2]综上所述，由于有人民调解委员会的主持、疏导与全程介入，人民调解协议的合法性通常来说会更有保障，也能更真实、理性地反映当事人解决纠纷、消除隔阂进而修复关系的意向与追求，从而使此前受到损害的法律关系趋于稳定与和谐。[3]

最后，人民调解协议并不当然地具有强制执行力。尽管有人主张，人民调解协议是人民调解委员会依照职权对具体的民事法律关系依法加以确认的法律文书，因此应该具有强制执行效力。其理由是人民调解协议具备了法律行为有效的四个要件：一是组织合格。

---

[1] 《人民调解委员会组织条例》第 7 条第 1 款规定：“人民调解委员会根据当事人的申请及时调解纠纷；当事人没有申请的，也可以主动调解。”

[2] 《人民调解委员会组织条例》第 8 条第 2 款规定：“调解纠纷应当进行登记，制作笔录，根据需要或者当事人的请求，可以制作调解协议书。调解协议书应当有双方当事人和调解人员的签名，并加盖人民调解委员会的印章。”

[3] 这是因为，《人民调解委员会组织条例》第 8 条明确要求人民调解委员会应“查明事实、分清是非”。

制作人民调解协议的主体是国家法律规定的人民调解委员会。二是内容合法。人民调解协议的内容符合国家法律、行政法规与政策的要求。三是意思表示真实。调解协议的达成完全出于当事人的自愿，即使是人民调解委员会做了大量的劝导工作，但其最终仍然是当事人合意的结果。四是形式合法。人民调解协议采用了书面形式。[1]笔者认为，上述观点尽管注意到了人民调解协议具有合法的性质，但简单地将合法的协议直接等同于具有强制执行效力的观点则是难以成立的。因为从相关立法之规定来看，《人民调解委员会组织条例》第 9 条第 2 款明确规定："经过调解，当事人未达成协议或者达成协议后又反悔的，任何一方可以请求基层人民政府处理，也可以向人民法院起诉。"《民事诉讼法》第 16 条[2]同样规定，"不愿调解、调解不成或者反悔的，可以向人民法院起诉。"很显然，立法并没有赋予人民调解协议以强制执行的效力，否则允许当事人"反悔"、"请求基层人民政府处理"、"向人民法院起诉"等即纯属多余。另外依据《民事诉讼法》第 16 条之规定，基层人民法院有义务指导人民调解委员会的工作，对人民调解委员会调解民事纠纷中"违背法律的"行为应该予以纠正。从现实来看，人民调解委员会的调解确实可能存在"违背法律"的行为，调解协议也同样存在违法的可能性，因此其并不当然地具有强制执行力。但是，其中具有给付内容，且又经过公证机关证明的人民调解协议则具有强制执行的效力，从而产生相当于生效裁判的法律效力。其依据是《人民调解若干规定》第 10 条，该条规定："具有债权内容的调解协议，公证机关依法赋予强制执行效力的，债权人可以向被执行人住所地或者被执行人的财产所在地人民法院申请执行。"

---

〔1〕 参见叶知年："论人民调解协议的性质和效力"，载《福建公安高等专科学校学报》2003 年第 5 期。

〔2〕《民事诉讼法》于 2012 年修改后，此条已经删除。

二、“具有法律约束力”之解读

在《人民调解法》的起草、论证过程中，对于是否需要通过立法来提升人民调解协议的效力层次，是否需要规定人民调解协议“具有法律约束力”，甚至具有强制执行的法律效力，一直存在较大的争议。其中反对的意见认为，人民调解是一种民间的纠纷解决方式，为了保持人民调解的民间性，避免人民调解过度司法化和行政化，不应当作出“具有法律约束力”的表述。而支持者则认为，由于在我国的人民调解实践中，当事人漠视、无视所达成的调解协议，不履行调解协议约定义务的现象比比皆是，类似“空调”与“白条”已严重影响了人民调解工作的顺利开展，直接折损了人民调解机制的权威与公信力，因此通过立法提升人民调解协议的效力层次乃是当务之急。〔1〕在经过反复权衡之后，立法者采纳了第二种观点，确立了《人民调解法》第31条第1款之规定，即“经人民调解委员会调解达成的调解协议，具有法律约束力，当事人应当按照约定履行”。笔者认为，对此款规定中“具有法律约束力”之定位，应从如下方面来加以理解和把握。

1. 实体法上的效力。从法条用语上来看，《人民调解法》关于人民调解协议效力的规定与《合同法》第8条第1款采用了完全相同的表述，即“具有法律约束力”，〔2〕就此而言，可谓有异曲同工之妙。从性质上来说，人民调解委员会所调解的主要是私权纠纷，因此只要不违反法律、行政法规的强制性规定，即应允许当事人合意处分。如前所述，调解协议一经达成，就在当事人之间产生了相当于合同的效力，对当事人当然“具有法律约束力”，“当事人应当按照约定履行”。也就是说，人民调解协议的达成意味着当事人之间的民事

〔1〕 参见肖建国：“人民调解协议具有法律效力”，载《人民日报》2010年9月15日。

〔2〕 该条第1款规定：“依法成立的合同，对当事人具有法律约束力。当事人应当按照约定履行自己的义务，不得擅自变更或解除合同。”

纠纷已通过友好协商、互谅互让得到妥善解决，权利义务关系已经明确，当事人应当按照协议的内容履行相应的义务。如果一方违背调解协议，则会产生相应的法律后果。这种法律后果主要表现为应当依法承担违约责任。鉴于人民调解乃是一种基层性、群众性、自治性的纠纷解决方式，因此立法不应该也没有直接赋予人民调解协议以强制执行力，而是采取了与《合同法》相同的表述——“具有法律约束力”。然而，为了保障人民调解工作的顺利开展，提升人民调解的权威性与实效性，仅仅赋予人民调解协议以实体法上的效力又是远远不够的。

2. 程序法上的效力。我国1991年颁布的《民事诉讼法》第16条第2款规定：“……当事人对调解达成的协议应当履行……”立法在此采用的是“应当”之用语，据此强制性的规定可以得知，对于有效的人民调解协议，〔1〕当事人“应当履行”，而没有不履行或不完全履行的选择自由。〔2〕申言之，尽管基于“司法最终解决”原则，立法允许当事人反悔、再次申请调解或者另行起诉，但由此并不能得出当事人不履行人民调解协议也不需要承担法律责任的结论。相反，只有课以不履行人民调解协议的当事人承担程序法上的某种后果，才能促进对人民调解协议的自觉履行，树立人民调解的权威性与公信力。具体而言，根据《人民调解法》第33条之规定，〔3〕经双方当事人的申请，被人民法院确认有效的人民调解协议

---

〔1〕《人民调解若干规定》第4条规定了调解协议有效之要件：“①当事人具有完全民事行为能力；②意思表示真实；③不违反法律、行政法规的强制性规定或者社会公共利益。”

〔2〕当然，无效的与可变更、可撤销的调解协议除外。具体参见《人民调解若干规定》第5、6条。

〔3〕《人民调解法》第33条规定：“经人民调解委员会调解达成调解协议后，双方当事人认为有必要的，可以自调解协议生效之日起30日内共同向人民法院申请确认，人民法院应当及时对调解协议进行审查，依法确认调解协议的效力。人民法院依法确认调解协议有效，一方当事人拒绝履行或者未全部履行的，对方当事人可以向人民法院申请强制执行。人民法院依法确认调解协议无效的，当事人可以通过人民调解方式变更原调解协议或者达成新的调解协议，也可以向人民法院提起诉讼。”

具有强制执行的效力，一方当事人拒绝履行或者未全部履行的，对方当事人可以向人民法院申请强制执行。由此，确立了人民调解协议在程序法上的“有限效力”，即附条件的强制执行力。如此的制度安排，既体现了人民法院依法对人民调解工作的应有支持、指导与监督，又反映了立法者希望通过建立“调诉对接”机制来强化人民调解协议效力，最大程度与最大可能地化解矛盾与纠纷，以实现社会稳定、和谐的“良苦用心”。

三、“具有民事合同性质”与“具有法律约束力”之比较

综上所述，无论是最高人民法院在《人民调解若干规定》中规定的人民调解协议“具有民事合同性质”，还是全国人大常委会在《人民调解法》中所宣示的人民调解协议“具有法律约束力”，尽管二者在表述上存在一定的差异，但它们的实质内容却是基本相同的。既肯定了人民调解协议所具有的民事合同性质，赋予其确定力，但又不认为其仅仅具有合同那样的约束力（当事人应该自觉履行，不得任意变更或撤销，否则须承担相应的法律责任），而是赋予其一定的程序法效力，即依法经公证机关公证或人民法院确认之后即具有强制执行的效力，从而在规则层面实现了人民调解与法院诉讼之间的合理对接。既有效保障了人民调解的群众性、自治性，最大程度与最大可能地尊重当事人的意思自治与程序主体地位，同时又为充分发挥人民调解排解纠纷、化解矛盾的功能，强化调解协议的法律效力提供了制度保障。

但需进一步指出的是，无论是《人民调解若干规定》中规定的人民调解协议“具有民事合同性质”，还是《人民调解法》中宣示人民调解协议“具有法律约束力”，均确定无疑地表明人民调解协议自身的效力尚是一种“软效力”，存在“柔性”有余而“刚性”不足的问题。即人民调解协议并不具有强制执行的法律效力。鉴于此，《人民调解法》第32条规定：“经人民调解委员会调解达成调解协议后，当事人之间就调解协议的履行或者调解协议的内容发生

争议的，一方当事人可以向人民法院提起诉讼。”从而为此类纠纷的解决提供了司法渠道。

当然，《人民调解法》中关于人民调解协议效力的规定还是存在可圈可点之处的。至少在用语上，此前的“具有民事合同性质”，一方面表明最高人民法院承认人民调解协议在性质上为“民事合同”，另一方面又认为其具有某些“非民事合同”的特征，即不完全是民事合同或者说不是纯粹的民事合同。或许是苦于找不到合适的术语，因此使用了“具有民事合同性质”这一冗长且又欠规范的表述，既有民事合同性质，又不完全是民事合同。给人颇有“似驴非驴”的意味。然而，“具有民事合同性质”之人民调解协议的效力规范经过人民调解实践的检验，已被证明是行之有效、科学可行的。因此，《人民调解法》适时吸纳其合理内涵，并对其进行了创造性转换，用“具有法律约束力”这一同质且更为规范的用语取代了“具有民事合同性质”的表达，从而与“合同法”使用的术语完全一致，保障了立法用语的科学性、一致性与经济性。笔者认为，人民调解协议之效力，从“具有民事合同性质”到“具有法律约束力”，尽管在内涵上并未发生实质性的改变，但从概念、术语的使用仍可窥见我国法治建设之艰难与点滴进步之可喜。

四、人民调解协议效力之程序保障

人民调解机制能否发挥实效，关键在于人民调解协议所确定的权利义务关系能否得到实现。从一般要求来讲，人民调解协议达成之后，当事人应自觉履行相应的义务，人民调解委员会也有责任监督调解协议的履行情况，督促当事人履行约定的义务。然而，由于人民调解协议本身并无强制执行的法律效力，因此如果发生当事人不自觉履行协议的情况，人民调解活动所有的前期成果即将面临“毁于一旦”的危险，当事人先前所有的努力也会因此而“功亏一篑”。鉴于此，构建严谨、周密的程序制度来实现“调诉对接”，保障人民调解协议的法律约束力落到实处，显得极其重要。基于此理，《人民调解法》第33条的规定为人民法院“确认”人民调解协议的效力提供了原则性的指导，然而具体如何操作尚待进一步明确与细化。循此要求，2011年3月21日最高人民法院审判委员会第1515次会议通过了《关于人民调解协议司法确认程序的若干规定》（以下简称《确认规定》），就此作出了相应的规范。

1. 管辖法院。根据司法部《人民调解工作若干规定》（2002年9月26日司法部令第75号发布）第21条第1款之规定，民间纠纷由纠纷当事人所在地（所在单位）或者纠纷发生地的人民调解委员会受理调解。相应地，人民调解协议的确认法院也应该是纠纷当事人所在地（所在单位）或者纠纷发生地的基层人民法院。现依《确认规定》第2条之明确要求，当事人申请确认人民调解协议的，由主持调解的人民调解委员会所在地基层人民法院或者它派出的法庭管辖。人民法院在立案前委派人民调解委员会调解并达成调解协议，当事人申请司法确认的，由委派的人民法院管辖。这样一来，既有利于当事人及时、就近向人民法院提出申请，也有利于基层人民法院监督、指导人民调解委员会的调解工作。

2. 申请方式。根据《人民调解法》第33条第1款的规定，人民法院确认人民调解协议的效力，须待当事人共同提出申请，而不得主动为之。从保障与提升人民调解协议效力的角度出发，笔者认为，“共同申请”可以理解为，包括双方当事人达成申请协议共同申请与一方当事人提出申请而另一方当事人同意（不反对）申请两种情形。事实上，只要对方当事人没有明确提出反对意见就可视为同意。至于当事人是本人提出申请还是委托他人提出申请，均不影响“共同申请”的成立。从申请所应采取的形式来看，参照《民事诉讼法》的规定，起诉系以书面方式为原则，必要时也可用口头方式。因此，提出确认申请也应允许采用书面申请与口头申请两种方式。

3. 审查方式。依我国现行《民事诉讼法》的规定，对于事实清楚、权利义务关系明确、争议不大的民事案件，可适用简易程序审理，这也是贯彻诉讼经济原则的基本要求。此外，现行仲裁制度与实践也为我们提供了借鉴和参考。根据《中国国际经济贸易仲裁委员会仲裁规则（2015 年）》第 47 条第 10 项的规定，当事人可以凭仲裁协议与和解协议请求仲裁委员会按照和解协议的内容作出仲裁裁决。除当事人另有约定外，由仲裁委员会主任指定一名独任仲裁员组成仲裁庭，以仲裁庭认为适当的程序进行审理并作出裁决。〔1〕或许正是基于上述考量与诉讼经济之要求，《确认规定》中明确要求，人民法院受理司法确认申请后，由一名审判人员对调解协议进行审查。人民法院在审查过程中，可通知人民调解委员会将案件的案卷和相关材料移送人民法院。人民法院认为确有必要时，可以通知当事人或证人到场，也可以通知调解员到场或以其他简便、合适的方式询问当事人、证人、调解员或其他人员与本案有关的情况。

4. 审查期限。现行立法只规定人民法院“应当及时对调解协议进行审查”，而没有规定“刚性”的审查期限。这样做的好处是在提出“及时”这一原则性要求的同时，为人民法院便宜行事预留了富有弹性的制度空间，但由此也可能为拖延审查打开方便之门，因此为了具体落实“及时”的要求，即有必要确定审查期限。《确认规定》第 5 条第 1 款明确规定，审查期限为 15 日，对因特殊情况需要延长的，经本院院长批准，可以延长 10 日。鉴于《人民调解法》允许当事人可以自调解协议生效之日起 30 日内共同向人民法院申请司法确认，相当于给了当事人 30 日的时间以作“周全考虑”。据此笔者认为，以 30 日为通常审查期限才是较为合理的。这样既能使人民法院的审查不致太过仓促，又不会让当事人经受漫长的等待。

5. 审查内容。笔者认为，人民法院主要应对以下内容进行审

〔1〕 该项规定为：“当事人在仲裁程序开始之前自行达成或经调解达成和解协议的，可以依据由仲裁委员会仲裁的仲裁协议及其和解协议，请求仲裁委员会组成仲裁庭，按照和解协议的内容作出仲裁裁决。除非当事人另有约定，仲裁委员会主任指定一名独任仲裁员组成仲裁庭，由仲裁庭按照其认为适当的程序进行审理并作出裁决。具体程序和期限，不受本规则其他条款关于程序和期限的限制。”

查：①是否属于人民法院的受案范围；②是否属于本院管辖；③是否存在真实的民事法律关系与民事争议；④当事人申请确认调解协议的效力是否出于真实自愿；⑤达成的协调协议内容是否为当事人的真实意思表示；⑥调解协议的内容是否违反法律、行政法规的强制性规定；⑦调解协议的内容是否损害国家、集体、社会公共利益或第三人的合法权益。

6. 审查结果。根据《人民调解法》第33条第2~3款的规定，人民法院受理当事人的确认申请后，其审查结果可能存在以下两种情形：①确认调解协议有效。其判断的依据在于当事人具有完全的民事行为能力；意思表示真实；不违反法律、行政法规的强制性规定或损害社会公共利益。符合这些要件的调解协议即为有效，具备强制执行的法律效力，一方当事人拒绝履行或者未全部履行的，对方当事人可以向人民法院申请强制执行。②确认调解协议无效。在这种情形下，当事人可以通过人民调解方式变更原调解协议或者达成新的调解协议，也可以向人民法院提起诉讼。在此需要说明的是，《确认规定》第7条中“不予确认调解协议效力”之表述，并不构成上述两种审查结果以外的第三种情形，因为从该条所罗列的六种适用情形来看，[1]“不予确认调解协议效力”基本上只是“确认调解协议无效”的同质表达。

除以上六个方面外，尚有一些问题需要在规则层面作出安排。譬如，确认程序中是否应当适用相关证据规则？[2]对于人民法院确

---

〔1〕这六种情形是：①违反法律、行政法规强制性规定的；②损害国家利益、社会公共利益的；③损害案外人合法权益的；④损害社会公序良俗的；⑤内容不明确，无法确认的；⑥其他不能进行司法确认的情形。笔者认为，所谓“其他不能进行司法确认的情形”，至少应该包括“以合法形式掩盖非法目的”以及“人民调解委员会强制调解”两种情形。

〔2〕《最高人民法院关于民事诉讼证据的若干规定》第67条规定：“在诉讼中，当事人为达成调解协议或者和解的目的作出妥协所涉及的对案件事实的认可，不得在其后的诉讼中作为对其不利的证据。”那么，在人民法院审查人民调解协议的效力时，该证据规则能否适用，尚有待进一步斟酌。

认调解协议效力确有错误，并由此给当事人造成损害的，是应直接适用审判监督程序，还是应该设置另外的救济机制？等等。现行立法与司法解释对此均缺乏明确、具体的规定，而这必然会在实践中有所涉及。

五、结语

当前，“随着改革开放的逐步深入，我国社会市场化程度不断加深，利益格局分化调整力度不断加大，社会关系主要是利益关系，呈现出主体多元化、利益格局复杂化、利益冲突扩散化等特征，由此导致相关案件处理的复杂性、关联性、敏感性增加”。[1]但值得期待的是，《人民调解法》的公布施行，将会进一步发挥人民调解在化解社会矛盾与纠纷、维护社会和谐稳定中的积极作用。至于该法中可能存在的问题与不足，有些需要在实践中加以把握并予以解决，有些则需要通过相关立法的完善方能得到妥善处理。

---

〔1〕 沈德咏：“立足中国国情，积极稳妥推进司法改革之努力完善中国特色社会主义司法制度”，载沈德咏主编：《秋菊故乡新说法：能动主义司法模式理论与实践》，法律出版社2010年版，序第3页。

回避制度之改良与保全机制之完善

——以《民事诉讼法》修改为背景的思考 *

作为本届全国人大常委会五年立法规划的重头戏之一，第十一届全国人民代表大会常务委员会第二十八次会议于2012年8月31日通过了《关于修改〈中华人民共和国民事诉讼法〉的决定》（以下简称《民事诉讼法修改决定》）。这是继2007年的修改之后，对我国现行《民事诉讼法》所作的又一次重要完善，同时也是继今年早些时候完成对《刑事诉讼法》的修订之后，进一步健全我国社会主义诉讼法制的体现。其通过与日后的施行，必将对我国民事诉讼活动的规范进行，乃至公正、效率等诉讼价值目标的进一步实现，发挥出重要的促进、保障作用。

不难看出，我国现行《民事诉讼法》的此次修改中具有诸多众所周知的“亮点”。譬如，检察监督机制的完善，诉讼证据制度的改进，公益诉讼机制的确立，小额诉讼程序的添加，先行调解机制的实行，如此等等，不一而足。然而，在众多“亮点”之外，其实还有不少可圈可点之处值得我们细细“品味”，其中，回避制度的改良与保全机制的完善均为不可忽略之显例。作为业内人士，解读其内涵，分析其得失，并为它们日后的再度完善提供参考意见，显然为不可推卸之责任。

---

* 原文发表于《法律科学（西北政法大学学报）》2012年第6期。

一、关于回避制度之改良

作为我国现行《民事诉讼法》第10条所确立的四大基本制度之一,[1]回避制度在保证公正审理、防止裁判偏差等方面具有极其重要的价值。因此，自1991年现行《民事诉讼法》颁布实施以来的二十余年间，我国民事诉讼中的回避制度一直都在不断地完善之中。但是，由于种种原因，回避制度的数次完善都是体现在司法解释而非立法层面,[2]故其规范之"位阶"和公众知晓度均不高，适用刚性亦显得不足，适用效果更是差强人意，不过却在客观上为回避制度的立法完善提供了大体可行的规则雏形。此次《民事诉讼法修改决定》对回避制度所作之改良，基本上是对此前司法解释中相关合理成分的吸收。

根据《民事诉讼法修改决定》第8条，已将我国现行《民事诉讼法》第45条改为第44条[3]，即"审判人员有下列情形之一的，应当自行回避，当事人有权用口头或者书面方式申请他们回避：①是本案当事人或者当事人、诉讼代理人近亲属的；②与本案有利害关系的；③与本案当事人、诉讼代理人有其他关系，可能影响对案件公正审理的。审判人员接受当事人、诉讼代理人请客送

---

[1] 其他三项基本制度为合议制度、公开审判制度和两审终审制度。

[2] 2007年修改《民事诉讼法》时完全没有涉及回避制度。在司法解释层面，除早期的相关司法解释中有关于完善回避制度的零散规定以外，近十余年来，比较系统的先后主要有最高人民法院于2000年1月31日出台的《关于审判人员严格执行回避制度的若干规定》，以及此后于2011年6月13日开始实施并取代前者的《关于审判人员在诉讼活动中执行回避制度若干问题的规定》（以下简称《回避规定》）。

[3] 因为前面删除了《民事诉讼法》第16条即"人民调解原则"。至于删除"人民调解原则"的理由，全国人大法工委副主任王胜明在《关于〈中华人民共和国民事诉讼法修正案（草案）〉的说明》中并未提及。故从逻辑分析来看，主要是因为2011年1月1日起开始实施的《人民调解法》中已对相关问题作了更为丰富和完善的表达，其次也是为了消除民间调解与民事诉讼杂处一法的别扭。

礼，或者违反规定会见当事人、诉讼代理人的，当事人有权要求他们回避。审判人员有前款规定的行为的，应当依法追究法律责任。前三款规定，适用于书记员、翻译人员、鉴定人、勘验人”。[1]分析起来，以上条文除在几处作了无关宏旨的个别文字调整外，具体在以下几个方面对回避制度作了改良：

第一，将原来（审判人员等）“必须回避”的空泛表述改为“应当自行回避”的明确表达。笔者认为，这一改动显然不是为了降低回避规范的适用刚性，而是为了消除原有规定中的含糊其辞，使得“自行回避”的本来意韵更加凸显，且以此强化自行回避与申请回避两种方式的彼此对应关系。因此，对于审判人员等来说，依法自行回避显然已属其不可推卸之责任，使其不能托词当事人没有提出回避申请而在回避问题上“装聋作哑”。与此同时，笔者还一直认为，从制度层面上来讲，在现有的两种回避方式的基础上，未必就能保证案件切实得到公正的审理和裁判。从域外民事诉讼立法的相关规定来看，它们就有自行回避和申请回避以外的第三种回避方式也即“法官的排斥”或曰“依职权裁定回避”可供我们吸收、借鉴。譬如，日本新《民事诉讼法》第23条第2款规定：“如有本条前款所规定的排斥原因，法院……依职权，应作出排斥的裁定。”又如，我国台湾地区“民事诉讼法”第38条第1款亦规定：“第35条第1项所定为裁定之法院或兼院长之法官，如认法官有应自行回避之原因者，应依职权为回避之裁定。”[2]这样一来，在涉事法官没有自行回避，当事人等也没能有效地行使回避申请权的情况下，通过适度的职权介入，仍能保证案件得到公正的审理和裁判。其实，在最高人民法院2011年6月13日开始实施的《回避规定》

---

〔1〕 故以下将回避制度的适用对象统称为“审判人员等”。

〔2〕 具体可参见白绿铉编译：《日本新民事诉讼法》，中国法制出版社2000年版，第39页；施茂林主编：《最新基本小六法》，台湾世一文化事业股份有限公司2006年版，第476页。

中，具体来说是第4条，已经有了类似于域外“依职权裁定回避”且颇具中国特色[1]的制度安排，“审判人员应当回避，本人没有自行回避，当事人及其法定代理人也没有申请其回避的，院长或者审判委员会应当决定其回避”。然而不知什么原因，《民事诉讼法修改决定》并没有适时吸收这一颇为合理的设计方案。由此看来，我国《民事诉讼法》的此次修改，至少就回避制度而言，似乎仅具改良意义。

第二，将案件承办法官等与“诉讼代理人”之间存在“近亲属”[2]和“利害关系”以外的“其他关系”，并有可能因此而影响对案件公正审理的，纳入了第三项回避事由。而原来的规定则仅仅及于当事人，并不及于诉讼代理人。对此，笔者认为，之所以要作这样的立法拓展，完全是因为长期以来诉讼实践中较为普遍地存在的审判人员等与诉讼代理人之间在“近亲属”和“利害关系”以外难以言说和列举穷尽的复杂关系，且已经十分严重地影响了案件的公正审理与正确裁判。譬如，在同学关系、朋友关系、师生关系、邻里关系，甚至还有昔日的同事关系中，一方作法官审判案件，另外一方作代理人代理诉讼，这样就很难保证案件得到公正地审理和正确地裁判。当然，具体还是要从特定个案的情况出发来对此类关系加以把握，看其是否有“可能影响对案件公正审理”，而不能搞“一刀切”。不过在立法上作出这样的安排，肯定是非常必要的，既合乎法理，又契合实际。

第三，增加了两款规定，即第2款“审判人员接受当事人、诉讼代理人请客送礼，或者违反规定会见当事人、诉讼代理人的，当

---

[1] 此处所谓的“中国特色”有二：一是审判委员会的介入；二是“决定”而非“裁定”的使用。

[2] 据《回避规定》第1条第2款的规定，所谓近亲属，在此是指有夫妻、直系血亲、三代以内旁系血亲及近姻亲关系的亲属。然而，究竟何谓“近姻亲”？仍然有待进一步明确。

事人有权要求他们回避"；〔1〕第3款"审判人员有前款规定的行为的，应当依法追究法律责任"。依笔者之见，从宏观上讲，这两款规定的确立，显然是为了针对诉讼实践中曾一度较为普遍地存在且直接影响了司法公正的诸现象，以进一步强化当事人的回避申请权，并使在追究那些接受当事人、诉讼代理人请客送礼，或者违反规定会见当事人、诉讼代理人的审判人员等的法律责任时能够做到"于法有据"。具体分析起来，第2、3款规定的大致内容，其实原来已在我国《民事诉讼法》中有明确要求，但是，这些要求主要是"存身"于"审判组织"一章，〔2〕通常被理解为一般意义上的"审判纪律"，并没有直接将其与回避制度的适用尤其是相关法律责任的追究挂钩，从而在相当程度上影响了这些规定的实施效果。此前，最高人民法院亦曾多次在相关司法解释和规范性文件中就类似问题作出规定，〔3〕但因其过于分散且"位阶"不高，所以并没有能够完全实现预期的目的。鉴于此，这两款规定的增加，无疑是有现实意义的。当然，从立法条文之间的协调性与经济性来讲，可能会有观点认为前述两款规定的增加使得《民事诉讼法》在相关规范上产生了"重叠"或"臃肿"。笔者认为，单从技术层面来看，问题或许如此，但若着眼当下我国民事司法实践的客观需要，这种所谓的"重叠"或"臃肿"也就具有相对合理性了。

二、关于保全机制之完善

众所周知，民事诉讼范畴内的保全机制之直接目的，乃是防止

〔1〕笔者认为，此种行为样态实际上同样构成了独立的回避事由，但因其已然形成，对司法公正的实际危害性比较严重，影响恶劣，须被"依法追究法律责任"，故与前款所列三项回避事由程度有别，而需将之单列一款。

〔2〕参见《民事诉讼法》原第44条，现第43条。

〔3〕参见《回避规定》第2条、《人民法院审判人员违法审判责任追究办法（试行）》（1998年8月26日公布并施行）第6条、《人民法院审判纪律处分办法（试行）》（1998年9月7日公布并施行）第25、27、28条。

“空判”，确保将来生效裁判的切实执行。针对我国现行《民事诉讼法》中保全机制之不足，为进一步健全和完善保全机制以满足保全实践之需要，《民事诉讼法修改决定》主要在以下几个方面对该机制作了完善：

第一，将“财产保全”更名为“保全”。根据《民事诉讼法修改决定》第20条，“将第九章的章名、第96条、第99条、第140条、第256条中的‘财产保全’修改为‘保全’”。[1]究其原因，显然是因为“财产保全”的涵盖范围过于狭窄，没有能够将“行为保全”包括在内，故不能满足保全实践的客观需要。就此而言，这一“更名”似乎具有合理性。但笔者认为，用“保全”二字来囊括“财产保全”和“行为保全”虽然具有一定的合理性，但因这一概念太过“上位”，覆盖面太大，因此在逻辑上很容易使人将其与“证据保全”发生或多或少的联想，也即认为此处所谓之“保全”应该包括“财产保全”、“行为保全”和“证据保全”，从而造成理解上的扩大化。由此可见，用“保全”二字指代“财产保全”和“行为保全”并非万全之策。当然，恢复早先使用的“诉讼保全”来指代“财产保全”和“行为保全”似乎也不合适，因为“证据保全”尤其是诉中的证据保全在逻辑上同样属于诉讼上之保全。如何才能使这个看似纠结的问题得到周延的解决？笔者认为，用“执行保全”来概括“财产保全”和“行为保全”显然是个不错的选择。因为二者在适用目的上都是为了日后生效裁判的顺利执行，况且让“执行保全”与“先予执行”同处一章（即第九章），各居一节，关系紧密，逻辑通顺，不存在任何障碍。而且，这样一来，从理论层面考察，民事诉讼范畴内的保全机制也可以顺利地实现体系化，即“保全”包括“证据保全”和“执行保全”；前者也即“证据保全”又可划分为“诉前证据保全”和“诉中证

〔1〕 在原《中华人民共和国民事诉讼法（试行）》（以下简称《民事诉讼法（试行）》）中称为“诉讼保全”。

据保全”；后者即“执行保全”包括“财产保全”与“行为保全”，而且它们都可以进一步细分为诉前和诉中两种，逻辑清晰，体系完备。就此而言，我国现行《民事诉讼法》上的保全机制无疑仍有进一步完善之空间或余地。

第二，新置了普适性的“行为保全”机制。虽然早在15年前就有法官基于诉讼之需，针对我国现行《民事诉讼法》中行为保全之缺位，提出了建立行为保全机制的呼吁，认为应该“在财产保全的基础上，增加行为保全的内容，即通过建立行为保全制度，补充和完善我国的保全制度”。〔1〕但在此次修法前的很长一段时间内，我国民事诉讼中一直未设普遍适用于一般民事案件的行为保全机制，而仅在知识产权纠纷案件的审判范围内确立了诉前的行为保全机制。〔2〕鉴于此，《民事诉讼法修改决定》第21条规定：“将第92条改为第100条，修改为：‘人民法院对于可能因当事人一方的行为或者其他原因，使判决难以执行或者造成当事人其他损害的案件，根据对方当事人的申请，可以裁定对其财产进行保全、责令其作出一定行为或者禁止其作出一定行为；当事人没有提出申请的，人民法院在必要时也可以裁定采取保全措施。人民法院采取保全措施，可以责令申请人提供担保，申请人不提供担保的，裁定驳回申请。人民法院接受申请后，对情况紧急的，必须在48小时内作出裁定；裁定采取保全措施的，应当立即开始执行。’”其实，从分析该条内容来看，除新置了行为保全机制这一最大亮点以外，还在下列两个方面有所调整和改进：①在保全机制的适用前提上，删除了“使判决不能执行”的原有规定，保留了“使判决难以执行”的既有用语，从而消除了适用前提上的交叉重叠表述，同时还增加了

---

〔1〕 参见金正佳、翁子明：“论建立行为保全制度”，载《人民司法》1997年第1期。

〔2〕 参见我国《专利法》（2008年第二次修正）第66条、《著作权法》（2010年第二次修正）第50条、《商标法》（2001年第二次修正）第57条以及相关司法解释（《商标法》于2013年第三次修正后，原第57条已调整为第65条）。

“或者造成当事人其他损害”的适用选项；②明确规定人民法院对于驳回保全申请的事项应用裁定形式，从而消除了原有条文中的模糊性。

第三，进一步健全了诉前保全机制。诉前保全较诉中保全而言，无疑在“防患于未然”方面具有更加积极的韵味和“提前介入”的功能。根据《民事诉讼法修改决定》第 22 条：“将第 93 条改为第 101 条，修改为：‘利害关系人因情况紧急，不立即申请保全将会使其合法权益受到难以弥补的损害的，可以在提起诉讼或者申请仲裁前向被保全财产所在地、被申请人住所地或者对案件有管辖权的人民法院申请采取保全措施。申请人应当提供担保，不提供担保的，裁定驳回申请。人民法院接受申请后，必须在 48 小时内作出裁定；裁定采取保全措施的，应当立即开始执行。申请人在人民法院采取保全措施后 30 日内不依法提起诉讼或者申请仲裁的，人民法院应当解除保全。’”据此可知，比较原来的规定，我国民事诉讼范畴内的诉前保全机制具体有三点得以完善：①将原来“起诉前”的单一表述扩充为“提起诉讼或者申请仲裁前”，从而直接为仲裁机制的推广适用提供了新的司法保障；[1]②具体明确了诉前保全的管辖法院，即“被保全财产所在地、被申请人住所地或者对案件有管辖权的人民法院”；③将原来 15 日的限定起诉期延长为 30 日，从而使得保全申请人有了更加充裕的（在依法提起诉讼前或者申请仲裁前的）准备时间。

第四，将被申请人提供担保后的解除保全之适用明确限定于财产纠纷案件。根据《民事诉讼法修改决定》第 23 条最后一款：“将第 95 条改为第 104 条，修改为：‘财产纠纷案件，被申请人提供担保的，人民法院应当裁定解除保全。’”以便防止因继续保全而使被申请人遭遇财产权益上的不利益。从逻辑上来讲，此一范围的限

---

〔1〕 由此可见，认为此次修改《民事诉讼法》完全没有涉及民事司法对仲裁机制的支持的观点显然是不太精准的。

定，也就意味着，不属于财产纠纷的案件，即使被申请人提供了担保，也不能裁定解除保全。因为在这种情形下，被申请人的后续行为仍然有可能造成判决难以执行或者给对方当事人造成其他损害。当然，“不属于财产纠纷的案件”或者说纯属于人身权纠纷的案件，需要采取行为保全措施的，实践中远远少于财产纠纷案件，而且行为保全的具体方式和是否需要被申请人提供担保等问题，尚需作进一步的研究，因为立法中已有的“查封、扣押、冻结或者法律规定的其他方法”，主要还是为财产保全而设计的。

关于“先行调解”的几个问题 *

2012年修改后的《民事诉讼法》(以下简称《民事诉讼法》)亮点颇多。譬如，诚实信用原则的确立、公益诉讼制度和小额诉讼机制的设置等，便是诸多亮点中的“璀璨之星”，社会各界对此类修法亮点的关注度也比较高。不过，除此之外，也有一些虽然没有受到各界(包括法制新闻界、诉讼理论界和司法实务界)热捧，但却有可能对人民法院今后的民事审判工作产生重要影响的新的机制安排，或曰《民事诉讼法》修改中的“非热点问题”，同样值得我们加以认真地研究、探讨。“先行调解”制度便是其中之一。

这里所说的“先行调解”，是指根据修改过的《民事诉讼法》第122条的规定所进行的调解。该条的规定是：“当事人起诉到人民法院的民事纠纷，适宜调解的，先行调解，但当事人拒绝调解的除外。”这一规定是《民事诉讼法》通过本次修改新增加的内容。从大的背景来看，作为矛盾纠纷解决的重要机制之一的调解制度，具有解决纠纷的独特优势。在诉讼与非诉讼相衔接的矛盾纠纷解决机制的大框架内，调解可以分为两类：一类是诉讼外的调解，包括人民调解、仲裁调解、行政调解等，其中尤其适用普遍的是人民调解。[1]另外一类是诉讼中的调解，对此《民事诉讼法》第八章作了专章规定。在本次《民事诉讼法》的修改过程中有意见提出，2007年修改过的《民事诉讼法》第9条规定，人民法院审理民事案件，应当根据自愿和合法的原则进行调解。这一规定容易使人理

---

* 原文发表于《法学评论》2013年第3期。

〔1〕 2010年通过的《人民调解法》已经对人民调解的原则、程序等作了明确的规定。

解为开庭审理程序启动以后才可以对案件进行调解，这就大大挤压了调解制度的适用空间，故而建议法律明确规定可予“先行调解”。也有意见提出，2009年最高人民法院出台的《关于建立健全诉讼与非诉讼相衔接的矛盾纠纷解决机制的若干意见》（以下简称《衔接意见》）已经对立案前的调解〔1〕与立案后至开庭前的调解〔2〕作了规定，这些调解活动在实践中取得了良好的效果，故而建议将司法实践中已经取得积极效果的经验上升为法律。〔3〕鉴于上述背景，此次修改《民事诉讼法》时便分别在第122条和第133条第2项对“先行调解”和“庭前调解”〔4〕这两个不同的机制作了规定。

由于“庭前调解”乃是立案后的调解，此时案件已处于诉讼系属之中，也就是说，民事诉讼法律关系业已发生并已确立，受诉人民法院已经取得或者说实现了对案件的管辖权，故而不存在任何理论上的障碍和规则上的空白或者含糊之处。但是，“先行调解”乃是法院立案受理前的调解，此时案件尚未系属于法院，或者说民事诉讼法律关系并没有正式确立，受诉人民法院还没有最终实现对案件的管辖权。就此而言，尽管《民事诉讼法》第122条这一新的立法规定的确立似乎已经使得“先行调解”的形式合法性得到了确

---

〔1〕立案前的调解，也有人称其为“诉前调解”。但需注意的是，这里所谓“诉前”，并非是说当事人（原告）起诉以前，而是说其起诉行为被人民法院立案受理之前。

〔2〕立案后至开庭前的调解，也即“庭前调解”或曰“审前调解”，具体是指，人民法院在立案受理后至开庭审理前这一段时间内对案件所进行的调解。关于此种类型的法院调解，其实早在2004年11月1日起施行的《最高人民法院关于人民法院民事调解工作若干问题的规定》第1条即有明确的安排：“人民法院对受理的第一审、第二审和再审民事案件，可以在答辩期满后……进行调解。在征得当事人各方同意后，人民法院可以在答辩期满前进行调解。”

〔3〕参见全国人大常委会法制工作委员会民法室编：《〈中华人民共和国民事诉讼法〉条文说明、立法理由及相关规定》，北京大学出版社2012年版，第204页。

〔4〕根据修改后的《民事诉讼法》第133条之规定：“人民法院对受理的案件，分别情形，予以处理：……②开庭前可以调解的，采取调解方式及时解决纠纷……”自此以后，“庭前调解”或曰“审前调解”即已成为受诉人民法院在“审理前的准备”阶段对案件进行“分流处理”的一种工作方式。

认，法官们完全可以据此行事而不必再作其他考虑；但就学界而言，特别是对于那些真正具有学科使命感并密切关注审判实务之运作状况的学者而言，“先行调解”机制的合理性乃至其最根本的正当性问题仍然是需要进一步论证的，因为一项诉讼机制的正当性并非仅仅取决于其在形式上的合法性，它还应当具有充分的合理性。也就是说，制度或规则的正当性应该是建立在合法性与合理性二者叠加的基础之上。况且，《民事诉讼法》第122条关于“先行调解”的规定还存在着如下两个方面的粗陋、模糊之处：一是“先行调解”的具体适用空间不够明确；二是“先行调解”的具体运作程序付之阙如。鉴于此，本文拟就以上三个方面的问题予以初步探讨，以便为完善“先行调解”的相关程序和指导人民法院的实务操作提供些许参考。

一、如何理解“先行调解”的正当性

如前所述，《民事诉讼法》第122条已经对“先行调解”作了规定，从这个角度来看，“先行调解”已经具备了最基本的合法性，自2013年1月1日起，法官们当然可以据此操作，调解纠纷，而且无可厚非。但笔者认为，从诉讼理论上考量，站在理性的高度，对其仍可提出几许“薄非”。原因在于，仅仅具备最基本的合法性，也即形式上的合法性，并不能够使得“先行调解”机制当然地具有十足的正当性，从而使得社会各界对于它的确立与适用“心悦诚服”。因为它的合理性问题仍然是需要进行充分的解释和论证的。否则，便无所谓“恶法”，也即不好的法律的存在了。这里所讲的合理性，是指“先行调解”机制的确立和适用必须符合法理，具体来说就是诉讼法理，能够自圆其说。那么，在法院参与纠纷解决之机制运作问题上，传统的或者正统的诉讼法理是什么？简而言之，其基本原理即在于，作为国家司法机关的法院，如果要想开始实施某项具有司法职能性质的职权行为，或者说审判行为（包括法院所进行的调解行为），那么有一个前提，即在完成立案以前，法院或者法官都是不能实施这些职权行为或者审判行为的。究其原因，乃是由民事司法权的被动性本质所决定的，此即“无原告即无法院”、“无起诉即无审判”之基本诉讼原理！只有这样，才能对民事司法权起到切实的规范作用。否则，就有可能造成法院的“四面出击”，进而造成民事司法权的滥用。那么，在这一问题上有无例外呢？应当说，为更好地保护当事人的相关权益，各国一般均会设有一定之例外。具体就我国的民事诉讼立法而言，此类例外表现在如下两个方面：其一，诉前保全。包括诉前财产保全和诉前行为保全。这次修改《民事诉讼法》之前，1991 年的《民事诉讼法》第 93 条仅规定了“诉前财产保全”，2007 年修改时对其未作改动，此次修改《民事诉讼法》时则增设了“诉前行为保全”之规定。至于在 1982 年的《民事诉讼法（试行）》（以下简称《试行法》）中，其“诉讼保全”制度里并没有“诉前诉讼保全”的设置，而只有“诉中诉讼保全”的安排。其二，诉前证据保全。就我国的情况而言，从 1982 年开始施行的《试行法》算起，到 1991 年开始施行的现行《民事诉讼法》，中间经过 2007 年的修改，一直到完成此次修改以前，都是只规定了“诉中证据保全”制度，而未规定“诉前证据保全”机制。在此背景下，诉前证据保全通常都是由公证机关来实施的，但这样很不及时，常常“贻误战机”，给后来的民事审判活动造成种种被动。因此，通过此次修改《民事诉讼法》，终于在第 81 条第 2 款确立了这一机制。由此可见，以上两个例外都不是在我国民事诉讼立法的最初阶段便得到确立的，而是经过了堪称漫长的“空白”时期，最终才实现了“从无到有”的转变。就此而言，诉前保全和诉前证据保全对于传统诉讼理论已经有所突破。而相较于此次新增设的“先行调解”制度，可能有人会提出疑问，为什么“诉前保全”和“诉前证据保全”可以作为例外规定而突破传统诉讼理论的整体框架获得形式上的合法性，且人们并不认为它们不具有实质上的合理性，进而使得这两项制度最终获得了正当性，而“先行调解”机制为什么在诉讼理论界（当然不是所有的学者）那里却会如此这般地不受“热捧”、“命运迥异”呢？换言之，为何单单要说立案前的“先行调解”并不具有十足的正当性？笔者认为，重要的原因在于，此例外不同于彼例外。无论是“诉前保全”还是“诉前证据保全”，它们在适用前提上都有两个最基本的特点：其一，均是因为“情况紧急”，以至于“不立即申请保全将会使其合法权益受到难以弥补的损害”，或者使得“证据可能灭失或者以后难以取得”。其二，均须由“利害关系人”明确地向有管辖权的人民法院提出相应的保全申请。当然此外还有其他的条件需要同时符合，否则人民法院仍然不得采取相关保全措施。比较而言，“先行调解”显然不具有与以上二者相同的背景和语境，换句话说，也即完全不具有“同质性”。所以，它的合理性乃至最终的正当性显然都是不足的。

可能还有人会提出疑问：难道域外的民事诉讼中就不存在形似于我国“先行调解”这样的机制安排吗？如果有这样的机制安排，他们又是如何解释其合理性乃至正当性的呢？客观地说，我国台湾地区的“民事诉讼法”中就有这样的安排，其第 403 条第 1 项[1]规定：“下列事件，[2]除有第 406 条第 1 项各款所定情形之一者外，于起诉前，应经法院调解……”其第 405 条第 1 项进一步规定：

---

〔1〕我国台湾地区“民事诉讼法”的条文形式采取的是条、项、款的立法体例，其条文中的“项”、“款”分别相当于我国大陆《民事诉讼法》中的“款”、“项”。

〔2〕具体包括：①不动产所有人或地上权人或其他利用不动产之人相互间因相邻关系发生争执者；②因定不动产之界限或设置界标发生争执者；③不动产共有人间因共有物之管理、处分或分割发生争执者；④建筑物区分所有人或利用人相互间因建筑物或其共同部分之管理发生争执者；⑤因增加或减免不动产之租金或地租发生争执者；⑥因定地上权之期间、范围、地租发生争执者；⑦因道路交通事故或医疗纠纷发生争执者；⑧雇用人与受雇人间因雇佣契约发生争执者；⑨合伙人间或隐名合伙人与出名营业人间因合伙发生争执者；⑩配偶、直系亲属、四亲等内之旁系血亲、三亲等内之旁系姻亲、家长或家属相互间因财产权发生争执者；⑪其他因财产权发生争执，其标的之金额或价额在新台币 50 万元以下者（但对于此项数额标准，“司法院”得因情势需要，以命令减至新台币 25 万元或增至 75 万元）。

“调解，依当事人之申请行之。”此外，日本的《民事调停法》第2条亦规定，“当产生有关民事纠纷时，当事人可以向法院提出调停申请”，此种调停，也是属于诉前性质的。相比较而言，虽然我国台湾地区和日本亦规定了民事纠纷的诉前调解（调停）制度，但他们在立法上均通过规定相关配套程序进而使之获得了合理性和正当性。然就我国情况来看，由于“先行调解”制度的设计过于粗陋且缺乏配套规定，其明显有别于前述二者，故难以简单地用前述二者的合理性和正当性来直接论证我国“先行调解”制度的合理性和正当性。

首先，在诉前调解或先行调解程序的启动方面，我国台湾地区和日本的诉前调解（调停）均须以当事人提出申请为前提，而我国的“先行调解”则以当事人“不拒绝调解”为底线，二者之间的区别是相当明显的：一个系被动，即以当事人申请调解为前提，法院只是被动地行使其调解纠纷之职权；另一个系主动，也即法院对当事人之间的纠纷主动进行调解。显而易见，被动调解仍然坚持了与“不告不理”、“无起诉即无审判”之基本诉讼法理相类似的原理，故与司法权的被动性本质仍然是一脉相承的；而主动调解则难以获得此种合理性的论证和支撑。

其次，调解程序之性质存在重要区别。在日本和我国台湾地区，调解系起诉之前的程序，性质上属于非讼事件程序。[1]且就该非讼事件程序而言，调解活动同样是在以“登记制”的方式完成了立案之后再予以进行。所以其程序性质之定位是明确的。这样一来，即可通过恰当的配套规定使其获得程序的完整性和合理性，进而符合程序正当性的基本要求。而我国《民事诉讼法》第122条所规定的“先行调解”程序，在性质上则颇有点“身份不明”，该条所规定的法院调解，系当事人已经起诉到法院，而法院尚未予以立

---

〔1〕参见陈荣宗、林庆苗：《民事诉讼法（下）》，台湾三民书局2005年版，第845页；姚瑞光：《民事诉讼法论》，中国政法大学出版社2011年版，第382页。

案受理时所进行的调解,[1]这就使得“先行调解”程序本身处于一个相当尴尬的境地。从表面上看，其好像属于“诉前”调解，但实际上它并非是严格意义上的诉前调解，充其量只能说是一种非典型的诉前调解，因为当事人此时已经实实在在地向人民法院提交了诉状或口头起诉；另一方面，倘若将其看做“诉讼中”的调解，则显然也会生成理解上的谬误，因为此时人民法院实际上尚未立案受理。可见，“先行调解”在程序性质上的“身份不明”，使得其合理性与正当性难以得到充分地凸显。

最后，对于调解结果的效力，我国台湾地区和日本均采取了诉讼化之拟制的方式予以处理，从而弥补了诉前调解程序在合理性与正当性上的缺陷，而我国大陆《民事诉讼法》第122条并未对“先行调解”之结果作出相应安排。具体而言，在我国台湾地区和日本，由于申请调解（调停）后系在法院主持下进行调解，故而体现了司法权的作用，但申请调解（调停）毕竟不是提起诉讼，所以，在如何解决诉前调解程序运行之法律后果方面，仍在相当程度上面临着理论困境。对此，他们所采取的应对策略是，在规则层面，颇为一致地设计出了对我们来说具有一定参考、借鉴意义的处理方式，即诉前调解（调停）成立者，与诉讼上的和解具有同等效力；诉前调解（调停）不成立者，则在当事人此后依法提起诉讼时，视为其诉讼从申请诉前调解（调停）时开始提起。[2]从而起到了“事后追认”的效果，这就在一定程度上弥补了此前的诉前调解（调停）在合理性与正当性上存在的不足。而我国的“先行调解”之规定，不仅存在前文提到的程序性质上之“身份不明”问题，而且亦缺少对先行调解程序之运行后果的恰当安排，致使其合理性与正当性进一步受到质疑。

---

〔1〕 关于这一程序阶段之界定，认识上存在一定分歧，下文将予以进一步澄清。

〔2〕 参见日本《民事调停法》第16、19条；我国台湾地区“民事诉讼法”第416、419条。

上述分析表明，“先行调解”条款之增设，实乃我国立法机关在一味迎合此前审判实践中“先行调解”的功利性探索，[1]而置普适性的诉讼法理于不顾之背景下，简单地对实践中一些法院的失范做法所进行的立法确认。这在一定程度上也反映出了它是一个“没有多少主见”的立法机关，其在立法层面所描绘出的“中国特色”显然因为脱离了普适性诉讼法理的底蕴支撑和富有创见的规则设计，故而显得“俗艳”有余，但却并不靓丽！不过，对于法院及其法官而言，依照《民事诉讼法》第122条之规定对民事纠纷进行“先行调解”，均无可厚非，因为毕竟这种操作“于法有据”，具有合法性。而对于学界来讲，在分析和批评其上述缺陷之同时，考虑到该条款乃是现行有效的立法规定，且各级法院均需依据该条款对民事纠纷予以先行调解之现状，亦有责任在现行规则之框架内，就该条款应如何适用，以及相关程序应如何运行等问题提出建设性的意见，故下文拟对此类问题作进一步的探讨。

二、“先行调解”机制的具体适用空间

所谓“先行调解”机制的具体适用空间，是指其可以在什么时空范围内加以适用的问题。在这个问题上，目前主要存在如下不同认识：①从立法机关一些工作人员的观点来看，他们认为，“先行调解的适用范围，主要指向法院立案前或者立案后不久的调解”，“案件受理之后尚未开庭审理前，人民法院仍然可以进行调解”。[2]②最高人民法院的一些法官认为，“从2012年《民事诉讼法》第122条的规定来看，对于先行调解的适用时间并未有所限制，只要是当事人起诉到人民法院即可，至于是收到当事人起诉状

---

〔1〕以往“先行调解”的实践探索主要是基于如下功利性目的：如何减轻法院案多人少的压力，如何有助于预防那些处理起来较为棘手的纠纷、敏感性纠纷、复杂疑难的纠纷进入法院，以及如何防止和减少申诉信访的风险等。

〔2〕参见全国人大常委会法制工作委员会民法室编：《〈中华人民共和国民事诉讼法〉条文说明、立法理由及相关规定》，北京大学出版社2012年版，第203页。

或者口头起诉后、尚未立案之前，还是人民法院依法立案受理后、移送业务庭审理之前，抑或是开庭审理前或者开庭审理后均在所不问”。[1]③有学者认为，《民事诉讼法》第122条所规定的“先行调解”，是指原告起诉后至法院受理前或者说立案前的调解。[2]④另有学者认为，该条所规定的“先行调解”，是指法院在民事诉讼程序开始之前对双方当事人之间的民事纠纷进行的调解，其既不同于诉讼外的调解，也不同于诉讼中的调解，而是旨在构建独立的诉前调解程序。[3]笔者认为，上述四种观点中，只有第三种观点最能体现立法的原意；第四种观点似可勉强接受，但其并不精准，因为我国《民事诉讼法》第122条规定的“先行调解”与我国台湾地区和日本等规定的所谓“诉前调解（调停）”仍然存在明显区别，并不是典型的诉前调解程序，此点已如前述；而第一种和第二种观点则均属应受质疑乃至批判的解释，故有必要在此，重点分析一下这两种观点的谬误之处。总体而言，不论是立法机关还是最高人民法院，二者的部分工作人员在解释“先行调解”的适用空间问题上都背离了立法原意。[4]因为他们都把“先行调解”的适用空间由当事人起诉到法院以后、人民法院“立案受理之前”，拓展到了人民法院“立案受理之后”至“开庭审理之前”。所不同的是，

---

〔1〕奚晓明主编：《〈中华人民共和国民事诉讼法〉修改条文理解与适用》，人民法院出版社2012年版，第272页。

〔2〕参见李浩：“先行调解性质的理解与认识”，载《人民法院报》2012年10月17日，第7版。

〔3〕参见徐卉：“先行调解的规范与适用”，载《人民法院报》2012年10月17日，第7版。

〔4〕从逻辑上讲，似乎立法机关的“解释”不可能违背立法原意，但需注意的是，持上述第一种观点的“全国人大常委会法制工作委员会民法室”本身并非立法机关，而只是立法机关内设的具体工作机构之一。而且，该工作机构的“解释”也并非正式的“立法解释”，其所主编的法条释义之类的著作亦不是“立法理由书”，而只是比较特殊的一种“学理解释”，并无确定的法律效力。因此，它所作出的解释也完全有可能与立法原意相违背。

最高人民法院的部分法官在这个问题上比立法机关的部分工作人员走得更远，甚至将其“开疆拓土”，一直开拓到了“开庭审理后”，故这种解释是不合适的。具体分析起来，主要有以下三个方面的理由：

首先，从逻辑解释和体系解释的角度来看，应将此次修法新设的“先行调解”理解为原告起诉后至法院立案受理前的调解。从《民事诉讼法》第122条（“先行调解”条款）的具体位置来看，乃是处于《民事诉讼法》第二编“审判程序”中的“第一审普通程序”这一章的第一节“起诉和受理”之中，而该节总共有6个条文，其中前3条是关于起诉条件和起诉状的规定，即第119条是关于起诉条件的规定、第120条系关于提交起诉状或口头起诉的规定、第121条是有关起诉状之内容的规定，后3条则是关于法院如何处理起诉的规定，包括第122条规定的“先行调解”、第123条关于审查起诉和立案的规定，以及第124条关于不属于立案范围的诸情形之处理。因此，从条文安排上的逻辑关系和法律解释理论中的体系化解释来看，对于第122条所规定的“先行调解”，显然应当解释为原告起诉后，法院立案受理前的调解。[1]

法院立案受理之后，案件即进入了“审理前的准备”阶段。在此阶段所进行的调解，显然属于立案之后的调解，而不属于“先行调解”的范畴。特别是修改后的《民事诉讼法》在“审理前的准备”这一节中，新增了第133条关于案件分流处理的规定，其中第2项即要求“开庭前可以调解的，采取调解方式及时解决纠纷”，这种调解指的就是立案之后、开庭审理之前的调解，它体现了法院立案受理后、开庭审理前这一诉讼阶段上“调解优先、调判结合”之政策导向的具体要求。然而在前述第一种和第二种观点中，立法机关的部分工作人员将“案件受理之后尚未开庭审理前，人民法院

---

〔1〕相同主张者，可参见李浩：“先行调解性质的理解与认识”，载《人民法院报》2012年10月17日，第7版。

仍然可以进行调解”之情形也纳入了“先行调解”之范围，最高人民法院的部分法官亦主张“先行调解”包括了“立案受理后、移送业务庭审理之前”的调解之情形，这无疑都是罔顾法条间既存的逻辑关系和违背体系化解释之原理的失范解释。诚然，在立案受理之后、移送业务庭审理之前或开庭审理之前，法院都可以进行调解，但须明确的是，“审理前的准备”阶段的调解，在名称上已经不再是“先行调解”了，此时的调解，正确的叫法应该是“庭前调解”或曰“审前调解”，它与“先行调解”是并列关系，而不是被包容的关系。反过来讲，如果“案件分流处理”机制中的调解也是属于“先行调解”的话，那么《民事诉讼法》第133条关于案件分流处理的规定也就在相当程度上失去了独立的意义。

其次，从《民事诉讼法》第122条中“民事纠纷”之概念的使用来看，同样亦应将该条规定的“先行调解”理解为，原告起诉后至法院立案受理前的调解。在法律概念的使用上，《民事诉讼法》第122条明确使用的是“民事纠纷”而非“民事案件”，这也意味着“先行调解”系指立案受理前的调解。因为只有在立案受理前，当事人之间的私权之争才表现为纯粹自然状态的，或者说非司法状态的“民事纠纷”而非“民事案件”。而一旦完成立案受理，纯粹自然状态的“民事纠纷”也就成为进入“司法状态”的“民事案件”。由此可见，“先行调解”无疑就是立案受理前的调解。这个道理，就如同“诉前保全”和“诉前证据保全”须由“利害关系人”提出申请，而“诉中保全”和“诉中证据保全”则可由“当事人”提出申请是一样的，对于申请主体的表述不同，实际上反映了诉讼程序是否已经开启的明显差异，二者之间的区别是泾渭分明的。

最后，较之将立案后至开庭前的调解归入“先行调解”之错误认识而言，将“开庭审理后”的调解亦纳入“先行调解”的观点则更为荒谬。从审判实践来看，“开庭审理后”确实还有对案件进行调解的，然而从诉讼理论上来讲，其虽然并不违法，但却远不是一种应当受到普遍鼓励的操作。因为此前审判实践中，某些法院在开庭审理后之所以仍然热衷于调解，实际上在多数情况下其主要是出于对法外因素的考虑，而不是基于更快、更好地保护权利人的权利之目的，所以往往也是一种有欠妥当的操作。设想一下，一个民事纠纷或民事案件，从“先行调解”开始，其后依次经过了“庭前调解”（或曰“审前调解”）和“审理中的调解”等多次调解，但是都未能够达成协议，或者达成协议后当事人又反悔了，在此基础上已经依法开庭审理完毕，查明了事实，分清了是非，双方当事人之间的实体权利义务关系业已明确，此时还有必要进行“开庭审理后”的调解吗？为什么法院还不制作判决书并依法宣判呢？当然，不能排除实践中也许有些个案的情况确实比较特殊、复杂，因此开庭以后还需要进行调解，但这能称为“先行调解”吗？此时的调解相对于什么来讲是“先行”呢？其具体的后续程序安排又是什么？实在令人费解。其实，《民事诉讼法》第122条对“先行调解”适用的时空范围之界定并不复杂，其就是属于“起诉和受理”这一程序阶段的调解，而所谓“先行”，是相对于法院尚未立案受理而言的，即原告起诉后法院尚未立案受理时的先行调解，其之含义再朴素不过了！就此而言，真不理解前述由最高人民法院编的关于《民事诉讼法》法条释义的书里为什么要对第122条规定的“先行调解”作无限扩张的解释。[1]退一万步讲，即使是想为实践中法院在开庭审理后的调解寻找法律上的依据，也大可不必在新增设的第122条中去寻求“尚方宝剑”，因为直接从《民事诉讼法》第9条和第142条之规定中寻求解释即可达到目的。究其原因，法院之

---

〔1〕 笔者推测，其具体原因可能包括（但不限于）以下几个方面：一是撰写这部分内容的作者对民事诉讼法学知识未作全面的考察和理解；二是主编本人因为工作繁忙等原因而没有认真审稿和把关，或许干脆就是个挂名主编而已；三是出于经济利益和抢占图书市场的目的，需要在立法修改后的最短时间内出版图书，故在解释时较为仓促，尚未来得及对该问题作出深思熟虑的分析、论证。从对读者高度负责的角度来讲，无论是其中的哪一种情形，均属不应出现的现象。

所以要进行开庭审理后的调解，其目的无非是要在“调解优先”的司法政策导引下，力求以调解方式结案而不是以判决方式结案。就此而言，《民事诉讼法》第9条规定：“人民法院审理民事案件，应当根据自愿和合法的原则进行调解；调解不成的，应当及时判决。”第142条进一步规定：“法庭辩论终结，应当依法作出判决。判决前能够调解的，还可以进行调解，调解不成的，应当及时判决。”显然，依据这两条规定来解释开庭审理后的法院调解之合法性问题，远比依据第122条进行解释更能令人信服，实在没有任何必要牵强附会地对第122条进行曲解。

其实，叫什么名称，对于地方各级法院来说，原本并不是太重要的问题，“先行调解”+“庭前调解”（或曰“审前调解”）+“审理中的调解”，乃至于再加上“开庭审理后的调解”，无非是要说明法院调解机制适用的广泛性，但无论是前述由立法机关的内设工作部门所作的带有某种“准立法解释”色彩的解释，还是由最高人民法院的部分法官所作的似乎有点“准司法解释”意味的解释，抑或其他学者所作的学理解释，都应当本着科学、严谨的态度来进行，均应当一体遵循并始终贯彻合乎逻辑性、忠实于条文的本意、符合解释的体系化等基本要求。但遗憾的是，前述二者在解释《民事诉讼法》第122条规定的“先行调解”的适用空间时，均极为不当地进行了大幅拓展，因而处于明显“失真”的状态。

三、“先行调解”机制的具体运作程序

《民事诉讼法》第122条只对“先行调解”作了原则性规定，而对其具体运作程序则未作安排。这样规定的出发点或许是好的，即意在以此避免实践中对“先行调解”作机械的理解和运用，影响调解适用的灵活性和其功能的有效发挥。但与此同时也会因此而必然出现新的问题，例如，“先行调解”的主体是否仅限于人民法院？“先行调解”与第123条规定的审查起诉期限的关系应如何处理？特别是考虑到“先行调解”乃是立案受理之前的调解，此时诉讼系

属并没有得到确立，民事诉讼法律关系也没有正式发生，人民法院尚未最终取得或者说实现对这个具体“案件”（其实只是表现为非诉讼状态的“民事纠纷”，或者说处在从“民事纠纷”向“民事案件”过渡的状态）的管辖权。因而“先行调解”也就不同于立案受理后各个程序阶段中的调解，这样一来，在“先行调解”程序的运行中，就必须要考虑在调解“成”与“不成”，以及在事实上是否完全符合立案受理条件的种种错综复杂而且相互纠结的情形下，与后续程序的衔接处理问题。诸如此类问题的处理，立法机关在增设“先行调解”条款时，不知是有意还是无意地均给“遗忘”了，但司法实践中各级法院对此类问题则均需直接面对和具体处置。

（一）“先行调解”的主体之界定

关于“先行调解”的主体，理解上可能存在歧义，即是由人民法院自己直接予以先行调解，还是人民法院将案件交由其他调解组织（如人民调解委员会）先行调解？或者这两种情形兼而有之？笔者认为，就第122条规定的“先行调解”而言，调解的主体应当限于人民法院，但是并不排除“协助调解”机制的适用，即“人民法院进行调解，可以邀请有关单位和个人协助。被邀请的单位和个人，应当协助人民法院进行调解”。《民事诉讼法》第95条对此有明确的规定。

那么，对于“先行调解”而言，人民法院是否能够“委托调解”或“委派调解”？就此而言，最高人民法院此前发布的相关司法文件以及在司法实践中是予以认可的。而且，有趣的是，最高人民法院于2009年发布的《衔接意见》对立案前后的“委托调解”还专门采用了不同的表述，即对于立案前的委托调解，该文件将其表述为“委派”有关组织进行调解，而对于立案后的委托调解，则表述为“委托”有关组织进行调解。[1]其实，就“先行调解”而言，使用“委托”这一术语也好，使用“委派”这一概念也罢，其实质内容都是一样的，即均蕴含着人民法院对于当事人的起诉可以在立案受理前将纠纷交付给有关组织予以“先行调解”的意味，故在这里笔者仍然将其称为“委托调解”。但笔者认为，对于第122条规定的“先行调解”，人民法院并无权力通过“委托调解”的方式作出处理。究其原因，不仅是因为通过这次修改，《民事诉讼法》中仍然没有就实践中已经适用了数年之久的“委托调解”问题作出规定，[2]表明立法机关目前对于“委托调解”是持审慎甚至保留态度的，而且更为重要的原因在于，“先行调解”不同于其他形式的法院调解。“先行调解”时人民法院并没有立案受理，并没有最终取得或者说实现对这个特定案件（其实应称为“民事纠纷”）的管辖权；既然法院自己都尚未立案受理，它又凭什么“依职权”将纠纷委托或委派给其他主体去处理呢？从这个角度讲，《衔接意见》第14条的规定本身即是存在严重问题的。严格说来，在相应情形下，如果人民法院认为该项纠纷可以通过诉讼外的调解方式予以解决，则其只能向当事人进行解释和说明，告知当事人诉讼外的调解较之提起民事诉讼有何优势，以及其可以在诉外调解和民事诉讼之间进行选择，换言之，也即人民法院只能“推荐”或者

---

〔1〕 该司法文件的第14条规定：“对属于人民法院受理民事诉讼的范围和受诉人民法院管辖的案件，人民法院在收到起诉状或者口头起诉之后、正式立案之前，可以依职权或者经当事人申请后，委派行政机关、人民调解组织、商事调解组织、行业调解组织或者其他具有调解职能的组织进行调解。当事人不同意调解或者在商定、指定时间内不能达成调解协议的，人民法院应当依法及时立案。”第15条第1款则规定：“经双方当事人同意，或者人民法院认为确有必要的，人民法院可以在立案后将民事案件委托行政机关、人民调解组织、商事调解组织、行业调解组织或者其他具有调解职能的组织协助进行调解。当事人可以协商选定有关机关或者组织，也可商请人民法院确定。”

〔2〕 最高人民法院2004年9月16日发布的《关于人民法院民事调解工作若干问题的规定》第3条及此后发布的相关司法文件中已就“委托调解”问题有所安排。

“建议”当事人到人民调解委员会等调解机构去调解纠纷，而不能“委托（委派[1]）”人民调解委员会等调解机构进行调解。在人民法院的推荐或建议下，如果当事人选择到人民调解委员会等调解组织去调解纠纷，且双方当事人达成了协议，那么他们可以依法向有管辖权的人民法院申请司法确认；如果没有达成调解协议，或者达成调解协议后很快又反悔的，在当事人坚持向人民法院起诉的情况下，则应依法予以立案受理。

（二）“先行调解”与《民事诉讼法》第123条规定的审查起诉期限的关系

根据《民事诉讼法》第123条的规定，对于当事人的起诉，人民法院认为符合法定起诉条件的，应当在7日内立案受理；认为不符合法定起诉条件的，也应当在7日内作出不予受理的裁定书。那么，法院在依照第122条对民事纠纷予以“先行调解”的情况下，是否还需要遵守这一条规定的期间限制？假如认为在“先行调解”的情况下，法院可以不受第123条规定的审查立案期间的限制，那么法院就可以无限期地予以“先行调解”，但这样一来，就极有可能损害当事人对诉权的有效行使。所以笔者认为，只要原告的起诉符合《民事诉讼法》第119条规定的起诉条件，那么自原告向法院提交起诉状或口头起诉次日起届满7日时，除非原告同意法院可以继续“先行调解”，否则法院应当依法予以立案，以防止法院以先行调解为借口而不及时立案受理，从而发生侵害当事人诉权的现象。

---

〔1〕此处“委派”一语的使用，尤其透露了指挥与服从的意味，具有强烈的居高临下和颐指气使之色彩，直接反映出了我国法院的行政化积弊。须知，人民法院与相关行政机关和调解组织之间是根本不存在任何领导与被领导或曰上下级隶属关系的，故而这种“委派”也是没有任何约束效力的。

（三）当事人的起诉符合立案受理条件时的“先行调解”之后续程序

此种情形是指当事人的起诉在事实上完全符合法定的立案受理条件[1]时，人民法院依照《民事诉讼法》第122条对当事人之间的纠纷予以“先行调解”后应当如何处理。一般而言，经过先行调解后可能有两种结果：一是双方当事人达成了调解协议，二是双方当事人未能达成调解协议，或者虽然达成了调解协议但是马上又反悔了。鉴于此，人民法院应当根据不同情况对案件作出处理。

对于双方当事人达成了调解协议时应如何处理的问题，从理论上讲，似有以下几种方式可供选择：①借鉴日本和我国台湾地区所采取的处理方式。日本和我国台湾地区一般规定，“调解成立者，与诉讼上和解有同一之效力”，而按照其民事诉讼法的规定，记载诉讼和解的笔录，具有与确定判决相同的效力。但这种处理方式，在我国现行《民事诉讼法》之框架下显然存在着短期内难以克服的立法障碍，因为我国《民事诉讼法》对诉讼和解的效力未作规定，没有将其作为一种独立的结案方式。②由当事人申请法院进行司法确认。如有观点认为，在此情形下，需要适用此次修法新设置的确认调解协议案件程序进行司法确认。[2]笔者认为，这种方式是不可取的。原因在于：一方面，《民事诉讼法》第194、195条规定的调解协议之司法确认程序，系针对人民调解委员会等调解组织所进行的诉讼外调解所规定的确认程序，而第122条所规定的“先行调解”，则是由人民法院对起诉到本院的民事纠纷由自己所进行的调解，故而并不属于调解协议确认案件的范围。另一方面，如果按照

〔1〕包括《民事诉讼法》第119条规定的4个“积极的立案受理条件”和第124条规定的几个“消极的立案受理条件”。

〔2〕参见李浩：“先行调解性质的理解与认识”，载《人民法院报》2012年10月17日，第7版。

调解协议确认程序加以处理，则会使本案程序变得复杂化，明显违背“先行调解”机制的立法宗旨。③法院应当依法予以立案，并制作调解书予以结案。笔者认为，在我国现行《民事诉讼法》的框架下，只有此种处理方式才是最为合理、可行的，也是最为经济、便捷的。一方面，先行调解后达成调解协议时，显然应当赋予调解结果以强制性的效力，否则先行调解所获得的成果就有可能归于徒劳。而根据我国《民事诉讼法》的相关规定，赋予调解结果以强制性的法律效力通常系以法院制作调解书并直接送达给双方当事人的方式表现出来，也即其效力集中体现在法院制作的调解书上。另一方面，按照我国现行《民事诉讼法》的规定，法院制作民事调解书，均属立案之后的司法行为。故若不予以立案而直接制作“调解书”，那么在现有的民事诉讼理论和制度框架下显然是无法得到合理的解释和处理的。再者，在此情形下，法院予以补充立案并依据调解协议的内容制作调解书，其工作量并不是很大，所需程序也较为简单，不会因此而明显增加法院的工作负担。

当事人的起诉符合立案受理条件，法院依法进行了“先行调解”，而双方当事人未能达成调解协议，或者虽然达成了调解协议但是马上又反悔的，人民法院此时仍然应该依法立案受理，然后按照“案件分流处理机制”进行“庭前调解”，或者依法开庭审理。当然，在开庭审理的过程中，仍然可以再次进行调解。

（四）当事人的起诉未完全符合立案受理条件时的“先行调解”之后续程序

在当事人的起诉于事实上尚未完全符合法定的立案受理条件的情况下，法院能否予以“先行调解”？对于这一问题，也许有人会认为，既然尚未完全符合法定的立案受理条件，就不应该进行“先行调解”。笔者认为这种观点貌似正统，但却过于绝对，有时并不利于纠纷的妥善解决。具体来讲，这里所说的“当事人的起诉在事实上尚未完全符合法定的立案受理条件”，是说尚未完全符合《民事诉讼法》第119条第3项所要求的“有具体的诉讼请求和事实、理由”这一个特定的立案受理条件，譬如原告提出的诉讼请求不够具体，或者虽然有具体的诉讼请求，但是在相关的“事实、理由”方面尚有些许欠缺。这种情形在实践中是很难完全避免的，因为此时毕竟当事人刚刚起诉到人民法院，而一些当事人又对起诉条件了解不够充分，毕竟人民法院还没有最终完成立案审查和受理案件。除此以外，如果当事人的起诉是在任何其他一个法定条件上存在欠缺，例如，原告不是与本案有直接利害关系的公民、法人和其他组织，或者被告不甚明确，或者不属于人民法院受理民事诉讼的范围和受诉人民法院管辖等，人民法院都是不能（事实上也无法）进行“先行调解”的。

具体来讲，在上述起诉条件尚有欠缺而人民法院亦可“先行调解”之情形下，如果双方当事人达成了调解协议，人民法院即应令当事人限期补正上述条件，然后立案受理，并制作调解书，依法结案；当事人未按要求在期限内完成补正的，不予立案受理。

如果双方当事人未能达成调解协议，或虽然达成了调解协议但是马上又反悔的，若原告坚持起诉，人民法院亦应令其限期补正上述条件，然后立案受理，并依法按照“案件分流处理机制”进行“庭前调解”，或者依法开庭审理。同样，在开庭审理过程中，也可以进一步予以调解。当事人未按要求在期限内完成补正的，不予立案受理。

海事诉讼案件不宜适用小额审判机制

——兼述小额审判机制之适用范围 *

2013年5月27日，最高人民法院审判委员会第1579次会议通过的《最高人民法院关于海事法院可否适用小额诉讼程序问题的批复》（以下简称《批复》）中规定："海事法院可以适用小额诉讼程序审理简单的海事、海商案件。"该项《批复》显然意在以《民事诉讼法》修改后的新增内容来对海事诉讼案件的审判进行规制，就此而言，其出发点无疑具有一定的积极意义。然而，海事、海商诉讼案件及小额审判机制各自的特殊性决定了二者明显不宜确定此种匹配关系。

一、海事诉讼案件具有非同于一般民商事案件的特殊性

一般而言，海事诉讼，是指海事法院在海事争议当事人和其他诉讼参与人的参加下，依法审理和裁判海事争议案件的全部活动过程。[1]

由于海事法律关系亦是民事法律关系的一部分，故海事诉讼案件在审判程序的适用上与民事诉讼案件基本一致。审理海事诉讼案件时原则上也要适用民事诉讼程序的一般性规定，为此，自2003年2月1日起生效的《最高人民法院关于适用〈中华人民共和国海

---

* 本文系与第二作者郝晶晶合作，原文发表于《法学评论》2014年第6期。

〔1〕参见刑海宝：《海事诉讼特别程序研究》，法律出版社2002年版，第53页。有必要指出的是，此处所谓之"海事争议案件"应作广义理解，即包括海事案件和海商案件。文内均同。

事诉讼特别程序法〉若干问题的解释》（以下简称《海诉法解释》）第97条明确规定："在中华人民共和国领域内进行海事诉讼，适用海事诉讼特别程序法的规定。海事诉讼特别程序法没有规定的，适用民事诉讼法的有关规定。"但是，海事争议与一般的民商事纠纷相比，毕竟有其特殊性，这就使得海事诉讼在受理范围及审判程序的设置等方面具有了自己的明显特点：

（一）海事诉讼案件受案范围上的特殊性

综合目前各国对海事诉讼案件受理范围的规定，大致可以将海事纠纷分为以下三类：①合同性纠纷，表现为因船员雇用、船舶买卖、船舶建造、船舶修理、船舶拆解、船舶抵押、船舶燃油物料供应、海上运输等合同而产生的海事纠纷。②侵权性纠纷，表现为因船舶碰撞、浪损、爆炸、以非法留置等手段侵占船舶或船载货物或者以海事欺诈等行为造成船货等海商财产损失或人身伤亡、船舶污染而产生的海事纠纷。③其他纠纷，主要包括船舶、货物等财产所有权、担保物权等引起的物权争议；无因管理、不当得利、共同海损和海事赔偿责任限制等引起的纠纷。[1]

具体就我国而言，2000年7月1日起施行的《中华人民共和国海事诉讼特别程序法》（以下简称《海事诉讼法》）对海事诉讼案件的受案范围作了原则性规定，即"海事侵权纠纷、海商合同纠纷以及法律规定的其他海事纠纷"[2]由海事法院主管并进行审判。2001年9月18日生效的《最高人民法院关于海事法院受理案件范围的若干规定》（以下简称《受案规定》）进一步明确了海事法院

---

〔1〕参见杨树明主编：《民事诉讼法·海事诉讼特别程序篇》，厦门大学出版社2008年版，第2页。

〔2〕在《海事诉讼法》颁布之前，最高人民法院于1989年5月13日作出的《关于海事法院收案范围的规定》，以及于1989年12月23日下发的《关于进一步贯彻执行海事法院收案范围的通知》均曾对海事法院的受案范围作出过规定。这两项规定于2001年9月18日《最高人民法院关于海事法院受理案件范围的若干规定》生效时起同时废止。

的受案范围，即根据我国现行的《民事诉讼法》、《海事诉讼法》、《行政诉讼法》以及我国参加和批准的有关国际公约，参照国际习惯做法，在总结我国海事审判实践经验的基础上，将海事法院的收案范围规定为三大类共计62种：①海事侵权纠纷案件（船舶碰撞损害赔偿案件等10种）；②海商合同纠纷案件（海上、通海水域货物运输合同纠纷案件等22种）；③其他海事海商纠纷案件（在海上或者通海水域、港口的运输、作业中发生的重大责任事故引起的赔偿纠纷案件等30种）。通过综合分析上述规定，可以发现，我国海事法院受案范围的主要特点如下：

1. 海事案件具有相当的复杂性。海事案件的复杂性，首先单个海事案件的诉讼主体与诉讼请求较为复杂。由于案情的复杂性，一个海事案件中往往涉及多个诉讼主体，并且涉及合同性纠纷以及因人身侵权、财产侵权等引发的诸多诉讼请求。其次整个海事案件的类型众多、分类复杂。综观海事法院的受案范围，涉及物权、债权等众多种类，并且涉及财产权益、人身权益等诸多方面。最后海事案件的当事人形态比较复杂，其极少出现两造当事人均为自然人的情形。由于船舶价值与海运标的通常较大，而单个自然人的财产有限，故海事诉讼案件的一方当事人甚至双方当事人通常均为法人或者其他组织。

2. 海事案件具有较强的专业技术性。与一般的民商事案件相比，海事诉讼特有的案件类型，如国际海上货物运输、船舶碰撞损害赔偿、海洋污染损害赔偿、共同海损分担等海事纠纷，通常会涉及更多的专业技术知识。与此相应，海事司法活动亦需要广泛、大量地运用这些专业技术知识，因此也就具有了专业化较强的显著特征。在海事诉讼之司法实践中，往往需要聘请各类专家就相关问题进行鉴定或担任人民陪审员参与审判。[1]

3. 海事案件普遍具有较强的涉外性。海事案件的涉外性特征

---

〔1〕 参见李守芹：《海事诉讼与海事（商）法》，人民法院出版社2007年版，第274页。

较为明显，如海事运输与贸易，以及船舶侵权等问题一般均会牵涉他国当事人，或者相应的法律事实会发生于两个甚至两个以上的国家，因此导致了相当数量的海事案件属于跨国诉讼。与此同时，海事案件的普遍涉外性还表现为，无论是在实体法还是在程序法的适用上都具有较为普遍的国际性，即需要适用相关国际公约、国际惯例等。〔1〕

4. 海事案件的标的额通常较大且往往难以直观计量。由于海事案件的复杂性、涉外性等特征，其标的额与一般民商事案件相比，往往数额较大，而且由于其专业性或所涉行业之特性，大部分海事案件的标的额都需要通过专业人员运用专业知识加以鉴定、计算，然后才能确定下来。如船舶碰撞损害赔偿、海洋污染损害赔偿、共同海损分担等众多海事案件，具体标的额的大小，均需由专业人员作出专业的认定。

综合以上四个方面的特征可以得知，海事案件与一般的民商事案件相比，其案件类型确实较为特殊。依据“程序设置应与案件类型相适应”的程序法理（即不同类型的案件应适用不同的程序），处理较为复杂且专业性较强的案件类型，就应有较为完善且针对性较强的程序设置。鉴于此，为解决简单民事案件而附设于简易程序中的小额诉讼机制，与兼具前述复杂性、专业性、涉外性等特征的海事诉讼案件显然不相适应。

（二）海事诉讼在程序设置上的特殊性

1. 海事诉讼案件的管辖制度与审级制度均颇为特殊。自1984年我国设置海事法院这一专门法院时起，最高人民法院即通过《关于海事法院收案范围的规定》等司法解释，确立了各该海事法院辖区内的第一审海事案件均归各该海事法院专门管辖，其他法院就此不得行使管辖权的海事司法专门管辖制度。与此同时，海事诉讼案

---

〔1〕 参见杨树明主编：《民事诉讼法·海事诉讼特别程序篇》，厦门大学出版社2008年版，第3页。

件的管辖还具有跨行政区域的明显特征。具体而言，也即所有的海事法院均是跨越相关行政区域而设立的，故其诉讼管辖亦明显呈现出了相应的跨区域性。[1]

海事诉讼中的案件审级制度同样颇为特殊。与一般民商事案件所实行的“四级两审终审制”不同，海事诉讼案件的审级则为“三级两审终审制”。其中，审理第一审海事案件的海事法院与中级人民法院属同一级别。具体来说，有权审判海事案件的“三级”法院依次为海事法院、海事法院所在地区的高级人民法院和最高人民法院。[2]

2. 海事诉讼中存在着众多的专门程序。在适用我国《民事诉讼法》所规定的一般诉讼程序的同时，海事诉讼更多的是要适用《海事诉讼法》中所规定的专门程序，这样才能适应海事司法活动的客观需要。如，扣押与拍卖船舶程序、海事强制令程序、海事证据保全程序、海事担保程序、债权登记与受偿程序、船舶优先权催告程序，等等。这些都是为适应海事司法的特殊需要而设置的专门司法程序。

基于上文的分析，我们认为，海事诉讼案件所具有的复杂性、专业性、涉外性等特点，决定其必须严格按照《海事诉讼法》所设置的各项规定来进行审判；在《海事诉讼法》没有规定的情况下，方可适用《民事诉讼法》的有关规定。在此背景下，虽然根据《海事诉讼法》第98条的规定，对于所谓“简单的海事案件”可以适用《民事诉讼法》中的简易程序，但是否可以一并适用“后生的”也即通过2012年修法才附属于或者说“寄生”于简易程序之中，仅有一个条款且其适用的案件范围显属特定的小额诉讼机

---

〔1〕比如，设在武汉的武汉海事法院即跨区域管辖上自四川省兰家沱、下至江苏省浏河口整个长江干线的海事案件。

〔2〕参见杨树明主编：《民事诉讼法·海事诉讼特别程序篇》，厦门大学出版社2008年版，第27页。

制，则是一个需要作出科学论证和慎重处理的重要问题。就此看来，最高人民法院在尚未完成前述准备工作的情况下便仓促出台[1]该项《批复》，从而使海事诉讼案件与小额诉讼机制盲目“联姻”，无疑使得这项司法解释的制定与出台呈现出了颇为功利、草率乃至“粗暴”的浓重色彩！

二、小额诉讼机制的适用范围显属特定且与海事案件不相匹配

我国现行《民事诉讼法》第162条对小额诉讼机制的表述为：“基层人民法院和它派出的法庭审理符合本法第157条第1款规定的简单的民事案件，标的额为各省、自治区、直辖市上年度就业人员年平均工资30%以下的，实行一审终审。”我们认为，从文义分析来看，小额诉讼机制的适用范围包含了以下三层含义：首先，从适用的法院范围来看，小额诉讼机制只能在基层人民法院和它的派出法庭审理特定的民事案件时方可适用，其他法院则一概不得适用。其次，从适用的案件类型来看，小额诉讼机制只能适用于简单的民事案件，也即“事实清楚、权利义务关系明确、争议不大的”民事案件（其实只能是其中的一部分案件，而不是全部案件）。最后，从适用的案件标的额来看，适用小额诉讼机制的案件之标的额被明确限定于各该地区上年度就业人员年平均工资的30%以下。

在小额诉讼机制的适用法院方面，《民事诉讼法》将其限定为基层法院及其派出的法庭，从而排除了其他法院对其之适用，迄今对此本无任何疑义。而海事案件属于海事法院这一专门法院的专门管辖范围，且根据相关法律之规定，我国的海事法院与中级人民法院平级。鉴于此，允许海事案件适用小额诉讼机制，显然与法定的

---

〔1〕全国人大常委会于2012年8月31日审议通过的《关于修改〈中华人民共和国民事诉讼法〉的决定》自2013年1月1日起开始生效，而《批复》则紧跟其后，于2013年5月27日即告出台。须知，关于此次修改后的《民事诉讼法》之司法解释，时至今日已有近两年时间，但迟迟未见出台！一紧一松，一快一慢，两相对照，何其鲜明！

小额诉讼机制的适用法院之级别直接冲突。退一万步说，即便强认作为审理海事案件的一审法院也即海事法院可以被拟制为海事诉讼领域的“基层法院”，其所审理的案件类型也与小额诉讼机制的法定适用范围不相符合。

从小额诉讼机制所适用的案件类型来看，《民事诉讼法》并未将其与简易程序所适用的案件类型作出区分，二者均系“事实清楚、权利义务关系明确、争议不大”之简单民事案件。对此我们认为，既然在此之外小额诉讼机制的适用尚有法定标的额之明确要求，那么其适用范围也应是大大地小于简易程序的整体适用范围，即仅仅是其中的一小部分案件。看不到这一点，笼统地引据《海事诉讼法》早先在第98条中作出的“简单的海事案件”可以适用简易程序之旧规，草率批复“海事法院可以适用小额诉讼程序审理简单的海事案件”，显然极易导致小额诉讼机制的违法“跨界”适用。与此同时，从海事纠纷的前述各项特征来看，海事案件中其实也鲜有符合“简单案件”之标准的情形。这里值得注意的是，《批复》中对适用小额诉讼机制的海事、海商案件也使用了“简单”一词对其进行限定。对此我们不免感到困惑，《批复》中对于海事案件这一“简单”的前置要求，与小额诉讼机制中对于案件标的额的限定要求，是并列的关系还是指代的关系？如果是并列关系，那么既要满足案情简单，同时又要符合法定标的额的限制；如果是指代关系，则“简单”一词即是对符合法定之标的额限制的海事案件的定性描述，即符合法定标的额限制的案件，即为简单的海事案件。就此我们认为，从应然层面来讲，为了严守对小额诉讼机制适用范围的法定要求，此处之“简单”应被解释为既需案情简单，又要符合法定标的额的限制。因为案情是否简单，显然不应仅凭案件的标的额大小来进行判断，我国的民商事司法实践中不是也经常出现案情复杂，影响很大的“一元钱纠纷”吗？基于此理，在海事诉讼中，纵使有个别案件的标的额在表面上符合了小额诉讼机制中法定的标的额的限制标准，但是由于海事案件自身的复杂性，仍然不能将其纳入小额诉讼机制的适用范围。

从小额诉讼机制对于案件标的额的限制本身来看，其具体规定乃是以“各省、自治区、直辖市上年度就业人员年平均工资30%以下”作为考量标准的。我们理解，此处之“工资”，系指雇主或者用人单位依据法律规定，或行业习惯，或根据其与员工之间的约定，以货币形式对员工的劳动所支付的报酬，也即自然人的工资收入所得。这一考量标准一方面充分顾及了各地区的收入差异，另一方面也反映出了小额诉讼机制适用范围的一个虽属隐含但却十分重要的限定，即小额诉讼机制仅被允许适用于自然人之间发生的且符合标的额限制的简单的财产权益纠纷，其中主要是指工资报酬、劳务收入以及小额钱债等方面的纠纷。作出此种特别限定的主要原因有三：其一，仅以“上年度就业人员年平均工资30%以下”作为标的额的界定标准看似过于简单、机械，但却正好反映出了该机制的适用在当事人方面的严格限制。其二，如果忽视该项机制的适用在当事人方面的限制，将法人或者其他组织亦纳入小额诉讼机制的适用范围中来，无疑有违立法机关关于小额诉讼机制的立法意图。因为在法人、其他组织作为民事案件当事人的情况下不免会涉及其之法定代表人或主要负责人的识别、经常居住地的确定以及对其资产的评估等诸多方面，而无论遇到哪一方面，均会在相关程序上增加案件的复杂性。其三，人身权益纠纷案件中“旁及”的标的额之认定往往需要先期的举证、鉴定等过程才能加以确定，而这一过程的复杂性与小额诉讼机制所追求的高效率、低成本的诉讼理念显然也是不相吻合的。

综上所述，我们认为，小额诉讼机制的适用范围仅应限定为：自然人之间发生的，标的额不超过各省、自治区、直辖市上年度就业人员年平均工资30%，且案情简单、权利义务关系明确、争议不大的财产性权益纠纷。明确这一适用范围，对于小额诉讼机制在实践中的正确运用意义重大。由此出发，海事诉讼案件显然与小额诉讼机制不相匹配。

三、对《批复》推论基础之谬误的必要解析

最高人民法院在《批复》中对海事法院可以适用小额诉讼机制的理由作了如下阐述："2012 年修订的《中华人民共和国民事诉讼法》在简易程序一章规定了小额诉讼程序，《海事诉讼法》第 98 条规定海事法院可以适用简易程序。因此，海事法院可以适用小额诉讼程序审理简单的海事、海商案件。"由此可知，《批复》中"海事法院可以适用小额诉讼程序"这一结论的得出，其依据乃是《海事诉讼法》第 98 条的规定。[1]然而，我们认为，在我国现行《民事诉讼法》也即 1991 年法典于 2012 年进行第二次修改之后，该项结论恰恰是不能成立的。

我国现行《海事诉讼法》自 2000 年 7 月 1 日起正式施行，其后未作修订。由此可以断定，《海事诉讼法》的制定是以 1991 年《民事诉讼法》也即我国现行《民事诉讼法》作为相应基础的。鉴于此，《海事诉讼法》第 98 条中规定的"海事案件可以适用简易程序"，当然指的是海事案件可以适用 1991 年《民事诉讼法》且须是在其未作修改前尤其是未作 2012 年第二次修改前，[2]也即没有新增小额诉讼条款时对简易程序所作的规定。申言之，经过此次堪称"革命性"的修改，由于新增了小额诉讼条款，故而使得我国现行《民事诉讼法》中的简易程序已经不再是原有意义上的简易程序了。为此需要特别指出的是，由于小额诉讼条款与独具特质的海事诉讼案件之间绝难相互匹配，这一点已如前述，因此最高人民法院在《批复》中将原来不包括小额诉讼条款在内的简易程序，无端"置换"成现在已包括小额诉讼条款在内的简易程序，进而透过简易程

---

〔1〕第 98 条的具体规定是："海事法院审理事实清楚、权利义务关系明确、争议不大的简单的海事案件，可以适用《中华人民共和国民事诉讼法》简易程序的规定。"

〔2〕我国现行《民事诉讼法》也即 1991 年的《民事诉讼法》在 2007 年进行首次修改时并未触及简易程序。

序的适用来达到海事诉讼案件与小额诉讼机制二者之间“联姻”的目的，实属鲁莽、草率，且无异于“乾坤大挪移”手法下的“拉郎配”！

在此需要进一步说明的是，无论是从法条解析或学理阐释来看，还是从实务操作来讲，小额诉讼机制与简易程序之间都应当是这样一种关系，即依法可以适用小额诉讼机制的案件，一定可以使用简易程序，而依法可以适用简易程序的案件却未必都可以适用其中的小额诉讼机制。《批复》之推论基础之所以会出现谬误，其主要原因在于制定者以及请示报批者均未能正确理解，甚至是出于功利之目的而故意曲解了二者的关系。

四、从我国海事审判的现状来看，实无适用“一审终审”之必要

小额诉讼机制作为我国现行《民事诉讼法》2012 年修改后新增加的条款，因其位于第十三章“简易程序”之中，并且仅有第 162 条这一个条文予以规制，故通常认为其仅仅是对简易程序所作的一次再简化。但在我们看来，问题绝非全然如此。原因在于适用小额诉讼机制进行审判的案件依法均须实行“一审终审”，[1]具有自身的突出特点即审级制度上的“独立性”，故其与实行“两审终审”之基本制度的简易程序比较而言，区别无疑是十分明显的，甚至可以说是原则性的。道理很简单，“一审终审”既可以被认为是高效率低成本地解决涉讼纠纷的审判“利器”乃至“神器”，但同时也因其“一次审判定终身”的特性而明显具有不利于对当事人施以充分的程序保障与权利救济之天然劣势。

毋庸讳言，从正面来讲，对小额诉讼案件实行“一审终审”，其所追求的价值目标显然在于实现案件处理上的繁简分流、简化审判程序、节约诉讼成本、提高司法效率，并最终缓解审判机关“案多人少”的矛盾。但需看到，任何事物都具有两面性乃至多面性，

---

〔1〕 这也与域外有关国家和地区的相关立法例颇为吻合。

“一审终审”同样也是如此，因为前述价值目标的最终实现，必然是以限缩“两审终审”这一基本审判制度的适用范围，牺牲当事人的上诉权和审级利益，弱化对当事人诉讼程序保障为代价的。因此，为了维护“两审终审”这一基本审判制度的崇高地位及应有权威，就必须对“一审终审”之例外规定的适用范围作极其严格的限制，对于那些根本不足以造成“案多人少”之矛盾的案件类型，如海事诉讼案件，即不应将其纳入“一审终审”的适用范围。

经我们查阅近年来的《中国法律年鉴》获悉，我国普通人民法院受理的民事案件和海事法院同期受理的海事海商案件数据如下：

2009 年全年，全国法院受理各类一审、二审和审判监督民事案件共计 6 434 333 件，其中一审案件 5 797 160 件；全国海事法院同期受理各类海事海商案件共计 9855 件，其中一审案件 8059 件。〔1〕

2010 年全年，全国法院受理各类一审、二审和审判监督民事案件共计 6 715 384 件，其中一审案件 6 112 695 件；全国海事法院同期受理各类海事海商案件共计 7753 件，其中一审案件 6546 件。〔2〕

2011 年全年，全国法院受理各类一审、二审和审判监督民事案件共计 7 226 871 件，其中一审案件 6 558 621 件；全国海事法院同期受理各类海事海商案件共计 9675 件，其中一审案件 8692 件。〔3〕

2012 年全年，全国法院受理各类一审、二审和审判监督民事案件共计 7 939 546 件，其中一审案件 7 316 463 件；全国海事法院同期受理各类海事海商案件共计 11 948 件，其中一审案件 10 807 件。〔4〕

---

〔1〕 参见《中国法律年鉴（2010 年）》，中国法律年鉴社 2010 年版，第 162 页。
〔2〕 参见《中国法律年鉴（2011 年）》，中国法律年鉴社 2011 年版，第 178 页。
〔3〕 参见《中国法律年鉴（2012 年）》，中国法律年鉴社 2012 年版，第 180 页。
〔4〕 参见《中国法律年鉴（2013 年）》，中国法律年鉴社 2013 年版，第 148 页。

此外，截止到 2013 年，我国现有从事海事审判的法官共计 524 人。[1]

通过分析以上数据可知：

1. 我国海事法院近年来每年受理的各类海事海商案件均较少，在 2009～2012 年这四年中，最多的年份也只占到同期全国民事案件受理数量的大约 0.15%。

2. 2012 年全国海事法院受理的各类案件总数虽然突破了 1 万件，但同期却有从事海事审判的法官 524 人，平均每位法官一年审理的一审海事案件仅有 22.8 件，平均每月不到 2 件，无论怎么说都远远达不到“案多人少”的困难境地。

3. 2009～2012 年，我国法院（含海事法院）受理的海事二审和审判监督案件合计分别为 1796 件、1207 件、983 件、1141 件，在同期全部海事诉讼案件中的占比分别为 18.22%、15.57%、10.16%、9.55%，所占的比例呈连年下降之势。同期全国法院受理的民事二审和审判监督案件分别为 637 173 件、602 689 件、668 250 件、623 083 件，在同期全部民事诉讼案件中的占比分别为 9.9%、8.9%、9.2%、7.8%。相较而言，海事案件的二审和审判监督率均明显高于后者，这一数据直观而有力地反映了海事海商案件当事人的上诉与再审之需求。

综上所述，可以看出，当前我国海事海商案件的受理数量不仅明显较少，而且每位海事法院的法官平均每月审理的一审加再审海事案件还不到 2 件，海事海商案件当事人的上诉需求与再审需求更是明显高于全国一般民事案件的相应水平。据此，完全可以得出确定无疑的结论，我国的海事诉讼案件不仅远远没有达到“案多人少”的困难程度，根本不存在适用“一审终审”的丝毫必要，而且现实中海事诉讼当事人的实际上诉需求（以及再审需求）明显旺盛，故剥夺其上诉权利极为不妥，乃至粗暴。

---

〔1〕 参见《中国法律年鉴（2013 年）》，中国法律年鉴社 2013 年版，第 148 页。

小额诉讼作为我国民事诉讼领域新增的一项重要机制，其各方面的具体规则仍有待进一步探索和完善。在这一过程中，就司法者而言，固然要注意其高效率、低成本的价值定位，但若基于利己之考量，一味地肆意扩展其适用空间，对于小额诉讼机制本身乃至程序法治建设来讲，无疑都是一种伤害。由此出发，我们认为，《批复》贸然决定了海事诉讼案件可以适用小额程序，无疑是十分不妥的，故应适时予以纠正。

第三部分

检察制度研究

民事执行检察监督的程序设计*

加强和改进民事执行的检察监督工作，不仅是保障民事执行公正、有效，维护执行当事人合法权益的内在要求，也是民事检察工作适应构建和谐社会的必然要求。

尽管现行民事诉讼法确立了人民检察院对民事审判活动实行法律监督的原则，但未就民事执行的检察监督作出明确规定，[1]因此长期以来围绕民事执行检察监督的争论不绝于耳，目前理论界存在“取消论”与“完善论”两种截然相反的主张。笔者以为，加强和改进民事执行的检察监督工作不仅是保障民事执行公正、有效，维护执行当事人合法权益的内在要求，也是民事检察工作适应构建和谐社会的必然要求。与此同时，加强和改善民事执行的检察监督工作，需要科学的程序设计与制度安排。

一、检察机关监督民事执行活动的法理基础与法律依据

民事执行权是国家执行机关强制义务人履行民事义务而实现权利人民事权利的权力。尽管目前理论界与实务部门对民事执行权权力属性的认识大相径庭，但均承认其是具有强制性的国家公权力。在我国，民事执行权由人民法院执行机构行使。然而“一切有权力的人都容易滥用权力”、“有权力的人们使用权力一直到遇有界限的地方才休止”。正是由于国家权力与生俱来的侵略性、扩张性与腐

* 本文系与第二作者王杏飞合作，原文发表于《检察日报》2007年5月22日，第3版。

〔1〕需注意的是《民事诉讼法》于2012年修改后，已在第235条增设规定：“人民检察院有权对民事执行活动实行法律监督。”

蚀性，因此从最一般的角度而言，对犹如“洪水猛兽”的国家权力，无论其大小与性质都必须加强监督，否则权力就可能成为“脱缰之马”，“异化”成侵害国家利益与国民权益的工具。这是一条简单、永恒的并且为无数经验事实所证明的道理。

就民事执行而言，根据现行民事诉讼法的相关规定，在民事执行过程中执行机构既可直接采取诸如查封、扣押、冻结、划拨等强制性措施，又要对执行中止、执行和解、执行异议等事项进行审查判断。因此，执行主体同时具有程序事项与实体问题的决定权。可以说，执行权力很大而且集中，并且缺乏行之有效的制约机制。因为尽管最高人民法院在2000年颁发的《关于高级人民法院统一管理执行工作若干问题的规定》（以下简称《执行规定》）明确规定，在执行程序中各高级人民法院在最高人民法院的统一监督和指导之下，对下级人民法院的执行工作进行统一管理、监督和指导，并明确其具体方式为“高级人民法院有权对下级人民法院的违法、错误的执行裁定、执行行为进行纠正或直接下达裁定、决定予以纠正”。但这种监督仍然是法院系统自上而下的一种自我纠错与自我监督，我们承认其确实具有一定的监督作用，但就总体而言其效果是大打折扣、难以令人信服的。首先这种监督仍然是法院系统内部的监督，是“自己监督自己”。其次这种自我监督机制本身也远非完善：一是监督职责、范围不明确。《执行规定》规定高级人民法院有权纠正下级人民法院“违法、错误的执行裁定、执行行为”，但对“违法、错误的执行裁定、执行行为”缺乏明确、具体、可操作的规范，容易产生理解上的偏差而导致实践中的混乱。二是监督程序不明确。高级人民法院以何种形式、方式、程序来纠正下级法院的执行错误，对于哪些情形适用裁定、决定均语焉不详。执行实践也同样证明，这种方式监督的实际效果也是差强人意。

近年来“执行难”、“执行乱”直接影响当事人合法权益的实现，也一直困扰着人民法院的执行工作，甚至严重损害了裁判的公信力与法院的司法权威。造成这种被动局面的原因很多，归纳起来主要表现为：一是执行立法落后；二是地方保护主义与部门保护主义的干扰；三是执行债务人法律意识淡薄，缺乏诚信，恶意逃避债务；四是执行人员执法素质不高，执行力度不够；五是缺乏行之有效的监督制约机制。在以上诸多原因中，我们认为缺乏科学、有效的外部监督力量是最关键、最主要的原因。当然，各级党委、人大、政协、新闻媒体及人民群众都有权对人民法院的执行活动进行社会监督，但由于民事执行活动的专门性与复杂性，党委、人大、政协、新闻媒体及人民群众的监督通常只具有形式上的意义，难以起到合理约束执行权力、保障当事人正当权益的作用。

我国是社会主义国家，实行议行合一的政治体制。《宪法》第129条明确规定“人民检察院是国家的法律监督机关”，因此，我国的检察机关是行使国家法律监督权的专门机关，有权监督国家法律的统一实施与执行。现行《民事诉讼法》第14条同样确立了人民检察院对民事诉讼实行法律监督的地位。毫无疑问，民事执行活动是民事诉讼程序的重要组成部分，是实现人民法院裁判所定义务的程序，隶属于广义的民事审判程序。因此，检察机关对民事执行活动进行法律监督，其实质是人民检察院依法行使宪法所规定的法律监督权，在民事执行活动中的体现与落实，其合法性不容置疑。

从全世界范围来看，无论是英美法系还是大陆法系国家，检察机关都不同程度地介入民事诉讼，此种介入不仅不会影响审判独立，而且对于保障法院审判权的正确行使具有积极意义。在英国，检察长对于涉及皇室权益的民事案件、确认婚生和非婚生子女案件、告发诉讼等均可以当事人的身份参加诉讼。美国检察官对涉及税法、环境保护的案件有权提起民事诉讼，当事人为国家机关或公职人员时检察长有权参诉。法国新民事执行程序法规定，检察官负有保障判决与其他执行根据得到执行的职责，具有命令其管辖区内所有执达员给予协助及收集债务人情况等权力。在德国，联邦最高检察院除对婚姻无效、雇佣劳动、禁治产、宣告失踪人死亡等案件有权起诉、参诉和上诉外，“检察机关具有一定的法律监督和保证国家法律统一实施的职能”。日本检察官也可以当事人的身份对婚姻案件、收养案件和亲子案件提起诉讼。俄罗斯明定检察机关不仅可以对法院的民事判决、裁定和决定提起抗诉，而且对于法院执行活动同样可以抗诉的方式进行法律监督，具体包括，执行员执行判决的行为或拒绝实施判决的行为、关于执行员行为问题作出的裁定以及法院有关执行回转的裁定。尽管两大法系国家检察机关的地位与作用有所差异，但其在民事诉讼中均发挥了相应作用。英美法系国家的检察机关主要是以起诉的方式来参加民事诉讼，而大陆法系国家检察机关不仅享有起诉、参诉权，同时还具有较为广泛的法律监督权。相比较而言，我国的检察机关在民事诉讼中的职权还是比较小的，与其作为国家法律监督机关的地位并不适应。

综上所述，检察机关对民事执行活动进行法律监督，其目的在于保障当事人正当权益的实现，促进民事执行工作公正、有序、有效地进行，具有十足的正当性与合法性。

二、检察机关监督民事执行活动的程序设计与制度安排

检察机关对民事执行活动的监督，不是干预、干涉人民法院正常的执行活动，而是为保障民事执行活动及时、经济地实现执行根据所确定的权利义务，保障人民法院执行活动公正、高效、有序地进行。因此，检察机关对民事执行活动的监督需要科学的程序设计与制度安排，为此必须解决如下基础性问题：

第一，执行监督的范围。我们认为，在修订民事诉讼法时应该明确，检察机关对民事执行监督的重点在于执行人员在执行过程中有贪污受贿、徇私舞弊而枉法执行的情形。对此需要进一步明确的是，首先，此处所谓“枉法”不能仅仅理解为“枉实体法”，也应包括“枉程序法”。如此才能使民事执行监督程序在开启和动作上均符合“程序正义”之基本要求，也更能彰显“程序正义”之应然地位。其次，对于人民法院执行人员故意不执行、拖延执行和执行不力的情形，检察机关也有权进行监督。最后，对于执行过程中

损害国家利益、公共利益的行为，检察机关必须进行监督。有必要强调的是，对于纯粹因执行人员业务水平上的限制而导致的不当执行行为、人民法院与人检察院因认识不一致而认定的所谓“错误执行”行为，检察机关通常不宜进行监督。客观地说，这样的情形确实存在，但应通过法院自我监督机制进行纠正，检察机关不应过多介入，当“有所为有所不为”。

第二，执行监督的方式。对于执行过程中损害国家利益、公共利益的行为，对于执行人员在执行过程中存在贪污受贿、徇私舞弊而枉法执行的，检察机关以抗诉方式进行法律监督；对于人民法院执行人员故意不执行、拖延执行和执行不力的情形，检察机关有权向人民法院发出纠正违法通知书，要求其及时改正；对于执行裁定及执行行为本身不具违法性，但执行行为导致不当结果的，检察机关可发出检察建议，督促执行法院予以解决。

第三，执行监督程序的启动。鉴于民事执行主要是涉及平等民事主体之间的财产权利与人身权利，此种权利属于当事人“意思自治”的范围，受当事人处分权支配。因此，原则上执行中抗诉程序的启动，以当事人提出抗诉申请为前提与基础。但若发现执行人员有贪污受贿、徇私舞弊而枉法执行且情节严重构成犯罪的；执行过程中损害国家利益、公共利益的，检察机关应依职权主动提出抗诉。检察机关发出纠正违法通知书与检察建议不受当事人申请的限制。

第四，执行监督的期限。我国《民事诉讼法》第 182 条[1]规定当事人申请再审的期限为 2 年，而对人民检察院提出抗诉的期限（包括人民法院依职权启动再审程序的期限）并无限制，这种一味

〔1〕《民事诉讼法》于 2007 年修改后，该条调整为第 184 条，2012 年第二次修改后，该条已调整为第 205 条，内容改为：“当事人申请再审，应当在判决、裁定发生法律效力后 6 个月内提出；有本法第 200 条第 1 项、第 3 项、第 12 项、第 13 项规定情形的，自知道或者应当知道之日起 6 个月内提出。”

追求“实事求是”而忽视程序公正、不计诉讼成本的做法容易引发当事人无休止的缠讼，也使人民法院作出的生效裁判始终处于不稳定状态，法律的安定性价值无法实现。为维护法院执行活动的稳定性与严肃性，检察机关对民事执行进行监督也应该受到合理期限的限制。笔者以为，可以现行民事诉讼法规定当事人申请再审的2年期为参照，规定检察机关对民事执行进行抗诉的期限为2年，从民事执行终结起算。有必要明确指出的是，未授权给公民、法人经营、管理的国家财产在执行过程中受到侵害的，人民检察院行使抗诉权不受2年期限的限制。

第五，检察机关在民事执行监督程序中的职权。一是调卷权。检察机关要对民事执行活动进行有效监督，必须通过审阅卷宗了解诉讼过程、审理情况及执行中裁决、决定等事项，否则监督就成为无源之水无本之木。因此，建议在修改民事诉讼法时，明确规定检察机关有权调阅审判、执行过程中的相关文书，法院应当配合和提供。二是调查取证权。对于法院的执行活动是否违反法定程序，以及执行人员在执行程序中是否有渎职行为等，检察机关只有通过调查取证才能了解。因此，为保障检察机关履行执行监督职责的需要，应明确规定人民检察院可以向有关单位和组织调取证据、询问证人以及采取其他调查措施，人民法院及其他有关部门应当予以配合。

检察工作一体化机制创新的特点分析与功能定位*

2007年8月，最高人民检察院下发了《关于加强上级人民检察院对下级人民检察院工作领导的意见》，就加强检察工作一体化机制建设、发挥检察机关的整体合力作出了具体规定。最高人民检察院曹建明检察长明确指出，要围绕强化法律监督职能，提高法律监督能力，继续优化检察职权配置，推进检察工作一体化机制建设。[1]可见，本质上符合我国现行政治体制和检察工作实际需要的一体化机制建设，有望从工作机制层面落实我国宪法所确定的检察机关领导体制，因为其遵循了检察权行使的客观规律，有利于发挥检察机关的体制优势，有利于促进检察工作的科学发展，不失为建设公正高效权威的社会主义检察制度之有效途径。

一、检察工作一体化机制创新的主要内容

检察工作一体化机制，是指依据宪法和法律的规定，适应检察工作整体性、统一性的要求，强化上级人民检察院对下级人民检察院的领导关系，加强各地检察机关之间的工作协作，增强检察机关各内设机构的职能衔接与制约配合，促使检察机关“上下统一、横向协作、内部整合、总体统筹”的检察工作机制。“上下统一、横向协作、内部整合、总体统筹”是检察工作一体化的基本要求，这

---

* 本文系与第二作者阮志勇合作，原文发表于《中国刑事法杂志》2009年第6期。

[1] 曹建明：“在新的历史起点上开创中国特色社会主义检察事业新局面”，载《求是》2008年第18期。

四个方面有机统一的整体，强调多向度的整合，以实现检察工作的整体性、统一性。[1]根据宪法、法律和上述规范性文件之规定，检察工作一体化机制的主要内容有：

（一）在纵向关系上，强化了上级检察院的指挥监督权，以确保检令畅通

其内容主要有：①认真执行上级院的决定和部署。对上级院作出的决定，下级院不得擅自改变、故意拖延或者拒不执行；对上级院交办的事项和案件，下级院应当在法定期限或者上级院要求的时限内办结并报告结果。②坚持和完善请示报告制度。下级院要定期向上级院汇报工作；对检察工作中的重大事项和办理的重大、疑难、复杂案件，需要向上级院请示的，应当严格按照报送公文和请示件的有关规定办理；对本地区发生的涉及检察机关和检察工作的重大突发事件、影响社会稳定的重要社会动态、重特大案件、重大办案安全事故等事件，要及时、如实地向上级院报告。③坚持和完善报备、报批制度。下级院对县处级以上干部的职务犯罪案件线索及对直接受理侦查之案件决定立案或者逮捕的，要报上一级院备案审查；对直接受理侦查的案件拟作撤销案件、不起诉决定的，以及对申请赔偿的违法侵权事项拟作不予确认决定的，要报请上一级院批准。④在职务犯罪侦查工作中，上级院可以统一管理案件线索，统一组织侦查活动，统一调度侦查力量和侦查装备，采取专项侦查行动、专案侦查，以及交办、参办、督办和指定异地管辖等方式办理重大职务犯罪案件。⑤在审查起诉工作中，对于不适合由有管辖权的下级院管辖的案件，上级院可商同级法院依法指定管辖；上级院根据需要，在本辖区内可指派、抽调、选派公诉人办案。此外，上级院还应加强对检察工作的宏观指导和业务指导，健全完善检务

---

〔1〕 敬大力："以机制创新推动检察制度的完善与发展"，载《人民检察》2006年第21期。

督察制度和巡视制度，加强协管干部的力度等。

（二）在横向关系上，强化了同级检察院之间的职能协助义务，以开展检务协作

其内容主要有：①办理职务犯罪案件的检察院，在侦查工作中就核实案情、调查取证、采取强制性措施、异地羁押等事宜请求协助、配合和合作时，有关检察院应予以积极支持或者代为执行。②对于初查案件线索，各地检察机关应当按照相关规定提供协助。③建立职务犯罪案犯潜逃、脱逃专项报告制度，严格按照程序实行通缉、边控；检察机关发现与潜逃、脱逃案犯有关的情况应当及时向有关承办检察院通报，积极配合缉捕工作。④检务协作中产生的争议，先由有关各方协商解决；协商意见不一致的，再报请共同的上级院协调解决。

（三）在同一检察院内部关系上，综合运用多种监督手段，以形成法律监督合力

其内容主要有：①加强侦、捕、诉各部门的衔接配合。在办理职务犯罪案件中，经检察长决定，侦查监督部门和公诉部门可以提前介入侦查，审查证据，引导侦查取证；公诉部门出庭公诉，侦查部门可以派员参与支持公诉。②加强民事行政检察部门与其他有关内设机构的协作配合。民事行政检察部门在办理民事行政申诉案件中发现的审判人员涉嫌职务犯罪的案件线索，可以按照规定进行初查、侦查，或者根据检察长的指令移送并配合侦查部门查办；侦查部门在办案中发现的审判人员枉法裁判情况，应当在案件侦结后，及时向民事行政检察部门反馈。③建立法律监督调查机制，侦查监督、公诉、监所检察、民事行政检察、控告申诉检察等部门应相互配合，对刑事立案、侦查、审判、刑罚执行和民事审判、行政诉讼活动中的违法行为开展调查，通过建立审查、调查、初查、侦查相衔接的机制，增强法律监督的实效。④完善诉讼监督衔接机制。侦

查监督部门应当将立案监督和侦查活动的监督情况及时通报公诉部门，公诉部门应当实施跟踪监督，并将情况向侦查监督部门反馈。对于公诉部门正在办理的案件，其他内设机构接到有关控告申诉，或者发现有诉讼违法行为的，应当向公诉部门通报，以加强对侦查、审判活动的监督。监所检察部门应通过办理在押人员、服刑罪犯、劳教人员及其家属的控告、申诉案件和又犯罪案件，监督其他内设机构的办案质量。控告申诉检察部门应及时向大要案侦查指挥中心或者侦查部门移送在接受控告、举报、受理申诉过程中发现的犯罪线索。检察技术部门应在参与案件的同步录音录像、现场勘验、检验鉴定、文证审查、出庭作证等工作，为其他内设机构提供技术保障。

二、检察工作一体化机制创新的显著特点

由于检察工作一体化机制创新遵循了检察工作的基本规律，整合了宪法、法律的具体规定，有助于破解制约检察工作科学发展的机制性障碍，故其科学性、合法性、针对性明确清晰。

（一）检察工作一体化机制创新具有科学性

从现代检察制度在西方的生成过程来看，其最直接的原因即在于诉讼方式的变革和侦审职能的分立，其内在价值趋向和目标追求则是要通过分权制约以维护国家法律的统一。〔1〕法国、德国、日本等国在现代检察制度的设计上，均实行检察一体化原则，实质上即是为了满足法律在全法域统一实施的需要。英国的英格兰和威尔士检察机关实行的《皇家检察官准则》，美国联邦司法系统遵守的《联邦量刑指南》及各检察院制定的公诉准则，均在一定意义上具有统一执法的效果。〔2〕在我国，宪法确立了依法治国的基本方略，明确规定“国家维护社会主义法制的统一和尊严”。党的十七大指

〔1〕 陈正云：“法律监督与检察职能改革”，载《法学研究》2008 年第 2 期。

〔2〕 许永俊：《多维视角下的检察权》，法律出版社 2007 年版，第 38 页。

出，要“维护社会公平正义，维护社会主义法制的统一、尊严、权威”。因此，我国检察机关强化法律监督的根本目标，就是维护社会公平正义，维护宪法和法律的权威，维护社会主义法制的统一、尊严和权威。〔1〕检察机关承担着维护国家法律统一正确实施的使命，必须排除来自其他方面的不当干扰，严格按照法律的规定行使检察职权，在组织体系上必须保持高度的统一性，在执法规范上必须保持高度的一致性。〔2〕无论是从静态层面的组织结构分析，还是从动态层面的检察权行使考察，无不呈现出整体性和统一性的特点。整体性和统一性是检察权行使和检察工作运行的基本规律。〔3〕检察工作一体化机制创新，正是在领导、协作、整合、统筹的良性运作中彰显、保障和促进检察工作的整体性、统一性，反映了检察工作的基本规律。此外，检察工作一体化机制创新运用统筹兼顾的根本方法，从纵向关系、横向关系和内部关系等三个不同层面提出了明确要求，规定了实现检察工作一体化机制的保障措施，形成了一个完整、自足的系统，增强了检察工作一体化机制的可操性。

（二）检察工作一体化机制创新具有合法性

检察改革需要秉持锐意创新的精神，但更要坚持严格依法办事，按照最高人民检察院的统一部署在现行法律框架内进行探索。其实，我国宪法、法律、司法解释和最高人民检察院规范性文件的诸多规定已包含了检察工作一体化的内容，如《宪法》第132、133条和《人民检察院组织法》第10条、《检察官法》第5条即规定：“最高人民检察院领导地方各级人民检察院和专门人民检察院的工作，上级人民检察院领导下级人民检察院的工作。”“最高人民检察院对全国人民代表大会和全国人民代表大会常务委员会负责。

〔1〕李明耀、林中明：“深入实践强化法律监督维护公平正义工作主题，努力开创中国特色社会主义检察事业的新局面”，载《检察日报》2008年5月4日，第1版。

〔2〕张智辉：《检察权研究》，中国检察出版社2007年版，第251页。

〔3〕敬大力：《检察工作一体化问题》，中国检察出版社2008年版，第185页。

地方各级人民检察院对产生它的国家权力机关和上级人民检察院负责。”此外，《人民检察院刑事诉讼规则（试行）》、《关于加强上级人民检察院对下级人民检察院工作领导的意见》、《关于人民检察院办理直接受理立案侦查案件实行内部制约的若干规定》、《最高人民检察院关于进一步加强公诉工作强化法律监督的意见》、《最高人民检察院关于进一步深化检察改革的三年实施意见》等40多个文件均有涉及检察工作一体化的规定。检察工作一体化机制创新，严格限定在法律政策的范围内，综合反映了法律和政策各方面的要求，整合了散见于规范性文件中的具体制度，弥补了某些方面的机制缺失。我国宪法规定的检察机关的这种体制是具有中国特色的“检察工作一体化”领导体制，它与西方国家“检察一体化”体制的区别主要体现在：我国宪法规定了各级检察机关对产生它的国家权力机关负责和地方各级检察机关对上级检察机关负责的“双重”负责机制。这种制度设计，既使检察机关能够及时接受各级权力机关的监督，保证检察工作在正确、合法的轨道上运行，又使全国检察机关的力量和资源得到协同和整合，形成纵向指挥有力、横向协作紧密、反应快速灵敏、运转高效有序的权力运行机制，从而能极大地提高工作效率和质量。[1]检察工作一体化机制创新，是在现行体制和法律框架下的机制创新，绝不是在党的领导、人大监督之外推行“检察独立”、“垂直领导”，而是为了实现党的领导、人大监督与依法独立行使检察权的有机统一。

（三）检察工作一体化机制创新具有针对性

当前，检察机关的法律监督能力同人民群众日益增长的司法需求不相适应的矛盾仍然十分突出。这一基本矛盾的形成既与我国法律关于法律监督的规定不够完善有关，更与宪法规定的检察机关上下级领导关系尚未得到充分落实有关。近年来，最高人民检察院在《检

〔1〕张耕：“具有鲜明中国特色的社会主义检察制度”，载《人民日报》2008年7月7日，第7版。

察工作五年发展规划》等文件和一系列工作部署中都要求加强检察一体化的工作机制，主要也是针对当前在一定范围内和一定程度上存在地方和部门主义，检察系统内领导力度不够、体制优势和整体合力没有充分发挥等问题而提出来的。[1]检察权地方化、部门化等分散主义倾向较为普遍，主要表现为：检察机关纵向领导关系尚待理顺，检令不畅、监督不力的情况时有发生；地方保护主义不同程度存在，职务犯罪侦查工作的统一组织、指挥、管理与协调机制有待加强。情报信息的统一管理和综合分析利用水平不够高，信息渠道不够畅通，案件线索移送和工作联系配合制度不够完善；公诉工作的整体合力发挥不够；侦、捕、诉各部门的相互制约与协作配合有待加强；部门主义、神秘主义和分散主义现象普遍存在，检察机关之间以及各内设机构之间的协作配合不够，检察资源配置不够科学，法律监督的整体合力尚未有效发挥，等等。这些问题的客观存在损害了检察工作的整体性、统一性，严重影响了法律监督乃至整个社会主义法制的统一性、权威性、严肃性。[2]检察权行使的地方化、部门化，难以维护上级检察院的领导权威，难以形成法律监督的整体合力，最终将导致法律监督的"软化"。同时，检察机关自身的执法规范化也有待加强。检察权行使的利益化倾向较为突出，为钱办案，执法违法甚至贪赃枉法时有发生，导致检察机关执法公信力不足、法律监督权威不够。检察工作一体化机制创新，正是针对上述制约检察工作协调发展的机制性障碍应运而生的，其旨在提升法律监督的整体合力和执法公信力，实现法律监督的由"软"变"硬"，树立法律监督权威。

三、检察工作一体化机制创新的重要功能

"检察官之职责不单在于对刑事被告之追诉，并且也在于'国

---

〔1〕 谢鹏程："正确认识和把握检察工作一体化机制，推进检察工作创新发展"，载《人民检察·湖北版》2007年第10期。

〔2〕 敬大力：《检察工作一体化问题》，中国检察出版社2008年版，第186页。

家权力之双重控制’：作为法律之守护人，检察官既要保护被告免于法官之擅断，亦要保护其免于警察之恣意。”〔1〕国家设置检察机关的主要目的，就是要通过法律监督，维护司法公正和国家法律的统一正确实施。检察机关作为专门的法律监督机关，必须把功夫下在监督上，加大对政法各单位执法不严、司法不公、司法腐败等问题的从严查处力度，真正担负起法律赋予检察机关的责任。检察机关要履行好维护国家法律统一正确实施的职责。一方面要强化法律监督，提高自身的法律监督能力，确保法律在全社会的统一正确实施；另一方面要加强对自身执法活动的监督制约，保持统一的执法标准和行为准则，确保法律在整个检察系统的统一正确实施。因此，最高人民检察院《关于贯彻落实〈中央政法委员会关于深化司法体制和工作机制改革若干问题的意见〉的实施意见》将强化人民检察院的法律监督职能、加强对检察机关自身执法活动的监督制约确定为深化检察改革的重点，以维护社会主义法制的统一、尊严和权威。检察工作一体化机制创新，符合创设检察制度的目的，抓住了检察改革的重点，其功能集中体现为：

（一）促进法律监督职能的充分履行

在我国现阶段，作为国家专门法律监督机关的检察机关存在地方化、部门化的倾向，导致检察机关上下级之间的领导关系松散，上级院的一些工作部署落实不到基层。在社会主义初级阶段，地方和部门利益对法制的负面作用不可低估，已影响到法律的统一正确实施。〔2〕通过检察工作一体化机制创新，充分发挥检察机关领导体制的优势，坚持上级领导下级，下级服从上级，上级支持下级，可以提高下级院抗干扰的能力，最大限度地减少检察权地方化、部门化所产生的不当影响。譬如，下级院对诉讼活动中的违法情况提出监督纠正意见，有关机关不依法纠正的，下级院即应当及时报告上

〔1〕 林钰雄：《检察官论》，台湾学林文化事业有限公司2000年版，第18页。
〔2〕 朱孝清：“中国检察制度的几个问题”，载《中国法学》2007年第2期。

级院，上级院认为提出的意见正确的，即应当协调同级有关机关督促其下级机关纠正。

同时，随着社会关系的复杂化、利益关系的多元化，犯罪案件特别是职务犯罪案件呈现出组织化、多样化和高智能化等趋势，跨辖区、跨国界的案件明显增多。对于这些案件，如果仅凭单一检察院和单个检察官来独自处理，将无法取得理想效果。而通过检察工作一体化机制创新，由上级统一指挥、监督下级，以团队办案的方式提升法律监督能力，充分发挥法律监督的整体效能，则可收团体合作之功效。譬如，针对职务犯罪侦查工作缺乏必要的联系和协作，县区之间、地区之间、省域内的调查取证难、追捕在逃犯罪嫌疑人难、侦查协作难、职务犯罪大要案指挥常常失灵等瓶颈难题，湖北省检察机关将职务犯罪大要案侦查指挥中心及其办公室单设，探索建立起符合检察工作一体化机制要求的侦查工作运行模式。职务犯罪侦查指挥中心承担起统一协调职务犯罪侦查工作的基本职责，有效地解决了职务犯罪大要案指挥协调难等问题，增强了其快速反应能力，提高了职务犯罪侦查效率。职务犯罪侦查指挥中心认为确有必要时，对案情重大复杂、社会反映强烈、需要跨区域侦查、下级人民检察院侦查确有困难或者组织侦查不力的职务犯罪大要案，报经检察长决定后，通过采取组织专项侦查行动、实施专案侦查、交办、指定管辖、参办、督办、提办等多种侦查指挥方式组织侦查，形成了区域间、省际联网指挥、功能完备、机制健全、运行高效的职务犯罪侦查指挥系统，从制度与机制运行层面有效地预防，抑或解决了因其自身缺陷所产生的“指挥失灵、效率不高”等问题，从而提升了职务犯罪侦查指挥功效。[1]

（二）加强对检察权的监督制约

检察官，乃因对法官及警察的不信任而诞生，在此氛围之下，

---

〔1〕 徐汉明：“职务犯罪侦查指挥中心功效分析”，载《国家检察官学院学报》2009年第1期。

新生儿不但要为防范法官恣意与警察滥权而奋斗，更须为自身不被相似的病毒感染而苦战。此一幼儿虽然担当挽救人民对司法不信任的重责，但自身对抗不信任的体质却异常脆弱。检察体系欠缺与审判体系相同的监督机制，尤其是欠缺审级制度及合议制度。[1]因此，检察机关作为国家法律监督机关，既要勇于监督别人，也要勇于接受别人监督，严格做好自身监督，否则监督就不会有公信力，检察权亦会被滥用。

检察一体与行政一体具有相同的功能，除了使检察权的行使具有效能集中，发挥团队力量外，最主要的还是在于发挥内控及监督的功能，使检察权的行使具有一致性且不致被滥用。有学者认为，检察机关欠缺如法院之审级机制，因此检察一体之上下服从及监督关系，即扮演有如法院审级监督的功能。[2]检察工作一体化机制是检察一体化在机制层面的体现，主要是检察业务一体化方面的内容，故其不仅可强化法律监督能力，确保检察机关依法独立行使检察权，而且还是检察机关内部的有效控管机制，可防止检察权的误用甚至滥用。检察工作一体化机制监督制约功能的发挥，主要通过以下两条渠道：一是通过上命下从，确保检察权行使的一致性。上级院认为下级院作出的决定确有错误的，应当指令下级院纠正或者依法直接予以撤销或变更；发现下级院已办结的案件有错误，或者正在进行的执法活动违反法律、司法解释以及上级院有关规定的，应当指令下级院纠正；发现下级院制定的关于业务工作的规范性文件存在超越法定权限，与法律、司法解释或上级院规定相抵触，或者有其他不适当情形的，应当及时向下级院提出纠正意见或者指令撤销。同时，上级院通过推行检务督察制度，加强对本级和下级院及其检察人员执行上级或本级院决议、决定、制度和重大工作部署，严格依法文明办案，以及认真遵守检察纪律等情况的督察。譬

[1] 林钰雄：《检察官论》，台湾学林文化事业有限公司2000年版，第113页。

[2] 林丽莹：“检察一体与检察官独立性之分际”，载《月旦法学杂志》2005年第9期。

如，不起诉权是检察官在刑事诉讼中享有的重要自由裁量权，但其行使尚缺乏明确的标准。如果完全任凭检察官根据“合乎目的性”自行判断，那么不起诉权的行使就会产生重大分歧，危及法律的统一和正确实施。因此，在公诉工作中实行检察工作一体化机制，规定对直接受理侦查的案件拟作不起诉决定的，应当报上一级院批准，这就可以统一追诉标准，避免因个别检察官不同的基准，而造成追诉的不公正。二是通过明确指挥监督权的行使范围与程序，确保下级院依法行使检察权的独立性。根据检察工作一体化的基本要求，上级院对下级院的职权行为可以直接行使监督纠正的权力。为了防止上级院指令权的恣意行使，上级院必须在法律规定的职权范围内对下级院进行领导，不得妨碍甚至干扰下级院依法独立办案。同时，指令权行使的程序必须阳光化、公开化，上级院行使指令权必须以上级院的名义向下级院发出，或者以上级检察院检察长的名义向下级检察院检察长发出，且上级检察院行使指令权必须以书面形式作出。〔1〕

〔1〕 上海市杨浦区人民检察院课题组：“一体化机制下检察权的制约”，载《检察日报》2008年4月18日，第3版。

人民检察院组织法修改之我见*

人民检察院组织法是以我国宪法为依据，对人民检察院的组织制度进行调整和规范的基本法律，是建立我国检察机关的重要法律依据，是履行检察职能、开展检察工作、发展检察事业的“总章程”。本文深入分析人民检察院组织法及其完善过程所呈现出的显著特点，着重剖析现行人民检察院组织法存在的主要缺陷，在此基础上提出了完善建议。

一、人民检察院组织法的发展脉络与显著特点

人民检察院组织法，是关于人民检察院的组织宗旨、组织职能、组织系统和组织活动的法律规范的综合。〔1〕我国有关人民检察院组织与活动方面的立法，从“条例”、“通则”到“法”，从“试行”到“暂行”再到正式“施行”，历经30余年，先后4次修订，每次修订都增加新的内容，有新的发展。人民检察院组织法的不断发展和完善，对于形成中国特色社会主义法律体系，建设公正、高效、权威的社会主义检察制度，发挥了重要作用。

（一）人民检察院组织法具有明显的宪法性

人民检察院组织法和其他组织法，以及选举法、立法法、国旗法、集会游行示威法、民族区域自治法、香港特别行政区基本法等一起构成了我国的宪法性法律。〔2〕宪法性法律一般是指有宪法规范

---

* 本文系与第二作者阮志勇合作，原文发表于《人民检察》2012年第20期。

〔1〕陈健民主编：《检察院组织法比较研究》，中国检察出版社1999年版，第11页。

〔2〕曹建明等：《在中南海和大会堂讲法制》，商务印书馆1999年版，第374页。

存在其中，但形式上又不具备最高法律效力以及严格制定和修改程序的法律文件。形象地说，宪法性法律是所有法律中离宪法最近的那些法律，它们紧紧围绕在宪法周围，是宪法的“贴身侍卫”。人民检察院组织法就是围绕在宪法周围的“贴身”法律之一，它是检察权顺利实施、检察职能有效行使的法律保证，直接体现并贯彻落实检察机关的宪法定位。

（二）人民检察院组织法具有很强的组织性

检察机关是国家政权组织的一个组成部分，人民检察院组织法属于重要的权力组织法。它承担着对检察机关进行具体打造的任务，重点解决由“谁”来行使检察权的问题，这无疑是检察权运行的前提。因此，有学者指出，检察机关在组织构成上应当符合特定的规律，即检察机关的组织应当是一个完整的组织系统，其各个组织要素要能够构成纵向的层次结构和联系，并能够构成横向的分工结构和联系。这种横向和纵向的结构体系构成必须科学、合理，方能有效发挥检察机关作为国家政权组织的功能、达到其组织的目的，这就需要检察院组织法来规范。所以，“对组织的规范性”便成为各国检察院组织法最鲜明的特征，并直接指导和影响着各国检察院组织法的立法。[1]在检察院组织法中，必然包括关于检察机关的组织目的、组织职能、组织系统及组织活动或组织行为等方面内容的规定。

（三）人民检察院组织法的制定和完善过程具有渐进性

当前，我国宪法和人民检察院组织法所构建起来的检察制度总体上符合我国实际，具有历史的必然性、内在的合理性和明显的优越性。但是，由于我国检察制度经历了创建、探索、曲折、重建与勃兴的复杂过程，可谓是步履维艰。与此相对应，人民检察院组织法的制定和完善也经历了一个螺旋式的发展过程。为了适应我国经

〔1〕 卞建林、田心则：“论我国检察院组织法结构体系的立法完善”，载《人民检察》2007 年第 2 期。

济社会的发展状况，人民检察院组织法中有关我国检察机关的宪法定位、领导体制、监督范围等重要内容之规定，一直处于变化调整之中。从客观上讲，人民检察院组织法在总则、体例、内容、职责、领导体制、内设机构等方面的规定仍存在突出问题，检察实践中的一些有益经验亦需适时入法，故亟待对其加以完善。从根本上讲，这种螺旋式的发展过程，是由我国依法治国的渐进性所决定的。受我国社会经济发展水平、文化水平的制约，以及波澜起伏的社会变革的影响，中国依法治国的渐进性显然应是一种客观规律。[1]

（四）人民检察院组织法的制定和完善与我国社会主义民主法制建设之间具有关联性

人民检察制度是中国特色社会主义政治制度、司法制度的重要组成部分，与社会主义民主法制同频共振、同兴同衰。只有当我国社会主义民主法制发展进步时，人民检察院组织法才能得到相应的发展完善。随着依法治国方略的深入推进和中国特色社会主义法律体系的初步形成，人民检察院在维护党的执政地位、维护国家安全、维护人民权益、确保社会大局稳定中的地位才能更加突出，其职能才能更加重要，任务会更加繁重。人民检察院组织法的修改完善，必须回应我国经济社会发展重要战略机遇期所提出的新要求，巩固我国民主法制建设和检察改革的重要成果，为检察工作的科学发展和检察机关自身的更大发展提供强有力的法律支撑。

二、人民检察院组织法存在的主要问题

我国现行人民检察院组织法虽然是一部制定得比较好的法律，但它毕竟是在新中国成立初期即1954年检察院组织法的基础上仓促修订而成的，是在“文化大革命”结束不久，改革开放刚刚起步

---

〔1〕 郝铁川：“中国依法治国的渐进性”，载《法学研究》2003年第6期。

的情况下通过施行的，其后虽经1983年、1986年的两次修改，也仅限于对个别条款的改动。囿于当时的历史条件，现行人民检察院组织法不可避免地存在着局限性，主要表现在以下几个方面：

（一）指导思想过于陈旧

具体表现为，带有较多计划经济体制的不良影响，“重刑轻民”等陈旧观念突出，法律监督职能难以充分彰显。关于检察机关任务的表述不准确、不完整。比如，现行《检察院组织法》第4条规定了人民检察院的任务，其中一些表述即与我国宪法的规定不相一致。其中，“维护无产阶级专政制度”的表述，显然与《宪法》第1条第1款“中华人民共和国是工人阶级领导的、以工农联盟为基础的人民民主专政的社会主义国家”的规定不相一致。此外，宪法和刑法已取消了“反革命”这一政治用语，代之以“危害国家安全”的表述，但现行《人民检察院组织法》第4条却仍然加以沿用。在经济体制方面，我国坚持公有制为主体、多种所有制经济共同发展的基本经济制度，个体经济、私营经济等非公有制经济是社会主义市场经济的重要组成部分。但现行检察院组织法只规定了，检察机关保护社会主义的全民所有的财产和劳动群众集体所有的财产，对个体经济、私营经济等非公有制经济的保护则未作规定。

（二）内容不合理、不完备

主要表现在以下四个方面：

1. 关于检察机关的领导体制。现行《检察院组织法》第10条规定了我国检察机关的领导体制，形成了既非垂直领导，又非双重领导，而是一重领导一重监督的特殊领导体制。[1]在这种监督与领导并行的体制下，各级人民检察院既受同级人民代表大会及其常委会的监督，又在检察系统内部确立了上下级领导关系，但这种领导体制尚不完善，其主要表现在两个方面：一是检察系统内上下级之间的领导关系名不副实，人、财、物、事受地方制约太多，有的地

---

〔1〕 王桂五主编：《中华人民共和国检察制度研究》，法律出版社1991年版，第692页。

方领导甚至借口“维护稳定”或“发展经济”而干预检察机关依法独立公正行使检察权。这种检察权地方化的状况，不利于检察机关独立行使检察权，不利于检察机关有力维护法制的统一，不利于建设一支高素质的检察队伍。[1]二是人民代表大会对检察机关的监督关系不具体，主要是监督范围和方式不明确。

2. 关于检察机关的职权。现行《检察院组织法》没有确立民事行政检察制度，其第5条仅对人民检察院在刑事案件中的职权作了规定，致使人民检察院蜕变为职能单一的“刑事检察院”。由此可见，现行人民检察院组织法关于检察职权的规定不全面，未能客观反映出我国检察机关所实际承担的各项职能。同时，由于立法实践先后不一，各个法律对检察机关职权的要求不同，因而在职权的分类、含义、称谓等方面存在一些差异，出现了对某些相同的职权规定含义不一、相互重叠等不协调现象。[2]

3. 关于检察机关的组织机构。现行《人民检察院组织法》第20条对检察机关内设机构的设置只作了原则性规定，对内设机构的具体名称与职责划分则未明确规定。这样一来，便在客观上给基层检察机关过多地设置内设机构打开了方便之门，使检察机关的具体职能在随形势发展而不断完备的同时，也不可避免地带来机构的扩张和膨胀。[3]我国检察机关内设机构经多次调整，虽有一些改善，但机构重叠、职能交叉、结构不严、效率不高的问题仍未得到根本解决。

4. 关于检务保障制度。现行《人民检察院组织法》未对检务保障制度作出规定。我国日前实行“分级管理、分级负担”的司法经费保障制度。地方各级检察机关的经费不是由国家而是由同级政

---

〔1〕 徐汉明：《转型社会的法律监督理念·制度与方法（上）》，知识产权出版社2011年版，第351页。

〔2〕 徐益初：“修订人民检察院组织法的若干理论思考”，载《人民检察》2004年第12期。

〔3〕 吴建雄：“检察机关业务机构设置研究”，载《法学评论》2007年第3期。

府财政部门拨款解决，检察经费保障完全依赖和受制于地方。这不仅使检察机关的上下级领导关系失去了坚实的基础，而且也使检察工作的正常开展失去了物质保障，不利于检察权的依法独立行使。[1]

（三）结构不严谨、不科学

《人民检察院组织法》总则的内容过于庞杂，缺乏内在的逻辑性，其囊括了检察机关的性质、层级、组成、任务、职权、活动原则、检察机关与权力机关的关系等内容。第二章专门规定了“人民检察院行使职权的程序”，这沿袭了1954年人民检察院组织法的规定，因为当时我国尚未制定三大诉讼法。笔者认为，现行《人民检察院组织法》第二章只是简单重复了刑事诉讼法的相关规定，确已造成了立法资源的巨大浪费。

三、人民检察院组织法修改的重点问题

修改人民检察院组织法，在总体上要坚持人民代表大会制度这一根本政治制度，坚持检察机关的法律监督属性，吸收我国法制建设和检察改革的重要成果。在路径选择上，要紧紧围绕检察职权配置、检察机构设置、检察经费保障、立法结构体系等突出问题加以修改完善。

（一）优化配置检察职权

我国检察权由侦查权、公诉权和诉讼监督权三项基本职权构成。这三大检察职权密切联系，构成了一个紧密结合的有机体，共同维护国家法律的统一正确实施，防止行政权、审判权的专横与腐败。在此，建议人民检察院组织法修改时，在优化检察机关的侦查权方面，应赋予检察机关在职务犯罪侦查过程中对“原案”及派生犯罪的并案侦查权；在优化公诉权方面，要进一步赋予检察机关附条件不起诉权、量刑建议权等；在优化刑事诉讼监督权方面，需将不该立案而立

---

〔1〕 龙宗智：《检察制度教程》，中国检察出版社2010年版，第119页。

案的情形纳入监督范围，建立侦查机关对犯罪嫌疑人财产采取强制性措施提请检察机关审查的制度，将逮捕之外的强制性侦查措施纳入监督范围，规定检察机关对刑罚执行的同步监督权，赋予检察机关法律监督调查权、更换办案人的处置建议权等；在优化民事行政检察权方面，要建立起以民事行政诉讼监督权、公益诉权和司法弹劾权（包括违法调查权、建议更换承办人权、提请人大罢免违法审判人员建议权）为内容的新型权能结构体系；在优化行政法律监督权方面，应规定对限制和剥夺公民人身自由的行政强制措施和行政处罚实行监督，建立对行政执法违法行为的法律监督机制。

（二）科学设置检察机关的内设机构

检察机关内设机构的合理设置，应以检察基本职权为核心，突出加强业务机构建设。检察机关的内设业务机构以“检察”命名，有利于确立人民检察院统一行使检察权的整体形象。建议人民检察院组织法明确规定最高人民检察院的具体业务机构，如刑事检察一厅（审查逮捕、立案监督）、刑事检察二厅（审查起诉）、职务犯罪检察一厅（贪污贿赂犯罪侦查）、职务犯罪检察二厅（渎职侵权犯罪侦查）、监所检察厅、民事行政检察厅、控告检察厅、刑事申诉检察厅等，地方各级检察院可根据实际情况参照执行。同时，建议明确规定内设机构设置的审批程序：省一级人民检察院内设机构的设置、变更和撤销，由最高人民检察院决定或批准；省级以下人民检察院内设机构的设置、变更和撤销，由省一级人民检察院决定或批准。这既有利于克服内设机构设置的随意性，又能做到区别对待，保持检察机关机构设置的灵活性和科学性。

（三）强化检察经费保障

建议《人民检察院组织法》明确规定：“人民检察院的经费、装备和基础设施建设，由中央财政和省级财政共同负担。”检察权是国家的中央事权，如同国家的外交、国防等事权一样由中央统一行使，不得同地方分权。只有由中央统一实施，并由中央财政统一提供经费保障，才能保障检察权行使的严肃性、统一性、公正性与有序性，最终服务于维护国家最高利益。国家利益的重要组成部分就是国家宪法、法律在全国范围内的统一与正确实施，其根本保障就是设置检察制度、合理配置检察权，并且这种权能具有中央事权的属性，它是规制地方事权、遵守宪法和法律而设置的。中央事权所追求的利益目标与地方事权所追求的利益目标之差异性决定了，地方不得分享中央事权。检察权既然是中央事权，而非地方事权，其经费、装备、设施等保障理所当然应由中央财政统一供给，而不能由地方分摊。只是由于我国地域广大、幅员辽阔，经济发展的不平衡性突出，国家财政还不十分充裕，故现阶段可暂由中央财政和省级财政共同分担。

（四）完善立法结构体系

立法结构的合理性，看似一个立法技术问题，但实际上法律结构是否合理直接影响着法律的整体内容和效果。现行《人民检察院组织》法由“总则”、“人民检察院行使职权的程序”、“人民检察院的机构设置和人员的任免”等三章组成。笔者建议，人民检察院组织法应修改为“总则”、“人民检察院的职权”、“人民检察院的机构设置和人员的任免”、“检务保障”等四章。将“人民检察院的职权”从总则中独立出来，单列为第二章。同时，将原第二章“人民检察院行使职权的程序”予以删除。人民检察院组织法的重点调整对象应是检察机关的“组织”。《检察监督法》或《诉讼监督法》的核心内容是规范检察机关行使法律监督、诉讼监督职权的“行为”，属于典型的权力运行法。在宪法对检察权作了基本的原则性规定，人民检察院组织法对检察权力主体作了分工之后，检察权的具体运作程序就应由权力运行法来完成。“人民检察院行使职权的程序”这一章的部分内容可由诉讼法来规定，其余部分的内容则可由专门的《检察监督法》或《诉讼监督法》来规定。此外，鉴于完善检务保障制度的重要性、迫切性，建议在第三章之后增加一章，具体规定检察人员的职业保障机制和检察人员履职获取帮助权与救济权，以及人民检察院的经费保障等内容。